近世讃岐の高松藩国産と四国遍路

木原溥幸 著

美巧社

近世讃岐の高松藩国産と四国遍路　目次

Ⅱ部　遍路と札所寺院

近世讃岐の高松藩国産と四国遍路

序

はじめに断っておきたいのは、本書は高松藩の国産たる砂糖と塩、それと讃岐の遍路と札所寺院についてまとめた、八編の個別研究から成っている論文集であり、書名については内容をそのまま示す、『近世讃岐の高松藩国産と四国遍路』としたことである。したがっていうまでもなく本書は、「高松藩国産」と「四国遍路」との関連を分析しようとしたものではない。また「四国遍路」については、遍路と札所寺院との関係はほとんど本文で触れていないが、四国遍路に果たした八十八ヶ所札所のありかたを、讃岐の二か所の札所で検討したということで、遍路に札所寺院を含めることにした。

これまでに近世の讃岐に関して、藩政史を中心とする研究成果として、『近世讃岐の藩財政と国産統制』(溪水社、平成二一年)と『近世後期讃岐の地域と社会』(美巧社、平成二四年)を発表してきた。前著は高松松平藩と丸亀京極藩における藩財政と国産統制との関係、これに関連する藩札の状況、後著は高松藩・丸亀藩の藩政と関連した地域のありかた、および讃岐地域における社会的諸相について論究したものであった。

前著で取り上げた高松藩の砂糖の流通統制については、本格的な統制が行われた文政・天保前半期を中心とした内容であり、藩の政策史的な側面が中心であった。そのため高松藩で砂糖生産が始まった、寛政から文化にかけての砂糖生産と流通の実態について、また天保六年に本格的な砂糖統制が実施された後の、砂糖の生産統制の状況を明らかにすることが、以後の検討課題として残されていた。本書の第一章と第二章がそれらに当たる。

もう一つの高松藩の国産であった塩については、阿野郡北の坂出村に築かれた坂出塩田(新浜・新開)が注目されているが、坂出塩田の概要については後著の「高松藩領坂出村の塩と砂糖」において述べておいた。坂出塩田は高松藩の科学技術者久米栄左衛門(通賢)の尽力によって築造されたが、全国的な「江戸のモノづくり」研究の一環として、讃岐からこの久米栄左衛門が取り上げられた。

平成十六年から二年間、研究代表者香川大学の松村雅文教授に、「久米通賢に関する基礎的調査・研究」として、文部省の科学研究費補助金が交付された。この研究調査に参加して改めて久米栄左衛門関係の史料を精読することができた。それらによってすでに「高松藩砂糖統制と久米栄左衛門」（前著所収）、および「久米栄左衛門の経済論と高松城下」・「高松藩と坂出塩田」（後著所収）を発表した。これに続いてこれまでほとんど触れられていなかった、久米栄左衛門と高松藩との築造資金をめぐる交渉、久米栄左衛門と各地商人との間での資金調達のやりとりや、また築造された坂出塩田からの具体的な収納、新開で生産された塩の取引などを、久米栄左衛門宛の書状や関係史料等をとおしてある程度明らかにすることができた。本書の第三章と第四章がその成果である。現在も科研費の研究調査メンバーによって「久米通賢研究会」が続けられている。

平成十五年秋に、十七世紀中ころから本格的となる民衆による四国をめぐる遍路について、報告し意見を交換する会として、「香川へんろ研究会」が香川大学の稲田道彦教授を中心にしてつくられた。これまで遍路についてはほとんど調べたことはなかったが、入会を誘われてその結成に参加したため、遍路に対してこれまでのようなことでは済まなくなり、讃岐の遍路に関する史料を少しずつ集めはじめた。ある程度史料が集まったころに、香川へんろ研究会で遍路の領内通行や村送りの状況、病死・煩い遍路と「村入目」との関係などについて発表してきた。これらをまとめたのが、本書の第五章と第六章である。今後史料が新たに見つかり、讃岐の遍路研究が進むことを期待している。香川へんろ研究会は現在も春は香川県内の遍路道の歩き体験、秋は発表会を継続している。

四国遍路を世界遺産に登録しようという動きが、平成二二年から本格化して四国各県で取り組みがはじめられた。香川県では「札所寺院・遍路道調査検討委員会」が置かれたが、その委員となったことから、八十一番札所白峯寺、次いで七十一番札所弥谷寺の調査に参加し、その報告書で両寺の所蔵史料によって周辺の地域村落との関係について執筆することになった。この執筆部分を論文としての体裁に整え直して改補したのが、本書の第七章と第八章である。

以上述べてきたような経緯をもって編まれた本書には、先述した拙著ののちに発表したものと、新たに稿を起こしたものが含まれているが、Ⅰ部「高松藩の砂糖と坂出塩田」が第一章から第四章、Ⅱ部「遍路と札所寺院」が第五章から第八章の、二部構成となっている。本書の概要を理解していただくために、以下各章の内容を簡潔に紹介しておきたい。

Ⅰ部　高松藩の砂糖と坂出塩田

第一章　寛政・文化期高松藩の砂糖生産と流通

一　砂糖生産の状況

高松藩における砂糖の生産は、向山周慶によって寛政元年に始められたと考えられる。そして同三年には大内郡三本松村政所（庄屋）河野忠六に砂糖製造高、砂糖生産者を藩へ届け出るようにしており、翌四年には周慶が病気であるとして百姓儀五郎に周慶の代わりを命じている。同六年には砂糖生産が広まっていくなかで、河野忠六に「砂糖取計一件」を担当させている。周慶が製造したのは黒砂糖であったと思われ、白砂糖のことが史料に出てくるのは、寛政十一年の「砂糖製法神文」からである。のち文化元年ころには藩領東部の地域で砂糖生産が盛んになっている。砂糖の原料の甘蔗（砂糖黍）の植付は最初一〇〇町とされたが、砂糖生産の増加とともに増えていき、文化十一年には大内郡だけで約二二五町に植え付けられていた。この甘蔗の植付面積に対して、寛政六年から「砂糖運上銀」が課されたが、享和二年には中止されている。

二　砂糖の領内取引

享和二年に高松城下新通町の平福屋宗兵衛を砂糖売捌問屋とし、市日を立てて領内砂糖の取引を行わせた。この時砂糖仲買一〇人が置かれた。文化六年には他領商人の高松城下での買入を奨励し、新湊町の町年寄鳥屋仁左衛門に「一件御用向」を引き請けさせた。このころには甘蔗が郡を超えて取引されており、黍仲買の存在も確認できる。そして当時砂糖荷主と思われる人物が、「砂糖為更銀」として生産者に貸し付け、特定の大坂砂糖問屋へ売り払わせており、また砂糖買い集め資金として「砂糖先為替」、生産される砂糖を抵当とした砂糖売買の「砂糖先売」などが行われていた。これらのことは高松藩産の砂糖の取引が大坂砂糖問屋との間で、相当に盛んになっていることをうかがわせる。

三　砂糖の大坂積み送り

領外への砂糖積出については寛政六年に、高松城下の香川屋茂次郎を「座本」とし、城下および藩領東部の湊からの積出は、町奉行管轄のもとに茂次郎と河野忠六が積出切手を出すことにしていた。しかし寛政十一年には郡方のもとで大政所（大庄屋）が出すことに変わっているが、さらに文化五年には政所（庄屋）からとなっており、砂糖積出の円滑化を図っている。砂糖の領外への積出は浦番所を通さねばならなかった。大内郡引田浦番所からの、文化三年から五年にかけての砂糖積出状況がわかるが、文化四年は前年の三倍以上となっており、とくに白砂糖と砂糖蜜が大幅に増えている。文化五年にはほとんどが大坂への積出であり、大規模に砂糖を大坂へ送っている有力な船頭がおり、かれらはのちに藩地の砂糖荷主と大坂の砂糖問屋を結びつける存在であった。そして文化七年には砂糖を積み出す湊に「砂糖座本」が設置された。のち文政元年ころには東郡に限らず城下西郡の地域でも、多くの砂糖を上方へ送るようになっていた。

第二章　幕末期高松藩の砂糖生産統制

一　文政十一年の株制

砂糖生産が盛んになった文政十一年に、高松藩ではその統制を本格化させるために、当時砂糖生産等の従事者へ株制を実施した。その内容は砂糖車を使って砂糖黍を搾り白下糖を生産する砂糖車株、白下糖から白砂糖を精製する砂糖絞屋株、砂糖等の取引を行っている砂糖仲買株、砂糖を領外に積み出す船の砂糖船頭株である。株として認めるに当たっては、村役人の役割が重視されていた。

二　甘蔗生産と砂糖車所持者

寛政十一年に甘蔗の植付帳面の提出が命じられ、これ以後調査が続けられている。甘蔗の植付は安政から慶応初年にかけてが最盛期であったが、その生産は中下層の農民によって担われていた。甘蔗から白下糖を生産する砂糖車については天保六年ころには増加しており、砂糖新車株を認めている。そして砂糖車株の鑑札調査は村ごとに行われ、最終的には大庄屋の責任とされた。安政五年になると甘蔗生産が増加していることに対して、今後は砂糖新車株を認めないとしている。砂糖車株には高請百姓に限らず、無高のものも与えられており、また砂糖車の所持者は車一挺持ちが圧倒的に多かった。そして砂糖車所持者の甘蔗生産との結びつきは強かったといえる。

三　砂糖絞屋と白砂糖の売り捌き

砂糖絞屋については株制実施以後しばらく史料が見当たらないが、株制実施から二四年後の嘉永五年に各村ごとに絞屋の調査を行っており、株になっていなくても絞屋を営む白砂糖生産者が多くなっていたのがわかる。のち安政五年にも絞屋の調査が行われている。絞屋の中に村役人クラスのものもいたが、ある程度の規模の絞屋であったとしても、砂糖生産の経営状態は不安定な状況にあった。概して絞屋の多くは小規模な生産状態であったといえよう。「砂糖為替金趣法」が始まった天保六年から間がない天保一〇年に、砂糖生産がそれほど盛んであったとは思われない香川郡東では、白下糖が全砂糖生産高の半分強を占めていたが、残りは白砂糖と蜜がほぼ同数であった。白砂糖は郡全体の半数に近い村で生産され、その多くが大坂へ送られていた。そして絞屋は、大坂との取引に関しては一般的に、荷主として扱われていた。

四　砂糖仲買と村落

砂糖仲買は甘蔗のみならず砂糖類の取引から、砂糖道具の売買にも関与していた。砂糖仲買株の譲渡は行われていたが、新株は認めない方針であった。嘉永ころになると新株が認められ、村方で選定して大庄屋の了解を得て砂糖方へ申請が行われている。安政元年には砂糖方は仲買の不正を取り締まるよう大庄屋へ命じ、これが各庄屋へ伝えられている。仲買株の選定や取り調べには大庄屋をはじめ村役人が当たっていた。安政五年に理由は定かでないが砂糖仲買株は廃止され、砂糖類の取引は砂糖取締役が関与することになった。この仲買株廃止後は「口入証人」が現れているが、「引き縺れ」が起こっている。廃止から七年後の慶応元年には復活され、その取り締まりが達せられた。多くが廃止前と同様であるが取扱い量が引き上げられている。とくに荷主へ損失を掛けた場合には厳しく罰することにした。

五　年行司・砂糖取締役と村役人

天保六年に砂糖為替金趣法が実施された時に置かれたのが、年行司と砂糖取締役である。年行司は砂糖問屋（のち砂糖会所引請人）のもとで砂糖の円滑な取引、流通に携わっていた。砂糖取締役は砂糖取引に関する不正行為や争いごとを処理するために、郡単位に設置された。年行司も郡単位と思われる。砂糖取締役には村役人、とくに庄屋が任ぜられ、郷士の格式や一代帯刀が与えられた。そして砂糖取締役になると負担が多いとして、給銀が村落維持費の「郡村入目」から与えられている。砂糖生産はもとより砂糖車・製法道具の売買についても、砂糖取締役の厳しい監視下に置かれていた。砂糖為替金は船中為替が中心であったが、ほかに正肥貸方と別段為替があった。正肥貸方は天保八年から村役人の責任のもとに、村単位に甘蔗生産の肥料代資金を砂糖会所から貸し付けた。別段為替は村役人の奥印のもとに所持砂糖と田地を抵当にして、年貢上納の援助として嘉永はじめころから行われ、最初は奥印為替といわれたが、安政に入ったころには別段為替とよばれた。

第三章　高松藩坂出塩田築造の経済事情―久米栄左衛門宛書状からみた―

一　久米栄左衛門と高松藩士

高松藩の科学技術者久米栄左衛門（通賢）は、坂出塩田の築造を高松藩士たちと連絡を取りながら進めていた。高松藩士の中で久米と最も関係が深かったのが、吟味人として財政担当で、坂出塩田築造の普請方目付の吉本弥之助であり、塩田築造経費の藩からの支出の担当となっていた。また久米は吉本を介して年寄（家老）に次ぐ重臣で財政担当であった奉行堀造酒之助とも面識があった。また上級藩士である矢野東とも坂出塩田の築造に関して連絡をとっており、矢野をとおして松井左七郎・北村佐七郎とも関係を持っていた、北村は吉本と同様に吟味人であった。また築造資金の具体的な取り扱いをしていたのが草薙正兵衛であった。

二「御金蔵」からの出銀

坂出塩田の築造資金は当時の財政難により藩からは出せず、藩財政とは別途に藩主の管轄であった、「御内証金」を扱っている「御金蔵」から出されることになっていた。何年かは明らかでないが、吉本弥之助が御金蔵から銀五〇貫目の拠出に尽力しているのがわかる。また御金蔵からの出銀のことが吉本から草薙正兵衛へ、そして久米栄左衛門へ伝えられているが、その内容から出銀が円滑に行われていない様子がうかがえる。

三「大坂一件」

高松藩からの築造資金が確保出来なかったらしく、大坂商人から借銀をしなければならなかった。吉本弥之助は奉行堀造酒之助をとおして、年寄木村亘の了解のもとに大坂での借銀を進めており、その貸主である岡三士郎を大坂屋敷留守居加判とするため、久米栄左衛門が大坂へ出掛けることを要請している。岡は国産の砂糖を堺廻しにすれば、堺の惣年寄中村惣左衛門らの協力が得られるであろうという。先述した矢野束と懇意な関係にあった「牢人」（郷士）の斉藤次右衛門は矢野や松井左七郎らとともに、大坂商人鍵屋儀次郎とも面識があった。矢野は久米へ大坂へ出掛ける斉藤と会うことを要望している。

四　大坂商人との関係

大坂商人と思われる島屋文蔵は三千両の調達をしており、一時藩内への出入りが禁止されたが、調達金には協力するとしている。また同じく松山小兵衛は岡三士郎をとおして借銀主が大坂へくることを要請し、また堺へ砂糖積みをすれば中村惣左衛門から御用金の提供があるという。のちに西新開の塩問屋となった浜田屋五郎八と関係をもっていた、大坂商人多田屋新右衛門は久米栄左衛門から塩田築造の資金を要請されていた。この多田屋を介して北端冶右衛門も「大坂一件」と関係をもち、矢野束とも知り合いであった。大坂以外の商人として江戸商人の松本安兵衛は、讃岐は遠方であるとして調達を断っているが、書状の中で坂出の新開塩が引田の久米屋の廻船大通丸で浦賀に運ばれて取引されており、江戸まで送られてくれれば協力するとしている。居所は不明であるが、中村茂兵衛は東新開の築造に協力的であった。

五　領内からの築造協力

髙松城下の商人からの調達はうかがえないが、寒川郡志度村の庄屋岡田忠左衛門、大内郡南野村五郎兵衛の資金調達がわかる。久米栄左衛門は個人の協力とは別に、郷中の村々へ一〇〇石につき米一石の借米、髙松城下には金三〇〇両の借金を二年間行うことを提案している。また阿野郡南の大庄屋片山庄太郎・水原半十郎は郡内の庄屋・百姓の了解の上、郡内から人夫として五千人を塩田築造に動員することを申し出ている。矢野束によれば阿野郡南の人夫五千人の動員や百姓の銀札八〇貫目の提供、また大庄屋の拠出金のことを述べている。こうしたことがどの程度行われたのか明らかでないが、とくに坂出村から南に離れている阿野郡南の農民たちが、塩田築造への協力姿勢を示していることは注目されよう。

第四章　高松藩坂出塩田の収納と新開塩の江戸送り

一　久米栄左衛門の収納見積もり

久米栄左衛門が中心になって築造に取りかかった坂出塩田は、西新開・中新開・江尻新開から成っていたが、塩田となったのは西新開と中新開であった。三新開がほぼ完成したのは天保四年末である。普請中の文政十一年五月の久米の坂出新開からの収納見積もりでは、釜家は六七軒前として「口銀」（塩運上）・「地場料」（塩年貢）や新開の畑方等から、計一万八五〇〇両が収納されるとしており、そのうち口銀と地場料が多くを占めていた。

二　築造後の坂出塩田

完成した西新開と中新開は合わせて七〇軒前であり、安政元年では久米栄左衛門が見込んでいた収納である口銀が約銀五〇貫目、地場料にあたる「冥加銀」が約六五貫目の計銀一一三貫目余、年貢米の約銀三〇貫目余の計約銀一四〇貫目が収納となっている。年貢米以外の畑方の収納が不明であるが、久米の見込収納高より少なくなっていると思われる。のち慶応二年の状況をみると、安政元年にくらべて釜家等の数は大きな変化は見られないが、石炭焚が増え松葉焚は九軒から一軒だけとなっている。いつからか明らかでないが、冥加銀の賦課の基準が変っている。しかし口銀と冥加銀にそれほど大きな収納の変化があったとは思われない。

三　口銀と冥加銀

口銀は各年の製塩高の七割に塩一俵につき銀三分を徴収する、冥加銀は塩浜毎に上・中・下などの位別をつけ、沼井（鹹水溜）の数に応じて銀を課すというものであった。天保四年の口銀は五三貫目余、冥加銀は四六貫目余であったと思われる。久米栄左衛門関係史料の中に「御口銀元帳」と「御冥加元帳」がある。これらの年代ははっきりしない。「御口銀元帳」によると一軒前は極上上浜から下浜までの九段階に位い付けされ、その塩俵ごとに課され、口銀の合計は約銀約五〇貫目となっている。「御冥加元帳」では一軒前に属する沼井一台の製塩高によって、一軒前の位付が決められており、極上から下々までの七段階であり、冥加銀の合計は約六五貫目となっている。この両元帳は塩田完成から間もない、ある程度の安定した収納が得られるようになった時期に作成されたものであろうか。

四　新開塩の江戸廻送計画と取引

坂出塩田の完成後に久米栄左衛門は新開塩を江戸へ運び、江戸藩邸の費用に充てる「廻金」とすることを考えていた。久米が著した「経済元録記」には江戸での塩取引の状況、江戸塩問屋名前、江戸までの海上里数などが記されている。江戸商人の松本安兵衛からも江戸への廻送を歓迎する書状が届いている。文政十一年には坂出塩問屋米屋佐次右衛門は引田の久米屋久左衛門の廻船で江戸仲買へ塩四四二〇俵を送り出している。そして天保に入ったころの新開の塩問屋浜田屋五郎八と柏野屋五左衛門は新開塩は江戸への廻送を中心にしているといっている。天保六年には江戸商人鴻池義兵衛が高松へきており、金毘羅見物ののち、坂出新開と砂糖作りの見学を行っているが、藩の奉行らも参加して大庄屋の案内を受けている。江戸で新開塩が注目されていたことがうかがえるのではあるまいか。

五　天保初年の新浜塩百姓

完成した新開の釜家の経営状況は、天保四年十二月に「夫食」五〇〇石の借用を新地浜百姓連名で願い出ており、翌年には前年春の拝借銀の天保六年七月までの返済延期を六三名の連名で要望している。この延期についても十二月にさらに延期を願っている。このように天保四年から六年にかけては拝借金の返済猶予にみられるように、両新開での製塩業が順調に進んでいないのがうかがえる。このころのことと思われるが、新浜塩百姓が城下へ直訴しようとした事件が起こっている。しかしこうした状況も天保七年の中ころから改善されていき、以後新開地での釜家の経営は安定していった。

Ⅱ部　遍路と札所寺院

第五章　近世讃岐の遍路と城下町・村方・村送り

一　城下町と遍路

讃岐における遍路の研究はほとんど進んでいないという状況であるが、本章では遍路と城下町および村落との関わりについて検討したい。丸亀城下を遍路道が通っている関係で、元文五年に西平山に辺路人宿（遍路屋）が町人の出資で建てられ、藩の許可のもとに町年寄らによってその運営が行われた。往来手形を所持のものに一泊を認めた。高松城下では遍路道は東の郊外を通っていた。天明五年以後藩は遍路が城下へ入ることを禁じ、とくに城下での托鉢を禁止していたが、文化十四年ころには遍路が多く城下へ入っていた。これより以前高松藩では文化二年に城下町東北に新湊町を造成したが、遍路もここより上陸していた。藩では城下の宿屋へ遍路に托鉢禁止を伝えるよう命じており、城下に泊まる遍路がいたのがわかる。

二　村方の往来

遍路は必ず往来手形の所持が義務づけられていた。讃岐で確認できる古いものは写であるが、元禄十七年（宝永元）の丸亀藩領豊田郡井関村庄屋太郎右衛門が出した往来手形である。高松藩領では村方での宿泊は往来手形を確認の上認められており、また野宿遍路は大庄屋の責任で阿波境へ送ることにしており、困窮遍路には厳しい姿勢がうかがえる。幕末の元治元年には京都での政変の影響を受けて、高松藩では領内取り締まりとして各地に番所を設置して監視を強化し、城下はじめ宇足津・志度での揚切手を出すことを止め、遍路の上陸を禁止している。

三　煩い遍路の村送り

遍路の途中で煩った遍路は、村送りによって郷里へ送り帰されていた。高松藩では庄屋が責任をもって村送りをするよう命じている。村送りの手続きについてはすでに安永二年に村々に伝えていたが、近年区々になっているとして嘉永六年に、改めて村送りに関しての書類として、遍路の願書・往来手形・船揚切手を添えるとともに、村送り先の庄屋への作成書類の案文等を示した。村送りに関する史料として、高松藩領坂出村の送り遍路の経費を書いたものがある。嘉永六年から翌安政元年にかけての一年間の村送りの経費の内訳を、庄屋と組頭は坂出村を管轄する阿野郡北の大庄屋へ伝えている。また同じく坂出村の明治二年から三年にかけての史料によると、村送りは「公人足」二人に定まっているが、これは「たこし（手輿）」で運ばれたからである。「公」とあるから公的な経費で雇われた人足であり、村送りの経費は公的な村落の維持費「村入目」から出された。

第六章　近世讃岐の病死・煩い遍路と村落

一　病死遍路と無届け埋葬

明和四年に江戸幕府は「行旅難渋者」の対策を出したが、讃岐では遍路の「行旅難渋」に対して、どのような措置が取られたのであろうか。弘化二年に丸亀藩領比地村の遍路が、阿波の大寺村で病気になり、村送りの途中の高松藩領高篠村で病死したことが比地村へ知らされ、高篠村の慣例に従って埋葬された。文政三年に高松藩領鴨村で備中からきた遍路が病気になったため、庄屋・組頭が見分して服薬させたが病死した。庄屋・組頭は病死であることを確認し、往来手形と船揚切手を添えて藩役所へ届け出ている。また安政二年に筑前からきた女辺路を、往来切手を所持していないのに願いにより坂出村の百姓が泊めたが、病死したので所持金によって埋葬した。このことが庄屋への無届け埋葬であるとして、「所蔵」の処分を受けている。病死遍路は庄屋の関与が義務づけられていた。

二　病死・煩い遍路と「村入目」

病死・煩い遍路の処置の責任は庄屋が負うことになっていたが、それにかかる経費については享和二年にそれらの遍路を世話した地域で出すことにし、それが無理な場合は村落維持費である「村入目」で賄うよう指示されている。のち幕末の安政四年には煩い遍路の賄いを二合五勺から五合に増やしている。しかし村入目からの支出も限度があり、高松藩では天保二年以後には村入目「半減」の方針のもとに、難渋・煩い遍路の支出を減らすことが続けられている。元治元年には村入目の削減の方針の中に、藩主をはじめ藩役人らの出郷経費と並んで、送り・煩い遍路の経費削減が取り上げられている。

三　「辺路煩中」と「煩中死去」の経費

煩い・病死遍路に要した経費を具体的に記した史料が、丸亀藩領の上勝間村に残されている。嘉永四年に伊予松山の東・西角之村五人の遍路が、煩いにより七六日間逗留した経費として、小屋の竹木・藁莚、薬代、扶持米が記され、計銀札一七匁二分と米二斗二升八合、翌五年には煩いの結果死去した丹波の天野村の遍路を、埋葬した経費計銀札三一匁一分三厘、また備後の江田村の遍路について同じく三一匁七分一厘が、庄屋から藩役人へ届けられている。このように丸亀藩でも「日用銀」といったが、高松藩と同様に村落維持費から出されたと思われる。多度津藩では村落維持費で全額を賄うことにはなっていなかったようである。

第七章　讃岐白峯寺にみる高松藩と地域社会

一　白峯寺と高松藩

平安時代に創始された山岳仏教系の寺院といわれる白峯寺は、讃岐の領主生駒家転封の後、寛永十九年から東讃岐を領した高松藩初代藩主松平頼重の保護を受け、藩内三番目の寺領高一二〇石を与えられた。藩主が参詣し、藩の祈祷所であり、毎年正月・五月・九月に城中で祈祷した。また干魃に際しては藩の命により雨乞祈祷を行った。

白峯寺境内の西北隅に保元の乱で讃岐に流された崇徳上皇の陵が設けられており、古くから崇徳院回忌の法要が行われてきた。近世になって史料的に確認できるのは宝暦十三年の六〇〇年回忌、文化十年の六五〇年回忌、文久三年の七〇〇年回忌である。そしてこれらの法要は、家臣や城下町などからの「奉加」によって維持されていた。

二　白峯寺の財政事情

白峯寺の寺領は阿野郡北の青海村に七〇石、林田村に五〇石、計一二〇石であった。寺領からの収入は米八四石余で、そのほかの収入を加えて全体で一二〇石余となっていた。　崇徳院回忌六〇〇年を控えた前年に、本尊等の修復費用が不足しているとして、高松藩へ拝借銀を願い出ており、白峯寺の財政状況は厳しかったことがうかがえる。その後も天保にかけて高松藩からの拝借銀による財政的な援助を受けながら寺財政の維持をはかっていた。元文二年に白峯寺が開帳を行っていることが確認できるが、崇徳院六〇〇年回忌の宝暦十三年に開帳を行った。このとき高松城下の五か所、郷中五か所の往還、そして白峯寺の丸亀講中による丸亀城下三か所、多度津一か所に開帳の建札を設置している。この建札の設置は多くの参詣者を集めることに狙いがあった。以後、諸堂造営に際して開帳が行われている。

三　白峯寺と地域社会

白峯寺が高松藩領全体の大政所（大庄屋）の依頼を受け、五穀豊穣や雨乞の祈祷を行っているのが確認できる。また白峯寺のある阿野郡北の大政所から、独自に依頼があり虫除五穀成就の祈祷を行っており、地域の要請により郡として雨乞祈祷を白峯寺へ依頼することがしばしば行われていた。このようにとくに村落の農業への関わりが深かった。その他地域との関係をみると、すでに生駒時代の本堂再興棟札に白峯寺周辺の村民の名があったが、のちには毎年の正月十五日に、五穀御札を阿野郡北の十三か村へ配布している。また勅額門前の玉垣の修復、頓証寺境内の拡充工事などを阿野郡北の氏子たちが負担している。頓証寺勅額門の外手に施主共による石灯籠の建立願い、当山講中共からの本堂南の空地への宝塔の建立願いなどが出されている。こうして白峯寺は村落との関係を維持しつつ、また境内の整備は民衆の協力によっても行われていた。

第八章　近世の讃岐弥谷寺と地域社会

一　弥谷寺と多度津京極藩

室町時代以来、西讃岐の守護代として勢力をもち、天霧城に拠っていた香川氏の保護を受けていたといわれる弥谷寺は、近世に入ると生駒家、山崎家、京極家の歴代の藩主と関係を保ち、丸亀京極家から分家した多度津京極家一万石のもとで、上ノ村組の大見村にあった。生駒家時代に山林一八町四方が境内とされ、境内の殺生の禁札が建てられていた。禁札の再建のために弥谷寺は大見村庄屋とともに上ノ村大庄屋へ願い出、大庄屋から多度津藩代官へ伝えられており、弥谷寺に関しては村役人の介在が注目される。明和七年の干魃に際して多度津藩主京極高文は「五穀豊熟民安全」を祈って、自ら大般若経の「御札」を書き、弥谷寺と道隆寺に大般若経の転読を命じた。弥谷寺の転読に際しては、寺社奉行・代官らが派遣され、上ノ村大庄屋と大見村を初めとする村々の庄屋・組頭・長百姓らが出勤した。幕末ころと思われる時期に雨乞祈祷の事例があり、藩から命じられて、上ノ村組五か村役人総代らが参詣することが伝えられている。これは雨乞い祈祷が多度津藩領三野郡上ノ村組の全体の事柄として考えられていたからである。開帳は定期的には行われていなかったようであり、寛政九年に本尊の千手観音、弘法大師作霊像などの開帳があり、また焼失した本堂の再建を図って本尊開帳が行われた例もある。

二　「御免許地」と寄進地

山崎家時代に弥谷寺が開発した畑六反三畝が寺領として認められていたが、多度津藩になって一町五反の開発が行われ、合わせて二町一反三畝が免許地（寺領）となった。また新開畑五反五畝が弥谷寺分として認められたが、これには年貢「夏成」が課された。弥谷寺に田畑の寄進証文が残されているが、これらの土地は年貢を納めたのちの収納である「作徳米」が弥谷寺の収入となるものであった。また寄進証文のほかに弥谷寺や個人宛の売渡証文・質入証文が残っているが、これも寄進証文と同様な性格であった。寄進地等の全体はあきらかでない。

三　周辺村落と接待所・大師堂

弥谷寺は多度津藩領三野郡上ノ村組の大見村に属していたが、大見村庄屋家、上ノ村組大庄屋家が、弥谷寺と藩との取り継ぎを行う重要な役割を果たしており、多度津藩寺社奉行の直接の支配を受ける形ではなかった。また弥谷寺の住職の決定に際しては村役人の賛同が必要であった。弥谷寺の境内の堂社はほぼ十七世紀の後半ころに整備されたと思われ、寛文十一年の千手観音堂（本堂）の建立に見られるように、大見村庄屋をはじめ近隣の村役人層の協力によって行われたであろう。正徳四年には接待所があったようであるが、のち享保一〇年に上ノ村組大庄屋宇野与左兵衛（浄智）によって、「施茶堂」が建てられ、二年後には宇野与左兵衛より「永代常接待料田畑」として、五反三畝二五歩が寄進されている。大師堂の建立時期ははっきりしないが、享保十二年頃には存在したようである。天保十四年に大師堂の建て替えが、丸亀本藩および多度津藩の村・町の勧化によって行われている。また新住職の「入院」に際しては、大見村をはじめ西讃岐各地の村人との関係を維持して行われた。

四　碑殿村地蔵菩薩と金剛拳菩薩

多度郡碑殿村から弥谷寺に向かう道があり、その上池に寛政五年に石地蔵菩薩が安置されていたが、ここに弥谷寺が提案して接待所の設置が藩から許可されている。幕末には接待所は茶堂庵とよばれていた。そして上池の石地蔵から一〇番目の仏像として安置しようとしたのが、二天門前の大日如来であったという。この大日如来の造立の動きは寛政元年ころからあり、寛政三年にその建立が試みられたがそれから二〇年余り後の文化八年に完成したという。最終的にはその二、三年後であろう。文政二年には大日如来とあるが、弘化三年には金剛拳菩薩とされている。この金剛拳菩薩の建立に関して、文化七年の、「灌頂仏再建三百人講」がある。三〇〇人の寄付によって建立することを記しており、寄付した人物の名を蓮座に記すとし、以下寄付者の名と金額が書かれている。大見村や隣村の松崎村をはじめ多度津藩・丸亀本藩内やその他伊予・備前などからの寄付があったのがわかる。現存する金剛拳菩薩の蓮座には寄進者の名が刻まれている。

以上、本書の各章の概要を紹介した。最初にも断ったように、本書は個別のテーマによる論文集であるために、讃岐近世史に関する課題に対して提言するようなことはできないが、各章の内容において共通するものを取り上げるとすれば、それは程度の差はあれ、地域の村落社会との結びつきをもっていることであろう。

領主の政治的支配の基盤とされる村は、他方では地域の生活や経済の面で、重要な役割を果たしていたことが理解され、地域の歴史の進展に果たした共同的な村落社会として位置づけ、把握しなければならないのではあるまいか。本書に収めた個別事例の研究からではあるが、村落社会との関係を常に視野に入れながら、讃岐近世史の研究の個々の課題の分析を進めていくことが必要であるように思われる。

Ⅰ部　高松藩の砂糖と坂出塩田

第一章　寛政・文化期高松藩の砂糖生産と流通

はじめに

四国東部の瀬戸内に面し東讃岐に位置する高松藩は、御家騒動によって転封された生駒家の支配地讃岐国の東部三分二にあたる一二万石の藩として、寛永十九年に成立した。初代藩主は御三家水戸家の出で、徳川光圀の兄にあたる松平頼重であり、江戸幕府に近い家門大名であった。

この高松藩の財政の推移の概況についてはすでに述べたところであるが[①]、十八世紀中頃の第五代藩主松平頼恭の時代になると、領内での殖産の奨励に乗り出している。寛延元年に綿運上反対騒動が高松城下で起こっているように、盛んになってきた綿生産への高松藩の統制が企図され[②]、また宝暦の財政改革の中で屋島の西潟元に、当時高松藩では最大であった塩田（亥ノ浜）が宝暦五年に完成した[③]。この宝暦五年からほぼ三五年後の寛政元年に、高松藩の一大特産品となっていく砂糖の製造に成功している[④]。

高松藩の砂糖については、十九世紀はじめの文政二年から行われ、天保六年の砂糖為替金趣法に至って集大成された、砂糖流通統制の推移を別稿で明らかにしたところである。文政二年にはじまる大坂商人と結びついての藩財政難の解決は、砂糖の大坂での売払代金に注目してのものであった。大坂での売払代金を大坂商人へ預けて、それに相当する藩札を砂糖荷主に渡すために、領内沿岸の地域に砂糖会所を設置し、その地域で砂糖取引に従事していたと思われる有力者を、責任者として「座本」に任じた。(5)

この文政二年の本格的な砂糖流通統制は、砂糖製造に成功した寛政元年から三〇年後のことである。この間の高松藩における砂糖生産の状況等については明らかでないが、流通統制の始まった文政二年の砂糖会所の設置を理解するためには、その背景として当時の農村における砂糖生産や流通の実情について、少しでも解明を進めていくことが必要であると考えられる。

本稿ではこうした点から、寛政元年から文政二年にかけての、砂糖会所の設置以前の高松藩における砂糖生産の状況やその領内取引、および生産砂糖の大坂への積み送りの三点について検討してみたい。但しいつものことであるが、高松藩では藩政史料が残存しておらず、地方文書の御用留類に拠らざるを得ないため、不十分な検討内容とならざるを得ないことを、断っておきたい。

一　砂糖生産の状況

高松藩で砂糖の生産がいつから始まったかを示す確実な史料はないが、砂糖に関する最初のものは寛政二年十一月に藩から出された次ぎの通達である。(6)

大内郡三本松村医師
周慶

右之者、砂糖本製之伝授ヲ請、依之右為手伝巧者之者弐人召抱、当年始而致製法出来候由、年来厚心掛候内存

之趣も相聞、以来年々出情増候ハヽ、御国益ニも可相成候、然ル処砂糖本製之義ハ、伝授相望候者多可在之、殊ニ其方未タ伝授残も在之由ニ付、他所者ハ勿論縦令御領分内之者たり共、他人江伝授仕候義ハ堅無用ニ候、此段屹度相心得、万一無拠子細も在之節ハ、入念遂吟味ヲ人別申出候上、指図ヲ請可申候、追々製法宜敷年々出来増繁昌も致候ハヽ、尚様子次第追而申渡候義も可在之候間、弥無油断相励製法出情可致候、且砂糖之キビ作付望候者江ハ、其方指図ヲ以作らせ可申候事

大内郡村々役人
寒川郡村々役人
三木郡村々役人

一三本松医師周慶義、砂糖製法致候ニ付、同人作付之義ニ付、砂糖キビ麁末之仕方無之様、夫々村方之者共江可申付候、右製法之仕方、他人江伝授之義ハ指留置候間、此段ハ其方共相心得可罷在候事

右之通可申渡旨、郡奉行中江奉行中申渡候事

この史料から理解できるのは、寛政二年以前に周慶が「砂糖本製之伝授ヲ請」けていること、砂糖作りに「巧者」のものを二人雇って当年に始めて本格的に製造をはじめたこと、将来には「国益」となろうが当面は「砂糖本製」の伝授は禁止すること、大内・寒川・三木各郡の村役人へ、砂糖の原料の砂糖黍栽培の「麁末之仕方」を禁止することなどである。

向山周慶がいつ誰に伝授を受けたのかは不明であるが、「年来厚心掛候内存之趣も相聞」とあるように、寛政二年以前から砂糖製法の研究をしていたのは確かである。そして周慶が身につけた砂糖製造技術を二人の「巧者」とともに、その製造を実用化させたのが、この寛政二年十一月であった。したがって周慶が「本製之伝授」を受けて砂糖の製造に成功したのは、砂糖製造が行われる時期である、前年の寛政元年の冬であろうと考えられる。

こうした高松藩の砂糖製造開始の事情をみると、一般的にいわれてきた向山周慶の砂糖製造に関する伝承は根拠が弱く、むしろ藩が主導権をもって周慶に砂糖の伝授を受けさせて、砂糖製造を進めていったとの感を強くせざるを得ない。周慶の周辺で砂糖製造の研究が本格的に進められていたとすれば、当時領内で砂糖黍の栽培を示すような史料が残っていると思われるが、今のところそういう史料は見当たらない。先の引用史料からは砂糖黍の栽培を新たに奨励しているようにも受け取れる。

翌三年の十二月になると、次の通達が出されている。(7)

大内郡三本松村政所
河野忠六

一湊村医師周慶、毎年製法仕候砂糖出来辻員数、其方相改可申出候、且以来余人東郡ニ而、製法仕候者出来候ハヽ、右同断可申出候、但、右周慶義近頃病気ニ付、取扱行届兼候趣ニ相聞候間、其方初発より存候事ニ候間、砂糖キビ作り方并製法望人共在之節等、以来ハ右之一件、諸事引請取扱可申候事

同　郡湊村医師
周慶

右之通申渡候間、諸事遂相談取計ひ可申候

右之通可申渡旨、郡奉行中江奉行中申渡候事

大内郡三本松村政所（庄屋）の河野忠六に、向山周慶の砂糖生産の調査を命じており、また「東郡ニ而」、つまり大内郡・寒川郡等の藩領東部各郡地域で、砂糖製造を希望する者が出てきた場合には、河野忠六から藩へ申し出るよう伝えている。そして当時周慶が病気であるとして、「砂糖キビ作り方并製法望人共」がいるときは、今後忠六が「諸事引請取扱」うように命じている。

寛政四年の正月に向山周慶は病気であるとして、「砂糖製法一巻」については、三本松村に隣接する西村の百姓礒五郎に周慶から「譲渡」することになっている。この時急であったということで、前出の河野忠六から大政所（大庄屋）を通さずに、直接に「奉行部屋」へ申し出ている。(8) 奉行部屋とは家老たる年寄に次ぐ、高松藩の重職である奉行が詰めている部屋である。なお礒五郎は周慶並みに砂糖製法に精通していたと思われ、先述した砂糖作り「巧者」二人のうちの一人ではないかとも考えられる。

この時藩は大内郡の大政所へ奉行堀多仲の意向として、「此以後共砂糖一件ニ付候儀者、直ニ奉行部屋へ申出候筈ニ候」と伝えている。(9) 先に触れた寛政二年の向山周慶による本格的な砂糖生産の開始や、翌年の河野忠六の生産砂糖の調査等についても、郡奉行へ奉行から直接に伝えられており、当時砂糖生産に関しては重職の奉行の主導のもとに進められていたことが理解される。

寛政六年六月になると砂糖生産に関して、次の通知が大内郡与田山村の政所大山家へ伝えられた。(10)

御国砂糖製法取計一件之儀ハ、大内郡三本松政所河野忠六壱人ニ限被申聞（カ）候、并製法人東郡数多有之内、湊村医師周慶西村百姓礒五郎、此両人ハ製法元ニ而、其外之者者右両人ゟ、伝授致候義候間左様相心得申候、且製法人之外百姓間人等、砂糖黍手作ニ仕度者共有之候ヘハ、製法人誰方ニ而砂糖絞候段、製法元へ届済候上作付致可申候、且村々植付有之砂糖黍、抜荒候様之儀仕間敷候、

一製法致度者共段々有之様子相聞候得共、後年之儀ニ付難相定、先暫之内ハ東四郡ニ限り、聞届候筈ニ有之候間、願無之製法不相成候、右願済候者共神文も為致有之候得共、尚猥ケ間敷儀無之様可致候、且砂糖黍右四郡ニ而畝数凡百丁程ニ究置申、畑地ニ相応之由ニ相聞候得者、田分へ作付分有之候ハヽ、（カ）跡作有無之趣指配可致候

一御国製法砂糖并御城下浦々積出等之儀者、別紙郡奉行中へ被仰渡之通、相心得可申候

差出人、宛名の記載はないが、最後の条に「別紙郡奉行中へ被仰渡」るとあり、別紙とともに郡奉行から大内郡

大政所に伝えられ、さらに各村政所へと渡されたと思われる。先に指摘したように、奉行からの指示によるものかとも考えられる。

内容は、三年程前から砂糖生産に深く関わっている河野忠六に「砂糖取計一件」を担当させる、東郡地域では砂糖生産に従事する砂糖製法人が増えてきているが、製法元の周慶と礒五郎が砂糖製法の伝授をする、砂糖黍を栽培するものは砂糖絞りを依頼する製法人を製法元に届け出る、砂糖生産はしばらくは東四郡（大内・寒川・三木・山田）に限定し、砂糖黍の栽培面積も凡そ百町とするというものである。寛政二年にはじめた段階よりもこの四年間に砂糖生産が広まっているのがわかる。また当時は砂糖黍の栽培と砂糖生産とは一体化しており、「砂糖製法」とはこの両方を含んでいた。なお、引用史料の最後にある砂糖の「城下浦々積出」しについては、後述の「三　砂糖の大坂取引」で触れることにする。

寛政六年に東郡に砂糖製法人が多くなってきているということは、寛政二年のときには砂糖伝授はまだ禁止されていたが、その後製法元の向山周慶・礒五郎によって伝授が進められていったからである。寛政七年には製法人が「砂糖作之義不埒在之候ニ付」と、砂糖作りの禁止が奉行から通達されたものがいるが、砂糖製法人になるためには「人柄并身上向」を調査の上、大政所から願い出ることになっていた。具体的には本人の持高、「一人切身上向調帳」、「当春五人組帳」を提出しなければならなかった[11]。

翌八年十一月付で、砂糖方政所兼帯三本松村政所（名前は破損。おそらく河野忠六であろう。なお砂糖方政所の詳しいことは明らかでない）と製法元周慶に宛てた藩からの通達がある[12]。これは始めに、「砂糖作製法仕候者、此度願申出候所」とあって、製法人を代表して河野忠六と周慶が願書を提出しており、これに対する藩からの返書である。当時の生産者と藩との関係を記した、貴重な内容であることをうかがわせるが、残念な事に虫食いによる破損が激しく、全文を理解出来ないのが惜しまれる。

部分的にわかることを指摘しておくと、「利潤宜物故、令作付製法仕度候」と、利潤がよいということで藩は砂糖黍植付、砂糖製法を奨励することをいっている。そして製法伝授については、「願出候ニ付東四郡ニ限り、勝手次第と願相済候義ニ候」とあって、東四郡の伝授願いは「勝手次第」であるとしている。この「勝手次第」というのは、これまでのように伝授を願うものは、大政所へ申し出て奉行の許可を得るということが必要でなくなり、砂糖生産への従事が容易になったことを指している。

ところで、向山周慶がはじめて生産した砂糖は黒砂糖ではないかといわれている。砂糖には白砂糖・白下地・焚込・蜜の種類があるが、白砂糖は白下地（砂糖黍を絞ったばかりの黒砂糖・白下糖）を精製して製造されたものである。白砂糖について記した最初のものは、寛政十一年の次の史料である。(13)

神文の事

一白砂糖種々製法之秘事、御伝授被下候上者、従一子相伝外、他国者勿論雖一家兄弟、猥りに他伝授仕間敷事

一製法之諸道具、決而他見仕間敷事

奉誓天照皇太神宮八幡大神宮春日大明神金比（ママ）羅大権現牛主弁財天其外、日本大小の神祇、可蒙御罰者也、仍而神文如件

寛政十一己未九月廿七日　田中八郎右衛門

外三十七名印

伝授された白砂糖製法の「一子相伝」を誓った神文であるが、計三八名のものが白砂糖の伝授を受けていることは、この頃から白砂糖の製法が広まり始めていたといえよう。

白砂糖製法を考案した人物は不明であるが、翌十二年には大内郡の大政所は、「此度白鳥村医師朔玄、白砂糖製法伝授致度段願出候所、願之通伝授御免被仰付候間、村々江白砂糖伝授ヲ受申度候者も有之候ハヽ、右朔玄へ伝授

ヲ受候様御申聞可被成候」とあって、(14)白鳥村の医師朔玄が白砂糖の製法を身につけて、各村の希望者へのその伝授を許可されていることを郡内各村へ伝えている。

向山周慶による砂糖製法の伝授は、その後も続けられているが、製法伝授が白砂糖であるのかどうかは明らかでない。享和二年には大内郡黒羽村の善右衛門が、周慶から「砂糖製法伝授」されている。(15)そしてこれから二年後の文化元年五月には、「周慶砂糖製法為伝授、致順在候旨、先達而申進有之」と香川郡東の大政所へ伝えられており、(16)この頃には東郡に限らずに領内全域への砂糖製法伝授が積極的に行われていた。

この文化元年の四月に領内に向けて出された次の通達に、当時の高松藩内における砂糖生産の状況をみることができる。(17)

御国産砂糖製方之義、東郡之内ニ者追々得熟練候村方も有之、別而大内郡湊村ハ至而出来方宜、専上方表江指向、彼地ニ而も唐砂糖（ママ）ニ致、売買候事之由、依之自と売方直段も宜、屹度割合ニ相掛、年々大ニ得利分ヲ候事ニ相聞候、然ル所右湊村之外、村々ニ而ハ左様ニも無之、又者一向割合ニ不相掛物之様ニ、相心得候者も有之由、畢竟作方并製方等未熟故之義と相見候、肥修理之仕方、製し方火加減第一之事ニ相聞、御城下外磨町（屋）ニ罷在候山崎（向山）周慶ハ、則湊村出生之者ニ而、御国砂糖之開基之者ニ在之、能致鍛練罷在候ニ付、初発已来製方伝授役被仰付有之候間、望之者者同人江手寄伝授を請、猶又手入之仕方製方火加減等、直ニ見覚度候ハヽ、其段申談候様可致候、左候迚聊謝礼等申談候義ニ而無之、少しも失墜無之様教遣候筈ニ候、尤村方ニ而製作人多一類有之、於其所ニ伝授請度義も候得者、其段可申出候、周慶義相廻せ候様、可被仰付候間其旨相心得、熟練永繁栄致候様銘々可相励候、郷中一統得利潤を候様との御趣意、第一之義ニ候、先達而運上銀も御免被仰付候之程候間、心得違無之随分手広ニ取扱可被申候
右之趣郷中端々迄、不洩様可被申渡候

要約すると、砂糖生産が東郡で広まっておりとくに湊村で盛んになっていること、多くは「上方表」へ運ばれて年々利益を上げていること、しかし湊村以外ではこのことがよく知られていないのは砂糖生産の技術が未熟なためであること、したがって城下外磨屋町に住んでいる向山周慶は湊村出身で初めから砂糖伝授を行っていること、希望する者はこの周慶から伝授を受けてもかまわないこと、また村によって伝授を受けるものが多い時は周慶を現地へ行かせるので申し出ること、砂糖生産によって多くの利潤を得るために先頃には運上銀も中止したことなどが述べられている。高松藩として、砂糖生産を積極的に行っていこうとする方針が出されているのがわかる。なお砂糖運上銀については後述する。

この文化元年の十二月には、「御国砂糖製法相覚、大内郡ニ者追々得利潤候者相聞、往々繁栄候得者諸人之助、御国益之事ニ付、御世話被下候所、近頃他所ゟ買込或者仕入も可致と号、実ハ伝授ヲ聞構、且高給ニ而召抱致候様子等、有之哉ニ相聞候、御国中ニ而も未行渡不申義、他領江洩候而ハ、作人者利益も薄ク不為之義ニ付、人々相構他言致間敷筈之義ニ候間、自然右様之者入込候ハ、早々追払、宿等も堅ク致せ間敷候」と、[18]大内郡で砂糖生産が盛んとなってくる中で、砂糖製法が他領へ洩れるのを阻止しょうとしているのがうかがえる。

砂糖生産の原料である砂糖黍の植付は、寛政六年の通達では「凡百町」とされていたことを述べておいたが、砂糖生産が盛んになってくる中で、寛政十一年には「村々砂糖植付畝数、帳面ニ而早々御申出可被成」と、砂糖黍植付の村毎の調査が行われている。[19]そして砂糖黍植付面積については翌年には、「田地百町之上ハ宜無之由之趣も相聞候、其余者如何様之訳ニ而、難植せ事ニ候哉」と、「田地百町」に限られることを問題としてきている。[20]この砂糖黍の植付調査は文化二年に、[21]さらに文化十一年にも行われていることが確認できる。[22]

この文化十一年のときの大内郡各村の砂糖黍植付面積は表1のとおりである。一番多いのは湊村の三〇町一反、次いで引田村の二六町一反余、白鳥村の二二町三反となっている。合計二五四町六反余であり、「田地百町」は大内郡だけではるかに越えており、領内での砂糖黍植付面積は相当に増加しているのがわかる。この結果砂糖生産も飛躍的に発展した状態になっていったと思われる。

ところでこれから四年後の文政元年に幕府は、大坂その外への砂糖の積み送りが増えているとして、全国的に「本田畑」への砂糖黍の植付を禁止する方針を出した。高松藩ではこれを領内へ伝えたが、砂糖生産者からは「是迄之通作付」との要望が出されて[23]、結局藩ではこれを受けいれている[24]。

砂糖生産は大内郡・寒川郡などに比べるとわずかではあったが、香川郡東の翌二年の砂糖黍植付の畝数の内訳は表2のようになっていた。一九町七反余の植付面積（在畝）のうち、古田畑が一一町四反余、新開田畑が八町三反余となっている。ここにいう古田畑は高松藩の最初の検地によって登録された田畑、新開田畑はその後の開発によって田畑となった土地のことであろう[25]。幕府のいう本田畑は古田畑・新開田畑を指していると思われる。またこの年の香川郡東の村別の砂糖車数は表2の右端のとおりであり、香川郡東では砂糖黍植付畝や砂糖車数ともに浅野

表1　文化11年の大内郡村別砂糖黍植付村別内訳

村　名	植付面積
湊村	30町1反0畝0歩
落合村	1．9．4．0．
小海村	10．0．0．0．
三本松村	1．1．0．0．
川東村	7．9．0．0．
伊座村	1．9．6．0．
帰来村	1．3．6．0．
松原村	2．3．6．0．
川又村	6．4．5．0．
寺井村	17．5．7．0．
土居村	4．4．5．0．
松崎村	1．0．7．0．
大谷村	2．8．3．0．
西村	8．9．4．0．
坂元村	11．5．0．0．
黒羽村	15．3．0．0．
小磯村	4．6．5．0．
小砂村	2．1．0．0．
中山村	2．6．5．0．
馬篠村	9．2．0．0．
入野山村	8．6．15．
与田山村	4．5．0．0．
白鳥村	22．3．0．0．
西山村	2．3．5．0．
東山村	1．5．0．0．
塩屋村	3．6．6．0．
吉田村	12．6．7．0．
馬宿村	8．8．6．0．
引田村	26．1．5．15．
横内村	5．1．0．0．
水主村	10．8．0．0．
中筋村	4．0．0．0．
三殿村	5．9．0．0．
町田村	4．6．0．0．
計	254町6反9畝0歩

文化11年「御用月番帳」（日下家文書）より。

表2　文政２年の香川郡東砂糖黍植付村別内訳

村　名	在　畝	古田畑	新開田畑	砂糖車数
浅野村	4町7反5畝	1町4反2畝	3町3反3畝	11
川東下村	7．2．	7．2．	―――	2
川東上村	2．3．5．	6．3．	1．7．2．	3
太田村	2．3．	1．1．	1．2．	――
大野村	2．3．2．	2．3．2．	―――	4
伏石村	3．2．	―――	3．2．	――
今里村	1．5．	―――	1．5．	――
上ノ村	2．5．4．	1．6．3．	9．1．	1
東浜村	3．8．0．	3．5．0．	3．0．	3
一宮村	1．8．5．	3．5．	1．5．0．	1
下多肥村	6．6．	6．6．	―――	1
畝〆	19町7反6畝	11町4反1畝	8町3反5畝	26挺

文政２年「郡方御用日帳」(前出別所家文書)。

村が多かった。高松城下に近く「東郡」とは離れている香川郡東でも、砂糖黍がわずかではあるが植え付けられ、砂糖生産が行われているのがわかる。

この砂糖黍植付に対して「砂糖運上銀」が課されていた。それが始まったのは、「運上銀之義、初発百姓共依願、寛政六寅年ゟ享和二戌年迄、御取立被仰付候御振合も有之」とあるように[26]、寛政六年からであった。享和元年に大内郡の吉田村では、一町七反六畝一五歩（畑方八畝一五歩・田方一町六反八畝三歩）に銀一三八匁八分八厘が懸けられている[27]。

先述した大山家の寛政八年の「御用留」に、「願ケ条之内先五ケ年之間、運上銀ヲ減し候義、願之通申付候」とあり、以後五年間の運上銀の減少が認められている。そして「植畝并出来砂糖改出」とあり、この頃には甘蔗植付、砂糖生産の実態調査が始められていたのがわかる。そして五年後の享和二年に「向後運上銀ハ御免被成候」とあり、運上銀は中止されている[28]。

なお砂糖車については文政二年に代官手代から香川郡東の大政所へ、「砂糖車拵候ニ付、大内郡之内ゟ相願、銀御貸方在之候由、尤右之通ニ付相願候様ニと、申義ニハ無之候得共、為御心得申進候」と伝え[29]、大内郡からの要望によって砂糖車製作の費用が、藩から出されるようになったことを知らせている。「相願候様ニと、申義ニハ無之」とはいいながら、砂糖生産のいまだ低調な香川郡東の地域でも、その生産の向上を図ろうとしたのであろう。

ところで、文化七年に郡奉行へ次の通達が出されている。(30)

春秋之作者民間専一之義ニ候ヘ者、入念可申義ニ候、砂糖作之義者民間如何躰手廻宜、懐向勝手次第之筋ニ候間、古来ゟ作付之義ニも無之、先雑作ニ順候得者、此上民力可相尽品ニも無之候、近年東筋ハ尚更余郡共、右作付相増候様相見、大政所も初百姓共之内ニ者、何と歟米麦を軽取扱、手廻り宜敷利潤有之処ヲ以ニ候哉、砂糖作之方格別情ニ入候者も相聞候、右様之心得ニ而者、農家専務之品次ニ致、雑作之方取用之順ニ付而ハ心得方不宜、却而民家往々不為之筋も可有哉ニ付、此上砂糖作之所ハ作増不申様、郡々政所共江も相心得せ置可被申候

この通達は、砂糖作りは農民が「懐向勝手次第」に行っているものであり、「此上民力可相尽品」ではない、ところが近年利潤があるためか、東郡をはじめその他の郡でも、砂糖作りに「格別情ニ入候者」がいて、「農家専務之品」を疎かにしている、今後は砂糖作りは「作増不申様」と、砂糖生産の制限を各村政所へ伝えるように達したものである。つまり文化七年段階では藩としては、砂糖生産の増加によって米・麦などの主穀生産に影響が出ることを抑えようとしている。このころでは藩の特産品として今後一層重視していこうとすることに、躊躇している姿がうかがえるのではあるまいか。

二　砂糖の領内取引

高松藩で砂糖生産が広まっていくなかで、享和二年十月に領内の取引の中心として城下商人を砂糖売捌問屋に指

定し、そこでの取引のありかたについて砂糖生産者に通達したのが次の史料である。[31]当時の砂糖取引の実態を知る上で、重要であると思われるので、長文になるが引用しておきたい。

砂糖作人并製方之者共

御国砂糖一同相用ひ、他之砂糖当分御指留ニ相成、御国広く為売捌、新通町平福屋宗兵衛と申者、右問屋申付有之候、尤作人共ゟ他所直売者勝手次第ニ候、其余取扱旁等之次第、別紙之通右問屋へ申付在之候間、右之趣ニ相心得、此上ニも製方心掛、追々出来方宜作付可申候、依之格別ヲ以、向後運上銀ハ御免被成候間、弥難有繁栄仕候様ニ骨折可申候

十月二日

別紙

一於問屋毎月三度つゝ市日を究置、作人共ゟ持出候ハヽ、買人とも呼集、直段入札ニ致せ、高札之者ニ売渡可申候、其節売主も罷越居申、自然右落札直段下直之趣ニ而、売払之儀断申候ハヽ、右申分ニまかせ、売買無用可致候

一右売買相済候分之代銀取扱方之儀、売買相済次第、市日ニ売主代銀相渡可申候、自然買方之者一応直段法(ママ)定之上、返却申参候儀有之候共、承届申間敷候事、無拠故障之次第候而、売買之儀もとけ候儀有之候ハヽ、其分者問屋引請、売主江ハ代銀無子細、約束之通相渡可申候

一砂糖仲買と申者人数十人計究置、町中并其外ニも買方之者口入等相働せ可申候、右市日ニ入札之義ハ仲買ニも不限、何者ニ而も勝手次第致せ、若又落札ニ相成候ハヽ、代銀取立方之義も有之ニ付、仲買誰口入と申義相究置、代銀取立之儀聊遅滞無之様、取〆方可申付候

一右口銭之儀銀目五分、買い方ゟ取可申候、尤右之内仲買之者江も、相応口銭之内割符可申候

付紙

本文市日之間日々持出、売払申度よしニ候ハヽ、直段之儀ハ売主問屋相対次第ニ而、売買可申候、尤大抵ハ已前之市日之相庭ヲ、目当ニいたし可申候、代銀指急キ候とて、格別安売ハ致間敷候、様子ニ寄質取ニ致置、追而市日ニ売捌同様ニ可致候

要点は、領内産砂糖を使用させて他領砂糖の移入を禁じ、領内産砂糖の売り捌きのため高松城下新通町の平福屋宗兵衛を砂糖売捌問屋にする、砂糖生産者が他領へ直接に売ることは認めるが、それ以外の砂糖は別紙のように砂糖問屋のもとで取り扱う、以後運上銀は免除する（この点は先に述べた）という。別紙の内容を要約すると次のとおりである。

一砂糖問屋のもとで毎月三度市日を決めて、入札によって取引するが、落札直談が低い時は売主は売り払いを拒否できる。

一売買が成立した場合は「市日」に売主へその代銀をわたす。代銀の返却は認めないが、止むを得ない場合は問屋が引き請けて売主へ代銀を支払う。

一砂糖仲買を一〇人ほど決めておき、砂糖買主の斡旋をさせること。入札には仲買のみと限定していないので、仲買以外のものが落札した時は代銀取立のために仲買を指定しておく。

一取引に際して買主に銀五分の口銭を課す。仲買にも「相応」の口銭を割り付ける。

付紙では市日以外に売主が売り払いを希望する時は、問屋つまり平福屋との間で売買し、以前の市日の相場を目当てにする、安売りはしない、場合によっては質取にして市日に売り出すとしている。

他領との直接の砂糖取引は規制しないが、それ以外の領内砂糖の取引は、砂糖売捌問屋平福屋のもとで市日を立てて取引することによって、領内における砂糖の取引を把握しようとしているといえよう。この売主と買主の間に、砂糖の取引に従事する砂糖仲買一〇人を設け、介在させようとしていることが注目される。この城下商人平福

屋のもとでの市日による砂糖の取引がいつまで続いたのか、その後の経過は明らかでない(32)。

先の引用史料にあるように、他領よりの砂糖の移入は禁止されたが、翌享和三年には「上菓子類」を京・大坂をはじめ、他所から取り寄せることが禁止されている。そのため「上菓子仕立方ニ者、上品之砂糖無拠入用之次第も有之」として、西新通町二、塩屋町二丁目一、鶴屋町一、南新町一、田町二、松島一の計八名の菓子屋に、「少々宛取寄」が許可されている。しかしこの場合も領内産砂糖七分、他所砂糖三分での菓子作りが命じられており、領内産砂糖の使用を奨励している(33)。

文化六年には、高松城下町での他領からの砂糖取引が奨励されている。城下の町年寄に対して、「近年御国製砂糖宜出来候ニ付、多上方表江積登候事ニ候得共、下筋向路其外所々大坂江申遣取寄候、此元ニ而相調候得者、掛り事之差別も在之、下直ニも相当可申ニ付、他所商人共江申聞、望之者江者砂糖交易之義取計せ候」と、領内産砂糖が「多上方表江積登」が盛んになってくる中で、他領商人が大坂へ出向いて買い入れるのではなく、直接に高松城下で買い入れれば、大坂よりも安く買入ができるとして、希望する他領商人は城下で砂糖の取引を行わせると伝えている。そして新湊町の町年寄鳥屋仁左衛門に「一件御用向」を引き受けさせることにした(34)。高松城下での他領商人との砂糖取引を盛んにしようとしているのがわかる。

こうして領内での砂糖生産が盛んになっていくなかで、砂糖黍の取引も広く行われるようになっていった。平福屋を砂糖売捌問屋にしてから六年後の文化五年に砂糖黍をめぐって、大内郡の中筋村の武八郎と松原村の恒助との間で、砂糖黍の取引をめぐって争いが起こっている。

その経過等の詳細は省くが、武八郎は恒助へ、「鴨部村水主村中筋村以上三ケ村ニ而、買付御座候砂糖黍」、「不残委細別紙帳面ニ仕立、先達而借用仕候銀子之内へ相渡申候処、実正ニ御座候、然上ハ御勝手次第ニ御支配可被成候、其節一言之御断申間敷候」との一札を渡している。武八郎が寒川郡の鴨部村、大内郡の水主村・中筋村の三か村で砂糖黍の買付をし、これによって松原村の恒助からの借銀の返済を行おうとした。借銀の返済に充てられた砂糖黍の買付面積は一町二反一畝で、借銀の銀九九〇匁のうち二九〇匁が未返済となっていた。

この武八郎は「御存知被遊候之通、私も近年不勝手ニ相成、砂糖仕入方も丈夫ニ得不仕候故、所々買黍手付銀并肥等借請之義も、当年植付之砂糖黍ヲ引当として、借請御座候間、何角取都（ママ）仕候而余分御座候得ハ、何卒恒助初め其外借銀御座候方江、少々つゝ払出仕度と奉存候」とあるように、経営状態は不安定であり、「近年不勝手」、「砂糖仕入方も丈夫ニ得不仕」という状況に置かれていた。

中筋村武八郎と松原村恒吉との借銀返済をめぐる争いは、この年暮に大政所の日下太郎右衛門はその処置について藩へ願い出、翌年三月に両者は郷会所に呼び出されて「詮義」を受け、それぞれ「口書」を提出している。武八郎親子三人は以後も「詮義」が続いている。

武八郎が住んでいる中筋村と近くの水主村、さらに隣郡の鴨部村から買い付けているのは、砂糖黍の取引が当時村ごとに規制されていなかったことを示している。そして武八郎と砂糖黍取引をめぐって、中筋村の黍仲買浅次郎、鴨部村の黍仲買清五郎らの黍仲買の名もうかがえる。武八郎も黍仲買であったのかもしれない(35)。

先述のように享和二年に砂糖仲買が置かれているが、砂糖黍の取引を行う砂糖黍仲買はかれらとは別であった。当時砂糖黍仲買がどれくらいいたのかはっきりしないが、砂糖黍の生産が盛んになってくるなかで、各地の黍仲買らによって相当にその取引が、活発に行われていたのを知ることができる。

この文化五年に武八郎は砂糖取引をめぐって、松原村の森本伝吉から次のように政所へ訴えられている(36)。

一去卯三月大内郡中筋村武八郎と申者へ、大坂為積登之砂糖為更銀七貫弐百目、則大坂問屋平野屋利平方ニ而、請取申筈ニ而相渡申候所、右砂糖猥ニ外問屋へ別ケ揚仕候而、漸金八拾両渡呉、其後度々ニ九百八拾五匁五分四厘払出候ニ付、右金八拾両之代銀札ニ合せ、都合六貫三百三拾四匁四分弐厘請取、残銀八百六拾五匁六分八厘、

色々申紛レ何分訳立不申候
一右之武八郎へ銀札七貫目、是ㇵ去卯三月砂糖先キ為替と仕、四月廿五日切ニ相渡御座候処、是亦砂糖相渡不申候ニ付、色々取遣仕候処、漸砂糖蜜計代銀四貫百目呉候而、残銀弐貫九百目訳立不申候

内容は二つの取引に関することである。一つは森本伝吉が「砂糖為更銀」七貫二〇〇目を武八郎に前貸して、大坂の砂糖問屋平野屋利平（後出表7の「高松藩砂糖大坂売捌問屋」に名がある）へ砂糖を送り、代金を受け取ることを武八郎へ依頼した。しかし武八郎は平野屋以外の問屋へも荷揚げして、六貫三三四匁余しか返済せず、残りの銀八六五余が未返済となったことである。ここで注意したいのは、森本伝吉が平野屋利平という特定の大坂の砂糖問屋との間に、砂糖の流通ルートを確保しているということである。

二つめは同じく森本伝吉は武八郎に「砂糖先キ為替」として銀札七貫目を貸して、砂糖を買い集めるように依頼したが、代銀四貫一〇〇目にあたる「砂糖蜜」は受け取った。しかし残りの二貫九〇〇目は未解決となっているということである。砂糖の買い集め資金として「先キ為替」が行われていることに注目すべきであろう。つまり森本伝吉は大坂砂糖問屋との関係を保って、砂糖の買い集めを行っている砂糖荷主的な性格をもっていたと思われる。また武八郎は砂糖仲買的な性格をもっていたことが理解できる。

そしてその頃「出来砂糖先売候義も有之」と、砂糖の「先売」、つまりこれから生産される砂糖を抵当とした売買も行われていた[37]。しかし先述のように武八郎は、砂糖取引を大規模に行って大きな利益を上げているという状況にはなかった。

このような文化五年頃の中筋村の武八郎にみられる、黍買付や「砂糖為更銀」・「砂糖先キ為替」・「砂糖先売」などの動きは、砂糖生産地で砂糖黍の取引や高松藩産砂糖の大坂砂糖問屋との売買が、相当に盛んになってきていることを示している。先に文化七年に、砂糖の生産を藩が制限する方針を出していることを指摘したが、その背景に

は、武八郎を例にして説明したような、砂糖黍取引が村を越えて活発に行われ、砂糖生産の増大にともなう積極的な大坂への積み送りという状況が、村々で生まれてきていたからである。

その後砂糖仲買の横暴が目立つようになり、文化五年から十年後の文政二年に砂糖生産者への通達に、「砂糖売買之節、仲買共村方へ入込、製作人共売買之妨ヲ致、其上仲買手掛不申而ハ、売買不相成撫と、法外ヲ申張候仲買共在之由相聞候、以来右様之仲買共村方へ入込、彼是申候ハ、其所ニ留置、早々所役人共江可申出候」とあるように[38]、藩では仲買による強引な砂糖買入の取り締まりに乗り出している。

三　砂糖の大坂積み送り

大内郡三本松村政所の河野忠六を「御国砂糖取計一件」とし、湊村の向山周慶と西村の百姓儀五郎を砂糖製法元にして、高松藩が東郡地域での砂糖生産に乗り出したのが、寛政六年のことであったことは先に述べた。このとき領外への砂糖の積み出しについては、藩は郡奉行へ次のように通達した[39]。

御領内於東郡砂糖製法出来候ニ付、他国へも売弘方候之間、御城下ニ而香川屋茂次郎、右座本ニ申付、御国砂糖為目印、別紙之通焼印押せ候、右焼印無之御国製砂糖売買者勿論、御城下并浦々積出等致せ申間敷候、若焼印無之砂糖桶、取扱候者有之候得ハ、座本見改見附次第、所役人へ届可申候間、其段可被申渡候

　但、御国砂糖川口出入之儀、東川口限可申候

一御城下ゟ東浦々川口之儀、三本松政所河野忠六、又者香川屋茂二(ママ)郎切手ヲ以出入致せ、右之切手ハ追而町奉行所へ相廻せ可申候

他領へ売り弘めるために、高松城下の香川屋茂次郎を「座本」（統括責任者）にし、高松藩産砂糖の目印の焼印

を押させる、この焼印のない砂糖については領内での売買はもちろんのこと、城下や藩領東部（高松城下から東を指している）も含めて各地の湊からの積み出しは許可しない、城下および藩領東部の湊からの積み出しは、三本松村政所河野忠六または香川屋茂次郎が積出切手を出すことにしている、ここに高松藩が領内産砂糖の領外積み出しに統制を始めているのがわかる。

ところが寛政十一年には「此度一件郡方差配ニ付」とあるように、砂糖については郡方で取り扱うようになっている。先に「一　砂糖生産の状況」で述べたように、初めは砂糖に関する事柄は「奉行」の管轄下にあった。この「郡方差配」により、これまでは積出切手を香川屋茂次郎と河野忠六が出していたのをやめ、湊のある各郡の大政所が積出切手に印を押すことにした。[40] 郡方のもとで大政所が積出切手を出すようになったのは、郡方―代官―大政所―政所という農村支配の一環として、砂糖に関する職掌が扱われるようになったことを示している。

それから九年後の文化五年の末には、「御国製砂糖他処江積出候分、是迄積出切手ニ其郡大政所印形致候様、相成居申候得共、右之通ニ而ハ、指急キ積出候砌等ニハ、手間取故指支候様子ニ相聞候間、以来ハ其村之政所并浦政所等之印形ニ而、積出候様可申候」[41]と、大政所から積出切手を受け取っていると、急いで積み出すときには指し支えがあるとして、今後は砂糖積み出し村の政所か、砂糖を積み出す湊の浦政所の、積出切手によって移出することにした。

また「砂糖積出せ候得者、何方之何蔵誰と申者へ売払候段、罷帰候上委細浦番人江申出候様可仕候旨、舟頭共江可申付候」[42]と、船頭へ砂糖の積出先と売り渡し相手を浦番人へ届け出ることを義務づけさせ、砂糖の積み出し先を把握しようとしている。

砂糖の領外への移出を調査する浦番所については、文化七年に藩領最東部の大内郡引田浦・馬宿浦の政所を兼帯している日下佐左衛門は、「此度御国製之砂糖、当浦御番所ゟ程遠之場所ニ而、積出し候義等在之、御改方隙取船頭共難渋仕候義者無之哉、砂糖座本并船頭共篤と相尋、有無申出候様」との通知に対して、引田浦と馬宿浦は番所の近くで、積み出しに支障はないと申し出ている。

ただ引用史料の中に、砂糖座本と船頭に尋ねるようにとあり、砂糖座本が砂糖積み出し湊に置かれていた。先に寛政六年に城下の香川屋忠次郎を座本とし、砂糖の取引や領外への売り払いに当たらせたことを指摘したが、これから一六年後の文化七年にはこうした砂糖座本が、番所のある砂糖積み出しの重要な湊に置かれていた。

そしてこの時に「船切手引田浦町頭共ゟ指出候ニ付、馬宿浦ゟ引田浦迄切手取ニ参候而者、出船ニ指掛甚難渋仕候間、右切手馬宿浦与頭ゟ指出呉候様、右船頭共申出候」とあり、[43]「船切手」つまり積出切手が馬宿浦では引田浦町頭から出されることになっているが、馬宿浦の船頭はこれを馬宿浦与頭から出すようにして欲しい旨申し出ている。馬宿浦と引田浦とは隣接しているのに、引田浦まで積出切手を取りに行くのは、「出船ニ指掛甚難渋仕」っているという。こうした馬宿浦の言い分は、馬宿浦から当時多くの砂糖が積み出されるような状況が生まれていたからではないかと思われる。

先述のように、文化五年に他領売り払いの砂糖については、売り払い先について届け出るように決められたが、これは一か月毎に勘定所へ提出するようになっていた。同八年に入ると以後は一か月毎に届け出ることは中止し、売り払って帰ってきた時に、売り払い先を積出切手に裏書させ、これを一か年にまとめて浦番人から船奉行に提出させるようにしている。[44]一か月ごとであったのを一か年に延ばしているのは積み出しが多くなり、売り払い先の書類が大量になってきたことを物語っているのではあろう。

砂糖の積み出し状況が確認できる引田浦の場合について検討してみよう。領外積み出しについてはじめて確認できるのは、寛政十三年（享和元）正月に引田浦船頭の清六が阿波へ、翌享和二年正月に同じく引田浦船頭の太平が備前へ積み送っており、いずれも川口番所への届けが大政所日下佐左衛門から出されている。そして同年六月に引

表３　文化３・４・５年の引田浦川口番所砂糖積出届出高年別内訳

年	白砂糖	黒砂糖	砂糖蜜	砂糖	計
文化３	356（＋）	86	67	——	509（＋）
４	1110（＋）	43	534	10	1697（＋）
５	1199	9	499	20	1727

前出「浦方諸願留」より。（単位は樽。＋は数量記載がなく、１か所ずつあり）

田浦で蜜砂糖二〇樽を三本松村浦船頭の庄兵衛が、大坂へ積み送ることを申し出ている。[45] 大政所の積出切手によって、川口番所の許可を得て大坂へ積み送るという、当時の手続きがとられている。

文化三年正月から文化五年十二月までの、大内郡大政所から引田浦川口番所への砂糖の積出届高の写は表３のとおりである。[46] 文化四年、五年と積出高が急増しているのがわかる。積出先としては文化三年に尾道へ三回で白砂糖四〇樽・黒砂糖三樽、それと「下（くだり）」として一回で白砂糖六樽・黒砂糖一〇樽、文化四年に安芸広島へ四回で白砂糖四四樽・黒砂糖五樽、尾道へ白砂糖一二樽・砂糖蜜三二樽、下関へ白砂糖一八樽、伊予へ白砂糖三樽・黒砂糖三樽・砂糖蜜一九樽を各一回、文化五年には備前へ白砂糖一一樽・黒砂糖九樽を送っている以外はすべて大坂送りである。白砂糖が圧倒的に多くを占めている。黒砂糖・砂糖蜜については、当時の砂糖製法とも関わっていると思われ、白下地・焚込・蜜との種別は明らかでないが、黒砂糖は白下地、砂糖蜜は蜜のことであろう。砂糖は不明である。

文化五年の個々の積み出しの内訳を示したのが表４である。一回に積み出した高で一番多いのは十一月の引田浦の孫之丞の白砂糖七〇樽、次いで三月と十一月の引田浦の忠右衛門の六〇樽である。積込高の少ない例もあるが、大体三〇から四〇樽くらいを一回の船で運んでいたのがわかる。

この文化五年分を月別にまとめてみたのが表５である。砂糖の生産はその年の十月頃から始まるといわれており、十一月・十二月に積出高が多いのは当然であるが、年が明けても積出高は五月まで高い水準を維持している。年間を通してある程度の砂糖が大坂に送られてい

表4　文化5年中の引田浦川口番所砂糖積出届出高

年　月	浦・船頭	種類・数量（樽）	積出先	年　月	浦・船頭	種類・数量（樽）	積出先
文化5年正月	引田浦・玄次郎	白砂糖・25	大坂	6月	引田浦・庄蔵	砂糖蜜・36	大坂
	同　久次郎	白砂糖・30	大坂		同　孫之丞	白砂糖・15	大坂
	同　新右衛門	白砂糖・20	大坂			砂糖蜜・15	同
	同　孫之丞	白砂糖・25	大坂	閏6月	引田浦・孫之丞	白砂糖・20	大坂
2月	引田浦・松兵衛	白砂糖・11	備前		同　忠右衛門	白砂糖・10	大坂
		黒砂糖・9	同			砂糖蜜・20	同
	同　孫之丞	白砂糖・35	大坂	7月	馬宿浦・伝助	白砂糖・10	大坂
3月	引田浦・久次郎	白砂糖・20	大坂			砂糖蜜・40	同
		砂糖蜜・20	同		引田浦・伊助	白砂糖・5	大坂
	同　才助	砂糖蜜・30	大坂			砂糖・20	同
	同　栄作	白砂糖・12	大坂		同　孫之丞	白砂糖・20	大坂
	同　次郎吉	砂糖蜜・29	大坂	8月	引田浦・恒六	白砂糖・20	大坂
	同　忠右衛門	白砂糖・60	大坂	9月	引田浦・伊助	白砂糖・7	大坂
	同　恒吉	白砂糖・25	大坂			砂糖蜜・3	同
	馬宿浦　玄蔵	白砂糖・15	大坂		同　孫之丞	白砂糖・5	大坂
		砂糖蜜・17	同			砂糖蜜・8	同
	同　吉次郎	白砂糖・24	大坂	10月	引田浦・栄五郎	白砂糖・20	大坂
4月	引田浦・九七郎	白砂糖・2	大坂		同　伊助	白砂糖・20	大坂
		砂糖蜜・8	同		同　太平	白砂糖・25	大坂
	同　吉兵衛	白砂糖・15	大坂	11月	引田浦・玄次郎	白砂糖・33	大坂
	同　太兵衛	砂糖蜜・21	大坂		同　勇作	白砂糖・28	大坂
	同　源之丞	白砂糖・15	大坂		同　善六	白砂糖・20	大坂
		砂糖蜜・10	同		同　武造	白砂糖・20	大坂
	同　新右衛門	砂糖蜜・30	大坂		同　林蔵	白砂糖・35	大坂
		白砂糖・2	同		同　庄蔵	白砂糖・35	大坂
	同　才助	砂糖蜜・22	大坂		同　栄作	白砂糖・30	大坂
5月	引田浦・新右衛門	砂糖蜜・30	大坂		同　林五郎	白砂糖・20	大坂
	同　浅五郎	白砂糖・3	大坂		馬宿浦　平左衛門	白砂糖・40	大坂
		砂糖蜜・40	同		引田浦・忠右衛門	白砂糖・60	大坂
	同　孫之丞	白砂糖・10	大坂		同　利兵衛	白砂糖・30	大坂
		砂糖蜜・20	同		同　孫之丞	白砂糖・70	大坂
	同　利兵衛	白砂糖・3	大坂		同　久次郎	白砂糖・28	大坂
	馬宿浦・吉次郎	砂糖蜜・40	大坂		同　玄次郎	白砂糖・30	大坂
	引田浦・伊助	白砂糖・15	大坂	12月	馬宿浦・吉二郎	白砂糖・43	大坂
	同　忠右衛門	白砂糖・20	大坂		引田浦・吉兵衛	白砂糖・20	大坂
	同　太兵衛	白砂糖・5	同		引田浦・庄蔵	白砂糖・38	大坂
		砂糖蜜・5	大坂			砂糖蜜・18	同
	同　栄五郎	砂糖蜜・37	大坂		同　忠右衛門	白砂糖・50	大坂

表5　文化5年の引田浦川口番所砂糖積出届高月別内訳

月	数量（内訳）
正月	100（白砂糖）
2月	55（白砂糖・46　砂糖蜜・9）
3月	252（白砂糖・156　砂糖蜜・96）
4月	125（白砂糖・34　砂糖蜜・91）
5月	228（白砂糖・5　砂糖蜜・172）
6月	66（白砂糖・15　砂糖蜜・51）
閏6月	50（白砂糖・30　砂糖蜜・20）
7月	95（白砂糖・35　砂糖蜜・60）
8月	20（白砂糖）
9月	23（白砂糖・12　砂糖蜜・11）
10月	65（白砂糖）
11月	479（白砂糖）
12月	169（白砂糖・151　砂糖蜜・18）

表6　文化5年の50樽以上積出届高船頭別内訳

浦・船頭	数量（内訳）
引田浦・孫之丞	243（白砂糖・200　砂糖蜜・43）
引田浦・忠右衛門	225（白砂糖・200　砂糖蜜・25）
馬宿浦・吉次郎	107（白砂糖・24　砂糖蜜・83）
引田浦・久次郎	98（白砂糖・78　砂糖蜜・20）
引田浦・庄蔵	89（白砂糖・35　砂糖蜜・54）
引田浦・玄二郎	88（白砂糖）
引田浦・新右衛門	82（白砂糖・22　砂糖蜜・60）
引田浦・吉兵衛	73（白砂糖・35　砂糖蜜・38）
引田浦・伊助	70（白砂糖・47　砂糖蜜・23）
引田浦・栄五郎	57（白砂糖・20　砂糖蜜・37）
引田浦・才助	52（砂糖蜜・30　砂糖蜜・22）
馬宿浦・伝助	50（白砂糖・10　砂糖蜜・40）

ることは、大坂での砂糖取引の相場との関係があるのであろう。

文化五年に、引田浦から砂糖を積み出した船頭は、馬宿浦の船頭を含めて全部で三一名である。そのうち数度にわたって送った砂糖のうち、五〇樽以上を送った一二名の船頭を書き出したのが表6である。引田浦の孫之丞と忠右衛門は二〇〇樽以上を積み送っており、それ以下にも馬宿浦吉次郎・引田浦久次郎らがいる。かれらは大規模に砂糖の大坂積みを行っている船頭であり、こうした有力な船頭が、いずれ大坂砂糖問屋と高松藩地の砂糖荷主とを、結びつけていく役割を果たしていったのであろう。

大坂で実際に、砂糖を売り払っていることを確認できる最初は、文化六年に引田浦船頭の武造が、「私所持之五石船直乗船頭加子共三人乗ニ而、砂糖買積仕、去る辰十一月朔日当浦出船、同八日大坂江入津仕、南堀江近江屋文右衛門方ニ而、右砂糖不残売払、代金五拾両請取、同十七日大坂出帆罷帰掛候」とある史料[47]で、砂糖を買い込んで船積みして引田浦を出帆し、大坂の南堀江の近江屋文右衛門に積んでいた砂糖すべてを売り払い、その代金五〇両を受け取っている。なおこの引田浦船頭の武造は表4にあるように、文化五年の十一月に白砂糖二〇樽を積んで大坂へ出かけていることが確認できる。

こうして大坂への積み出しが増加していく中で、文化二年には砂糖の「桶中ニ蟠り之仕方を致、下品ヲ交、或者余品ヲ入置候義も有之」と、不良砂糖の存在が問題となっている。これに対して藩では、「右様ニ而者売買指支、上方表ニ而国産之砂糖、評判悪敷相成候而者、作人共不為者不及申ニ、御国益之甚害ニ相成候」と、[48]高松藩産の砂糖の評価を落とすことは、砂糖生産者に被害を与えるだけでなく、「御国益」にも影響を与えるとしている。大坂での砂糖の売り払いを「国益」ととらえていることは注目されよう。そして今後は砂糖生産者とともに、「中《仲》買共其余村役人」らへも取締りを命じているが、「中《仲》買共」とあるように、先述した享和二年に置かれた砂糖仲買の役割が、砂糖生産地で大きくなっているのがわかる。

この「交り物」砂糖についてはのち文化九年に、大内郡引田村の徳島屋金左衛門が寒川郡志度村の栗屋弥助から、砂糖を買い入れて大坂へ積み送ったが、「交り物」があったということで郷会所へ呼び出された例がある。この時金左衛門は「志度村砂糖問屋并口入人」の紹介で、砂糖を買い入れている。この時期に志度村に砂糖問屋が存在し、砂糖取引を世話する「口入人」がいたのがわかる。[49]「口入人」とは砂糖仲買のことであろうか。

このように文化の初めには砂糖の生産地での砂糖仲買の役割が大きくなり、また文化中頃になると砂糖問屋や「口入人」が確認できる。大坂をはじめとする砂糖の領外積み出しをめぐって、生産地で砂糖の取引に積極的に活動している砂糖取引商人の姿をみることができる。

また同じく文化九年には、大内郡白鳥村の百姓江助が大坂の吹田屋楠之助へ砂糖を売り払ったが、この時に「諸品調代銀指引残」が銀一貫七三七匁四分九厘あり、江助に催促したが支払いに応じないとして、吹田楠之助は大坂奉行所へ訴えている。これに際し藩では、「惣而上方表借銀之義者、度々申渡在之、猶去ル亥年稠敷申渡在之、等閑致置御厄介ニ相成候段、不届之至ニ付」として、江助に「屹度呵戸〆指置」を命じている。(50)「去ル亥年」は九年前の享和三年に当たるが、すでに藩では享和三年に大坂の商人からの借金を厳禁していたが、この頃すでに高松藩地に、大坂商人に借金をするものがいたのは注目されよう。

大坂への積み送り砂糖の調査が文化六年に行われた。文化二年から五年までの四年間に大内郡と寒川郡から積み送られた砂糖の量を、大坂の砂糖問屋毎に提出させている。そして最近はこの両郡以外の城下西部の郡などでも、砂糖生産が盛んとなってきているとして、それらの地域についても同様の提出を求め、白砂糖・蜜砂糖・焚込砂糖など種類毎に書き分けるように指示している。(51)この時香川郡東で大政所より、取引した大坂砂糖問屋の名とその取引高を提出するように、郡内へ伝えているのを確認できる。(52)

そして文化十二年には一か年の砂糖と砂糖黍の生産高、江戸・大坂その他の地域への積み出し高の調査を行うことにし、各大政所にこれを通達した。香川郡東ではこれを受けて、文化九・十・十一の三年にわたって一年ごとに、人別ではなく村全体でまとめて提出することにしている。(53)この三年後の文政元年には、阿野郡北の政所らは、「近年砂糖作多当郡者勿論、阿野南鵜足郡迄専作付仕、〆立製法或者焚込等迄ニ而、夥敷上方表へ積登候」といっているように、(54)以前のように大内郡・寒川郡などの東郡に限らず、高松城下西の西郡の地域にまで砂糖生産が盛んになり、「夥敷上方表」へ積み送るようになっていた。

表７　文化７年の高松藩砂糖大坂売捌問屋

新大黒屋	丸屋惣兵衛
北堀江五丁目	宇和屋亀蔵
□□町	網干屋丹次郎
南堀江四丁目	近江屋文右衛門
北堀江三丁目	甲斐国屋佐助
北堀江五丁目	阿波屋貞次郎
北浜一丁目	平野屋利兵衛
追加問屋	
山本町	河内屋六兵衛
浜町	志度吉兵衛
南堀江四丁目	讃岐屋利助
□藤町	近江屋宇兵衛
安治川北二丁目	讃岐屋安右衛門

文化７年「郡方御用留」（前出別所家文書）より。

大坂での売り払いは、「御国砂糖、大坂表ニ而売捌問屋、先達而七軒相究居申候」とあり、七軒の砂糖問屋が決められていた。「先達而」とあるが、その時期は「巳年御国砂糖、引受取扱候様被仰付」とあるように、巳年＝文化六年であった。しかし翌七年に「軒数少ニ而指支可申」として五軒増やして一二軒となっている。[55]そして「以来大坂表江積越候分ハ、右之問屋江売捌可申候、若心得違外問屋ニ而売捌候者も在之候ハヽ、屹度御咎可被仰付候」と、[56]一二軒以外の砂糖問屋への売り払いは厳しく禁止された。参考までに示すと、十二軒の砂糖問屋は表7のとおりである。

おわりに

以上、高松藩において本格的に砂糖生産の始まった寛政二年から、砂糖の大坂との取引を重視して領内各地に砂糖会所を設置した文政二年まで、砂糖生産の進展状況、領内で生産された砂糖やその原料たる砂糖黍の取引の実態、砂糖生産の盛んであった大内郡の引田浦における、文化初年の大坂への積み送りの実情等について、概略的ではあるが検討してきた。以下、要点を指摘してまとめとしたい。

高松藩における砂糖作りの始まりについては、向山周慶の功績を強調しすぎるのは問題があるように思われるが、周慶が砂糖製造の中心的存在であったことは間違いないところである。また周慶だけでなく、西村の百姓礒五郎も高松藩の砂糖製法元としてその普及に当たった見落とせない人物である。そして年寄に次ぐ重職である奉行が最初砂糖製造に関わっていたことは、それだけ高松藩として注目していたからであろう。

砂糖生産が始まってしばらくは「東四郡」にその製造が限られていたが、製法人になるためには制約があり、砂糖黍の栽培面積も約百町に制限されていたが、その後寛政八年には砂糖製法の伝授は「勝手次第」となり、これまでの制約がなくなっている。なお白砂糖が生産されるのは寛政終わり頃のことであった。その後文化元年には向山周慶を高松城下に住まわせ、東部四郡はもとより、これまで砂糖生産の盛んでなかった地域への砂糖伝授を、積極的に行おうとしていた。

しかしながら文化七年の藩からの郡奉行への通達で述べたように、今後は砂糖作りを増加させないようにと伝えさせており、主穀生産を維持することを明らかにしていた。このことは砂糖の生産増大が、従来の主穀生産のありかたに影響を与えていることがうかがえ、当時では砂糖を特産品として重視していこうとする方向は、まだ見ることはできないといえる。

砂糖黍の植付は寛政六年には約百町とされていたが、二〇年後の文化十一年の大内郡では、計二五四町余に砂糖黍が植え付けられている。大内郡以外でも砂糖黍の植付は増加していたと思われる。そして砂糖黍の取引が盛んになる中で、黍仲買というものが存在してきていた。

この砂糖黍生産の増大にともなって、砂糖の製造も盛んになり、砂糖黍を締る砂糖車が不足してきたらしく、文化十一年から五年後の文政二年には大内郡では砂糖車製作の費用を藩が援助しているのも、砂糖製造を積極的に進めようとすることの表れであった。こうしてみると、高松藩が砂糖の生産を「国益」として本格的に捉えるようになるのは、文化末から文政初年にかけてではないかといえる。

砂糖の領内の取引に関しては、享和二年に高松城下の新通町の平福屋宗兵衛を砂糖売捌問屋に指定し、領内砂糖の取引にあたらせた。これは他領との取引を規制するものではなかったが、城下に市日を立てて領内における砂糖の取引を行わせようとするもので、領内産砂糖の取締りの始まりといえよう。この時砂糖売主と買主との斡旋に従事する、砂糖仲買一〇人を設置したことも注目される。そして文化六年には他領商人の高松城下での砂糖取引を盛んにしようとして、城下新湊町の町年寄鳥屋仁左衛門を「一件御用向」としている。

文化五年に砂糖黍を取り扱う大内郡中筋村武八郎は、同じく松原村の森本伝吉から「砂糖為更銀」を借用して大坂問屋への砂糖積み送りを請け負ったり、また同人から「砂糖先キ為替」によって、砂糖買い集めを依頼されている。武八郎の砂糖取引経営は不安定なものであったが、砂糖仲買的な活動をしているし、伝吉は平野屋利平という特定の大坂砂糖問屋とも関係をもつ砂糖荷主的な性格をもっていた。このように文化五年頃の大内郡においては、砂糖仲買的なものがおり、また砂糖荷主的なものが大坂への砂糖の流通ルートをすでに確保していた。

こうして大坂との砂糖の取引が行われるようになってくる中で、とくに砂糖生産の盛んであった大内郡の引田浦からの、大坂への積み送りが最初に確認できるのは享和二年である。文化五年の引田浦からの積み出し状況をみると、六〇回の積み出しのうち備前送りの一回を除いてすべて大坂送りである。この中で砂糖五〇樽以上を送ったのは一一名であるが、最も多いのは引田浦孫之丞の二四三樽、次いで同じく忠右衛門の二二五樽、馬宿浦吉次郎一〇九樽となっている。かれらは大規模に大坂積みを行っている船頭であり、高松藩地の砂糖荷主と大坂の砂糖問屋とを結びつける存在であった。そして実際に大坂で文化六年に、引田浦船頭武造が高松藩砂糖の大坂売捌問屋の近江屋文右衛門に、売り払っていることが確認できる。

文政二年に砂糖会所による本格的な砂糖の流通統制が実施されたが、それは藩財政難の解決として大坂商人との関係を強めるものであった。しかし他方では「砂糖売捌方是迄ハ不締之義ハ無之哉」、「已後為〆り方砂糖会所取立」ともあり[57]、これまでの高松藩の砂糖流通のありかたについて、一層取締りを強化するという側面をもっていたのである。そしてこの文政二年の流通統制の背景には、以上述べてきたような高松領内における寛政から文化にかけての、砂糖生産の進展、領内での取引の活発化、大坂への砂糖積み送りの積極化等という動きがあったことを、見落としてはならないであろう。

すでに文化七年に砂糖座本が重要な湊に置かれていたことは先述したが、文政二年の砂糖会所の責任者としての座本にまず任じられた、城下の川崎屋吉兵衛、同平福屋喜代蔵、大内郡松原村寺井屋里之助、寒川郡津田村（政所）室津屋弥八郎、同郡志度村（政所）宇治屋伝左衛門らは、[58] 砂糖生産の発展やその流通の拡大に関与する中で、有力な砂糖商人としての地位をそれぞれの地域で高めてきたものたちであったと思われる。

注

（1）拙著『藩政にみる讃岐の近世』（美巧社、二〇〇七年）中の「高松藩」（六七〜一〇二）の藩財政に関する項を参照。
（2）右同、一一二ページ。
（3）右同、一一七〜一一九ページ。
（4）右同、一四一ページ。
（5）以上、拙稿「高松藩の砂糖流通統制」（拙著『近世讃岐の藩財政と国産統制』所収。溪水社、二〇〇九年）。
（6）『高松藩御令條之内書抜・下巻』（香川県立文書館、二〇〇九年）、「讃岐ノ砂糖」（『明治前期財政経済史料集成・第十八ノ一巻』。原書房、一九七五年）。但し「讃岐ノ砂糖」では寛政二年二月となっていて、若干文言が異なっている。また終わりの「右之通」以下はない。ここでは『書抜』の史料に拠った。もしかすると前半の周慶宛が二月、後半の村役人宛が十一月なのかもしれない。
（7）右同。
（8）寛政四年「月番帳」（日下家文書、瀬戸内海歴史民俗資料館蔵。以下所蔵記載がないのは同館蔵である）。
（9）右同。
（10）寛政六年「御用留」（大山家文書）。
（11）寛政七年「御用月番帳」（日下家文書）。
（12）寛政八年「御用留」（大山家文書）。
（13）岡田唯吉氏『讃岐製糖史』一一ページ（鎌田共済会、一九四〇年）。
（14）寛政十二年「御用留」（大山家文書）。

(15) 享和二年「地方御用留」（日下家文書）。
(16) 文化元年「郡方御用留」（別所家文書、香川県立文書館蔵）。この砂糖製法伝授の「順在」には周慶の子崎《（向）》山周達も同行することになっている。
(17) 右同、前出「讃岐ノ砂糖」。なお両書には文字の違いなどが一部あるがほとんど同文である。但し「讃岐ノ砂糖」では部分的に読み下し片仮名まじりとなっている。
(18) 前出文化元年「郡方御用留」。
(19) 寛政十一年「月番帳」（日下家文書）。翌十二年に「砂糖きび他所へ積出不相成」と、砂糖黍の領外移出が禁止されている（寛政十二年「御用留」〈大山家文書〉）。
(20) 寛政十二年「御用留」（大山家文書）。
(21) 文化二年「郡方御用留」（別所家文書）。
(22) 文化十一年「御用月番帳」（日下家文書）。
(23) 文政二年「郡方御用日帳」（別所家文書）。
(24) 「御法度被仰出留」（『香川県史9・近世史料Ⅰ』香川県、一九八七年）。
(25) 高松藩では土地台帳等に同じ土地で在畝と検地畝が記されている。在畝は現実の実際の土地の面積であり、検地畝とは検地が行われたときの土地の面積であると思われる。ほとんどの場合、在畝の方が検地畝よりも面積が広くなっている。
(26) 文政三年「御用日記」（渡辺家文書、香川県立ミュージアム蔵）。
(27) 享和元年「地方御用留」（日下家文書）。
(28) 享和二年「地方御用留」（日下家文書）。この砂糖運上銀については、文政三年に領外積出の砂糖に運上銀を課したことに関連して、領外移出砂糖への運上銀と解釈したが（拙著『近世讃岐の藩財政と国産統制』二一一～二一二ページ）、本文で触れたように甘蔗植畝への運上銀のことである。文政三年以前に、領外移出の砂糖に運上銀が課されていたかどうかは、今のところ明らかでない。
(29) 文政二年「郡方御用日記」（別所家文書）。
(30) 文化七年「郡方御用留」・「村方御用留」（別所家文書）。この通達は郡奉行から大政所へ出され、さらに香川郡東の大政所から各村へ当てて出されているのが確認できる。

(31) 享和二年「地方御用留」（日下家文書）。
(32) 平福屋については、山本秀夫氏が「讃岐高松城下『平福屋』について」（『香川県立文書館紀要』第七号、二〇〇三年）で紹介されている。
(33) 享和三年「浦方御用留」（日下家文書）。
(34) 文化六年「触帳」（鳥屋文書、高松市歴史資料館蔵）。
(35) 以上、文化五年「御用留」（大山家文書）。
(36) 右同。
(37) 文化六年「御用留」（大山家文書）。
(38) 文政二年「郡方御用日帳」（別所家文書）。
(39) 寛政六年「御用留」（大山家文書）。
(40) 寛政五年六月から嘉永四年七月迄「浦方被仰出」（日下家文書）。参考までに積出切手の例を次に示しておく。

覚

一蜜砂糖弐拾樽　　　三本松村舟頭 庄兵衛

右者大坂表江当浦ゟ積参申候間、川口無相違御出可被下候、為後日仍如件

享和二戌年六月三日　　日下佐左衛門

川口
御番所

(41) 文化五年「村方御用留」（別所家文書）、同年「御用留」（大山家文書）。
(42) 前出「浦方被仰出」。
(43) 以上、「浦方諸願留」（日下家文書）。
(44) 前出『高松藩御令條之内書抜・下巻』。
(45) 前出「浦方諸願留」。
(46) この積出届高については、宇佐美尚穂氏が「文化文政期高松藩における砂糖積出状況」（京都女子大学史学会『史窓』第

五八号。二〇〇一年）で取り上げている。
(47) 前出「浦方諸願留」。なお近江屋文右衛門は大坂の高松藩指定砂糖問屋十二軒を示した表7にその名がある。
(48) 文化二年「郡方御用留」（別所家文書）。
(49) 文化九年「御用月番帳」（日下家文書）。
(50) 右同。
(51) 文化六年「月番帳」（日下家文書）。
(52) 文化六年「村方御用留」（別所家文書）
(53) 文化十二年「村方御用留」（右同）。
(54) 文政元年「御用日記」（渡辺家文書）。
(55) 文化七年「郡方御用留」（別所家文書）。
(56) 前出『高松藩御令條之内書抜・下巻』。
(57) 前出「御法度被仰出留」。
(58) 右同。

第二章　幕末期高松藩の砂糖生産統制

はじめに

讃岐の東部に位置する一二万石の高松藩において、幕末に国産品として著名になった砂糖については、明治三五年一月に井上甚太郎氏によって『讃岐糖業之沿革』[1]が刊行されて以来、多くの研究成果が出されている。その研究は幕末期については、天保六年の藩による大坂への砂糖の流通統制の内容と、領内の砂糖生産の実態、とくに白砂糖生産に従事する絞屋の経営規模の性格評価の捉えかたに、大きく分けることができるといえよう。[2]

以前に、藩財政収入の確保のための国産としての砂糖に対して高松藩では、文政二年の領内での砂糖会所の設置に始まって、天保六年には「砂糖為替金趣法」、つまり大坂での売り払いを条件として「船中為替」と称する砂糖代金の前貸しを実施して、大坂との間で砂糖の流通統制を行った点についてはすでに述べた。[3]また最近では文政二年の砂糖会所の設置の背景にある砂糖生産をめぐる農村の動きについて、寛政から文化期の砂糖生産の状況、砂糖の領内取引、砂糖の大坂積み送りなどの点から検討を試みたところである。[4]

一方近年には、甘蔗苗（砂糖黍）の植付やその取引状況、甘蔗から粗製糖たる「白下地」（以下白下糖とする）

を生産する砂糖車所持者、甘蔗や砂糖の売買を取り扱う仲買、白下糖から白砂糖を生産する砂糖絞屋、砂糖を大坂はじめ瀬戸内の各地へ運送することを公認された組船など、砂糖生産のありかたをめぐる研究が発表されている。これらはこれまで明らかでなかった高松藩の砂糖生産の実態に関する研究成果として注目されよう。(5)

このように甘蔗植付や砂糖車、砂糖仲買、組船船頭などに関する貴重な研究が出されているが、高松藩の砂糖に関する領内の統制のなかでの位置づけについては、まだ検討すべき課題が多く残っているように思われる。そのため本章では、新たな研究成果を踏まえつつ、とくに天保六年以降に高松藩が領内の砂糖生産に対して実施した各種の統制、つまり砂糖車株・砂糖絞屋株・砂糖仲買株の内容や、天保六年に新たに設置された年行司と砂糖取締役の領内統制で果たした役割などについて、それらの実態を具体的に検討することを目的としている。(6)

但し、高松藩の研究ではいつものことであるが、藩政史料が欠如しており、村方文書の「御用留」等によらざるを得ず、史料的に不十分な点があることを断っておきたい。

一　文政十一年の株制

砂糖為替金趣法が実施された天保六年から七年前の文政十一年五月に、砂糖車株のものに調達金を課したが、(7)この時に砂糖生産等に関して株制を実施することを伝えている。これは藩内の砂糖生産に対する統制が本格化し、株制をとってその数を一定にして実態を把握しようとした点で注目される。この株制実施に関するものが次の史料である。(8)

一砂糖仲買共向後株ニ申付候間、村役人小引替所へ申合之上人振相撰、人数之義ハ郡村指支無之様取調、当月中ニ可申出候

一絞屋共是又株ニ申付候間、是迄之通人別并押船之員数共、当月中ニ取調可申出候
　但、車株之者共ニ而も、押船弐艘之外ハ、絞屋株ニ相成候間、本文同様員数可申出候
一砂糖積出之船頭共、向後株ニ申付候間、是又村役人小引替所等申合之上、人振篤と相撰、船数等之義ハ指支無
　之様取調、当月中ニ可申出候
一砂糖新車願ハ、以来容易ニ不相済候間、此段兼而村役人共へ心得せ置可申候

最初の条は砂糖仲買に関するものであるが、砂糖仲買が置かれたことを確認できるのは、享和二年十月のことで、領内生産砂糖取引のために高松城下新通町の平福屋宗兵衛を砂糖売捌問屋にしたが、この時に砂糖注文主に代わって買い入れを行うもの一〇人を決めた。これを砂糖仲買といったのが初見である。(9)

その後の砂糖仲買の史料は見当たらないが、享和二年から二二年後の文政七年に、「砂糖中(仲)買仕候者無之哉、名前申出候様被仰聞」とあり、このころには村ごとには砂糖仲買の調査が命じられているのが確認できる。(10)そして三年後の文政十年にも「砂糖仲買人別」の調査が行われている。阿野郡北では西庄村七人、氏部村二人、林田村八人、坂出村一二人、江尻村一人、青海村三人、鴨村一人の計三六人が書き上げられている。(11)これらの仲買人が文政十一年五月に阿野郡北の砂糖仲買株とされたのであろう。以後も仲買人別の調査は行われたらしく、時代は少し下るが、弘化四年二月に砂糖方から名前帳面・鑑札を提出するように、大庄屋へ命じているのが確認できる。(12)

なお文政九年の史料に、「砂糖并焚込買込人、并仲買之者共」、「村々仲買共砂糖買込候者共」、「仲買共之外白砂糖并焚込等売買」とあり、(13)これらの内容からうかがえるのは、当時砂糖生産地では仲買株として登録していなくても、白砂糖・焚込を取り扱う「買込人」として、砂糖取引に従事するものがいたようである。

先の引用史料によると、仲買株の決定は村役人と小引替所との相談の上となっている。小引替所とは領内各地に置かれた正貨と藩札の引き替えをするところである。高松藩では宝暦七年に藩札を発行し、城下に二か所、志度

村・仏生山・宇足津村に各一か所、計五か所の「小引替所」を置いた。のち安永九年には三本松村と引田村に小引替所が設置されているのが確認できる。[14]

文政八年には高松藩は「砂糖車元割当金」を実施しようとしたが、このとき「割当金」の正貨と藩札との引替を行う小引替所は、城下五か所と宇足津村（鵜足郡）・志度村・津田村（以上寒川郡）・三本松村・引田村・南野村（以上大内郡）とされた。したがって小引替所は藩の砂糖統制と深く関わっていたのであり、小引替所にはその地域の有力者たちが任ぜられていた。[15]

二条目の絞屋とは白下糖を精製して白砂糖を生産するものをいう。前年の文政十年四月には高松城下の一三町で二〇人を砂糖絞屋株、七町で砂糖仲買株を九人、五町で絞屋株兼仲買株を八人に許可している。[16]この文政十一年五月にこれまでの絞屋を株制にし、これまでのとおり名前と押船数を提出するようにということは、これより以前に絞屋と称する白砂糖の生産者が村々にもいたのである。

砂糖車には一挺について押船二艘までが認められ、それ以上使っているものは絞屋とするといっている。[17]このことは絞屋ではなくても砂糖車の所持者が、白砂糖を生産していたことを示している。

また先述の文政八年の砂糖車元割当金を砂糖車所持者に命じた中に、「絞屋之外百姓共之内ニも、仲買車元ゟ砂糖買込之義ハ、是迄之通勝手次第相心得可申候」とあり、[18]絞屋ではない百姓が仲買や砂糖車元から砂糖（白下糖と思われる）を買い入れることが認められている。これは絞屋ではなく砂糖車所持者でもない百姓が、小規模に白砂糖を生産することが認められていたことを示すものであろう。したがって当時の白砂糖生産者は絞屋株・砂糖車株と一般の砂糖百姓たちであったといえる。

二条目の但書の「車株」は砂糖車株のことである。文政十一年からほぼ二十年前の文化六年に、村ごとの砂糖車数の調査をしているが、[19]これが最初の砂糖車の調査と思われ、その後も毎年調査が続けられており、文政二年には阿野郡北の砂糖車数の調査[20]、文政八年には香川郡東の「岡村砂糖車持之者人別帳」が作成されている[21]。

　そして文政九年と思われる史料に「永代車株」という文言があり[22]、同十一年正月には香川郡東岡村の百姓兵助が「砂糖車株御鑑札共」を同郡由佐村百姓小左衛門への譲り渡しを願い出ている[23]。いうまでもなく文政十一年に実施された「砂糖車株調達金」は砂糖車株制を前提としたものである。砂糖車株はいつから設けられたのか時期ははっきりしないが、砂糖仲買株・砂糖絞屋株・砂糖船頭株より以前に株制が取られており、白砂糖に精製する白下糖の生産状況の把握が必要であったからであろう。引用史料の終わりの条では、砂糖車は今後は新車は認めないことを、村役人へ徹底させるようにといっている。

　この株制実施の文政十一年には、砂糖車等の領内での売買については「自分応対」であったが、以後は砂糖仲買人を通して行うことにしている。これはこの年の砂糖車株調達金の実施にともなって、砂糖車の売買を規制しようとしたと思われる。また当時砂糖車等製造道具が、他所者へ売り渡されているとしてこれを禁止している[24]。

　三か条目では砂糖を領外に積み出す船の船頭についても株制にするとし、その船頭については仲買株と同様に、村役人と小引替所で相談して選ぶことにしている。砂糖船頭は天保元年に組船船頭とされたが、同三年に廃止された。しかし天保六年の砂糖為替金趣法の実施とともに復活した[25]。安政二年には「郡々砂糖積組船船頭共」に対して、「年来砂糖組船株ニ申付、鑑札も相渡置」とあり、以後冥加金として一艘につき金二歩を砂糖会所へ納めることになった[26]。そして翌年には組船株鑑札の改めが行われている[27]。

　文政十一年の株制によって、砂糖仲買・砂糖絞屋・砂糖車所持者・砂糖船頭を統制し、砂糖生産状況等の把握を行おうとしているのがわかるが、砂糖仲買人・砂糖車・砂糖船頭の株制に当たっては、はじめの引用史料からうかがえるように、村役人の役割が重視されていることに注意しておこう。ではまず砂糖生産の初期段階である甘蔗生産と砂糖車の統制内容から検討していく。

二　甘蔗生産と砂糖車所持者

砂糖の原料である甘蔗については、砂糖生産が始まって間もない寛政十一年に村ごとの甘蔗の植付帳面の提出が大庄屋へ命じられており、[28]以後毎年調査が続けられている。これからほぼ十年後の文化五年には「黍仲買」の存在を確認できる。[29]のち天保十年には甘蔗の「素人同士売買」を禁じ、仲買を入れて売買するよう再確認している。[30]そして幕府の本田畑への甘蔗作付抑制の方針により、天保九年に大庄屋へ甘蔗作りの増加を防ぐために、甘蔗植付直後の「畝高人別帳」の提出を命じている。[31]

しかしこの提出された「畝高人別帳」が実情にあっていなかったのが、大庄屋への次の通知からわかる。[32]

> 甘蔗作付方之義ニ付、先年申渡次第在之、植済畝高人別帳面ニ仕立、砂糖役所江指出セ置、去秋役人指出相改セ候所、中ニハ段々増減等在之様相聞候、村役人差出帳面、右様相違在之儀ハ如何成事ニ候哉、（下略）

砂糖方から役人が去秋に現地を調査したところ、所によって「畝高人別帳」と違って増減があったとし、村役人が提出した帳面に間違いがあることが問題とされている。のち嘉永三年にも「余程」、「莫大」の「仕出落」として、鵜足郡西川津・東川津の庄屋が処分され、またその他の鵜足郡の庄屋たちも注意されている。[33]砂糖方の規制にかかわらず甘蔗生産者はその植え付けを増加させているのがうかがえる。

さらに安政五年には、「古田畑江甘蔗植増、近年致増長候ニ付、此上植増不相成様、村役人共元ニ立致心配」と、再度甘蔗の「植増」が禁止されているが、「当年之所者先是迄之通増減之所承置候」ともいっており、[34]それほど厳しいものではなかったようである。なお、植付帳の「畝改」は慶応元年にも香川郡東の村では実施することになっている。[35]

こうして甘蔗生産が盛んになっていったが、文久三年には江戸や横浜での状況を踏まえて、砂糖の江戸積み廻しに支障が起こり、砂糖の直段が下落する恐れがあるとして、「猥りニ多分之作付致候者在之候而ハ、自然事ニ寄り不一ト方、迷惑之筋ニも至り可申哉、其覚悟ニ而先つ当分成丈植畝少ニ致置候ヘハ、第一安心之次第在之」と、この年の甘蔗の植畝をこれまでより五割減少することを、藩の意向を受けた大庄屋から村役人へ伝えられている。[36]慶応に入ると甘蔗生産が減っていくのは、こうした藩の方針が影響しているのではないかとも思われる。

幕末期における甘蔗の植付状況であるが、砂糖生産の盛んであった高松藩領東端の大内郡引田村では、甘蔗生産は安政から慶応初年にかけてが最盛期であり、安政四年には耕作地の作付率は六〇・六パーセントとなっている。そして幕末期を通して五反以下の中小農民が甘蔗生産の中心となっており、引田村の全戸数のうちほぼ半数が甘蔗のみの生産に従事し、稲作と兼ねるものを合わせると八二パーセントになるという。[37]

また大内郡、寒川郡に次いで砂糖生産が多かった阿野郡北では、元治元年の村別の甘蔗の植付面積の作付率をみると、乃生村が七四・六パーセントで一番高く、次いで林田村の六六・五パーセント、御供所村五六・八パーセント、青海村五六・三パーセントなどとなっており、郡で平均すると四五・五パーセントとなる。作付率は二六・八パーホントと二番目に低い坂出村をみると、安政六年では甘蔗生産者一三〇人すべてが五反以下の植付であり、そのうち一反以下が半数を越えているように、[38]小規模な植付であった。

こうしてみると、引田村と坂出村の二か村の事例であるが、甘蔗生産は中小の農民によって行われており、とくに下層の占める割合が高いことが理解できる。いわば中下層農民は甘蔗生産によって生計を維持していたのであり、かれらによって甘蔗生産が担われていたといえる。

ところで、慶応元年に阿野郡北から砂糖車株を願い出た四人の甘蔗生産の内容がわかるが、かれらは何れも一町前後の土地に甘蔗を植え付けている。[39]坂出村の文久二年の一町以上の植付者は一人であるので、一町前後の植付というのは多い面積である。
四人の一人青海村の久太夫は一町五畝九歩に甘蔗を植え付けているが、そのうち「自分持高」は二反であり、その他は六人の「請作」である。また坂出村の八重吉の一町三畝は坂出新塩田内一人と三人の請作、青海村の助八は九反三畝一八歩のうち自分作り高は三反一八歩で、その他は七人の請作、氏部村の伊右衛門は八反五畝ですべて三人の請作となっている。[40]

このように砂糖車株を得ようとするものの中には、自己の栽培によるだけではなく、所持する土地を請作させて甘蔗を生産させ、砂糖車株を得て砂糖締めに従事するものたちがいた。ともにかれらの土地での甘蔗の請作によって、生計を維持する中下層農民も多くいた思われ、ここにも零細な甘蔗生産者によって甘蔗栽培が担われているのがわかる。

甘蔗を原料とする砂糖類の生産高の調査は文政六年に、「去午年甘蔗植付畝并砂糖類製作高等、別紙之通書出候様」[41]と、「去午年」つまり前年の文政五年の甘蔗植付畝とともに砂糖類製作高の調査が始まっており、以後この調査は続けられている。

生産された甘蔗から白下糖を作り出す砂糖車については、天保六年九月にあらためて「御車新株御聞届無之」[42]と、砂糖新車の願い出は認めないことにしたが、天保七年に砂糖車株であっても鑑札を所持していないものの調査が行われ、それに基づいて鑑札を渡すために、村役人が帳面を作成して砂糖方へ提出することにしている。[43]砂糖車株の正確な確認を行おうとしているのがうかがえる。

翌天保八年には二年前の「砂糖御趣法以来」の車冥加金・仲買冥加金の「年々取立方」が大庄屋に命じられている。[44]天保六年の史料によれば砂糖車については、「為運上車壱挺ニ付壱ケ年金二歩宛」とあり、冥加金は運上銀ともよばれており一ケ年金二歩であった。[45]

当時、砂糖車については一定の場所に固定されたものではなかった。天保七年に山田郡北亀田村の伊六からの申し出を受けて、香川郡東吉光村庄屋甚兵衛は、「当村ニ而砂糖出〆仕度段申出候、尤日数之所五拾日計、出〆仕候様申出」を、香川郡東大庄屋へ伝えている。(46)これは北亀田村から吉光村へ砂糖車を移動させて、砂糖締めを行うことを示している。

ところが天保九年九月に、「砂糖車株所持之者、他郡他村ニ出〆、又者車株貸借等致候義、是迄承届候得共、以来右両様共一切不相成候」と、「出〆」を禁ずるとともに、これまで認められていた車株の貸借も禁止した。これは砂糖車の移動を統制しようとしたものといえるが、一方「車株譲請譲渡し願之義ハ、正月ゟ九月切願申出」と、車株の譲り渡しは願いにより認めることを村から砂糖製作人へ伝えている。(47)許可が必要とはいえ譲り渡しによって砂糖車が他村へ移動することが可能であった。

五年後の天保十一年には阿野郡北林田村の庄次郎から庄屋谷千左衛門へ新車願いが出されている。このころ甘蔗生産者は「黍売」・「賃〆」によって収入を得ていたが、甘蔗生産が増大する中で、新車願いが出されるようになっていた。この外にも新車願いが多く出されており、新車願い禁止は撤回されていたようである。(48)

新車願いの例を示すと、少し時代は下がるが、嘉永元年九月には鵜足郡東分村の宇兵衛から、砂糖新車の願書が庄屋末包助三郎へ提出されている。(49)

一私義年々少々宛甘蔗作付仕、是迄者黍売仕来候所、当年者植付相増候間、手〆ニ仕度奉存候、然ル所車株無御座難渋仕候間、何卒新車株壱輌頂戴仕度奉存候、右願之通御聞済せも被下候得者、為冥加金壱両指上申度奉存候、（下略）

これまで生産していた甘蔗は売り払っていたが、今年は生産量が多いので自分で砂糖締めを行いたいと新車株を願い出、認められたら冥加金として一両指し出すという。なお先述のように天保六年では砂糖車冥加金は金二歩であったが、この嘉永元年の新車の場合には金一両となっている。「黍売」・「賃〆」よりも冥加金一両を払っても、新車を所持して締小屋を建て砂糖締めを行った方が収益が多いという状況が生まれており、甘蔗生産者の経営の拡大をみることができよう。

こうした傾向は所持する砂糖車の増加の要望としても現れている。安政三年に香川郡東の出作村の善右衛門が、「当年者世上植付相増、売捌方指支、又此砌相場下落ニ相成、甚難渋仕手〆ニ仕度と奉存候得共、所持之車株壱輌ニ而、手廻し不申候ニ付、今壱輌頂戴仕度」と、現在所持している砂糖車に加えて、さらに砂糖車一輌（挺）の所持を願いを出て、これが大庄屋から藩へ提出されている。[50]

嘉永元年五月にに砂糖車株の鑑札の確認調査が行われ、各村ごとに鑑札が大庄屋へ提出され、翌月には改めて鑑札が渡され村ごとに「鑑札請取帳」が大庄屋に提出されている。砂糖車株の鑑札調査、再交付は村ごとに行われ、最終的に大庄屋の責任のもとで実施されていた。因みに寒川郡ではこの時砂糖車株数は七九六枚で、運上銀（冥加金）は二六貫五八匁六分（金三九八両）であった。[51]

この年六月にはこれまで述べてきた砂糖車に対する方針、つまり砂糖車所持者の「出〆」・「車株貸借」の禁止、砂糖車譲渡の願い出、砂糖車・製法諸道具の他領への売り渡し禁止、村内近辺での砂糖車の売買は砂糖仲買人を仲介者とすることなどを再確認して、砂糖車の取り締まりを行っているが、その狙いは「鑑札大切ニ仕置候様、篤と人別江可申聞候、此上無株之立車致居候得者、当人者勿論村役人共重キ咎方可申付候間、寄々鑑札相改可申候」と、砂糖車株、つまり鑑札を持たずに砂糖生産に従事することを禁ずるところにあった。

ただし、「砂糖車株合持者、是迄願済之人別之外不相成候」として、砂糖車の「株合持」、つまり複数で車株をもつことが願い出によって許可されていた。これは複数で砂糖車をもつことによって、白下糖の生産を円滑に進めさせようとしたものと思われる。[52]

先に天保九年の甘蔗作付の抑制について述べたが、安政五年二月にも「近年之所ニ而ハ、別而致増長候様相見へ候間、植付之節ニ至候而者、村役人共元ニ立致心配、此上植増不相成様」と、増加してきている甘蔗の植付に関して村役人の監視を命じているが、同時に砂糖新車株が増えてきていることに対しても、今後は新車株の願い出は受け付けないことにしている。(53)

慶応期に入って砂糖生産が衰退していく中で、明治元年に香川郡東の各村で二二人が、「所持之砂糖車株指上」を願い出て、砂糖方より許可されているが、こうした傾向はこの時期には、高松藩内全体で進行していたのであろう。(54)

ところで、砂糖車株を所持していたのは高請百姓に限られていたわけではなかった。高松藩では無高の百姓を「間人」といったが、この間人も砂糖車を所持して砂糖を生産していた。時代はさかのぼるが文政四年に阿野郡北では、砂糖の直段は下落、薪・肥料の高直という中で、砂糖生産を維持するために百姓たちは、「相応引当田地指上」をして、「為諸雑用銀、車壱挺ニ付、御銀札壱貫五百目宛、利無御貸付」を願い出、これを各村庄屋たちが大庄屋へ伝えている。この中で庄屋たちは、「車持之内無高間人躰之者も有之」といっており、かれらは「引当田地ニ指支」があるが、「砂糖車出来砂糖ニ見込、其身ニ応借付之様被仰付候ハ丶、是又御銀返納指支可有御座間敷」と、生産される砂糖を抵当として貸し付けることを提案している。(55) 無高の百姓が砂糖車を所持して生計を立てている様子がここにうかがえ、このような砂糖生産者は少なくなかったと思われる。

砂糖車は「株合持」で二ないし三人で一挺所持している場合もあるが、阿野郡北の慶応二年の所持者は四五四人で車一挺所持者が四一〇人と圧倒的に多く、最も多いのは青海村の三挺でただ一人であり、二挺持ちは郡全体で一〇人である。また砂糖車数は郡全体で四五七挺で林田村が一六七挺とそのほぼ三六パーセントを占め、次いで青海村の四三挺で、最低は乃生村の一挺である。つまり砂糖車所持者は村によって大きく異なっていた。(56)

先述のように砂糖車一挺に白砂糖を精製する押船が二艘認められていた。そしてそれ以上の押船によって白砂糖を生産していると、砂糖絞屋として届け出なければならなかった。つまり砂糖押船三艘以上所持して白砂糖を生産していると、砂糖車株ではなく砂糖絞屋株となるわけである。したがって砂糖車株として登録しているのは白下糖の生産を主として行っていることを示している。

ではこの砂糖車所持者と甘蔗作付畝所有者との関係はどうであったのだろうか。慶応二年に阿野郡北でわかっている村だけで、青海村では車株所持者四〇人中甘蔗作付畝所有者二六人、西庄村では同じく四〇人中二二人、氏部村では同じく二八人中二〇人、神谷村では同じく一二人中九人となっており、砂糖車所持者の半数以上が甘蔗生産に携わっていたのがわかる。そして砂糖車所持者の作付畝数の平均は村内全体の作付者の平均、例えば神谷村では車株所持者の平均は五反六畝二四歩であったが、村全体では二反五畝一八歩となっているように、車株による砂糖生産と甘蔗生産との結びつきは強かったのではないかと思われる。(57) 砂糖車株所持者はそうでない甘蔗生産者よりも、多くの甘蔗作付を行っていたのである。つまり砂糖車株所持者は自ら積極的に甘蔗生産に従事しながら、砂糖製造を維持していたといえよう。

三　砂糖絞屋と白砂糖の売り捌き

砂糖絞屋については文政十一年に株制を実施してのち、目立った史料は見当たらないが、文政十一年から二四年後の嘉永五年十一月に、砂糖方から大庄屋へ次のように通達された。(58)

砂糖絞り屋渡世ニ仕候者共、是迄何れも申出不仕、自分勝手ニ絞り立て候由ニ相聞候得共、指支之次第有之候間、以後ハ新規絞屋致候者者勿論、年々致来居申候者ニ而も、其年切ニ模（ママ）寄之砂糖会所、又ハ取締役之者手元

へ名前申出置、絞方仕可申候、尚又砂糖一条之義ニ付而者、砂糖会所并取締役之者共手元ゟ掛合等之義申来候
節ハ、無指支罷出可申候
右之通村々江不洩様可被申渡候

砂糖絞屋が届け出をせずに「自分勝手」に白砂糖を生産しているといっており、絞屋が増えてきているのがわかる。新たに絞屋になったものはいうまでもなく、これまで絞屋であったものも、名前を毎年最寄の砂糖会所か取締役（砂糖取締役のことで詳細は後述する）に届け出ることを、村々へ伝えさせている。つまり絞屋は砂糖会所および砂糖取締役の監督下に置かれた。この通知を村にまで伝えることを指示しているように、村ごとに届けさせることによって、砂糖方としては絞屋の正確な数を把握しようとしたのであり、その際には村役人の果たす役割が大きかったのはいうまでもない。

絞屋に関する史料が少ないためその実態について詳しくは明らかでないが、安政三年の大内郡川東村の絞屋については紹介がされている。川東村の石高は七一三石余で中程度の村であり、甘蔗の安政年間の作付高は村高の二六から三六パーセントであった。砂糖車所持者は一八人で一人だけが二挺持であり、このうち六名が絞屋である。うち一人は砂糖車を二挺所持しているが、他の五人は砂糖車一挺しか所持していなくても、押船を三艘以上使って白砂糖を生産しているわけである。因みに絞屋のうち二人、車持一人が砂糖仲買である。

この川東村では安政三年に御用金が課されている。そのうち「顔割御用金」、つまりある程度以上の生活水準にあるものが負担するものは一三人となっており、そのうち四人が絞屋であり、これに砂糖車所持者を加えると一三人中九人が顔割御用金を負担している。砂糖生産者の多くが川東村で収益を上げているものたちであったのがわかる。

この川東村からは安政三年に生産された白砂糖一一、八八一斤余、蜜八、一〇〇斤と、多くが大坂へ売り出され

ており、そのほか下関・伊予・備前・播磨・兵庫・尾張・越後などへ売り払われている。このように大坂を中心にして、各地に売りさばかれていく流通経路が確立していたことが、それほど規模の大きくない砂糖生産地域であっても、収益を上げることが可能であったのであろう。[59]

安政四年三月にはこの時点での「砂糖車持絞り屋人別仕出帳」が作成されており、砂糖車株・絞屋株の調査が続けられている。[60] 翌安政五年末には絞屋株に関して大庄屋宛の次の史料がある。[61]

一砂糖絞屋渡世之者共、自分勝手次第も絞立居申候得共、指支候次第在之、去子年新規絞屋致候者ハ勿論、年々致来候者ニ而も、其年切ニ模寄之砂糖会所又ハ取締役手元江、名前申出置、絞方致候様申聞置候得共、中ニハ心得違、双方江何之申出も不致絞屋致候者も在之様ニ相聞、不都合之義ニ在之候間、以来絞屋致度者共ハ、当年絞候趣其郡模寄之砂糖取締役手元へ願出、取締役奥印ヲ取、支配砂糖会所江指出候得者、砂糖会所手元ゟ鑑札仕渡候間、右様相心得可申候、若無札ニ而絞致候者在之候得者、重キ咎方可申付候間、其旨相心得可申候

前半部分は嘉永五年の絞屋の確認調査の部分と同じであるが、後半ではなお砂糖会所又は砂糖取締役へ申し出ないものがいるので、今年からは絞屋となるものは砂糖取締役へ願い出、その奥印を受けて支配砂糖会所へ提出すると、砂糖会所から鑑札を渡すことにするといっている。したがって砂糖会所の鑑札を持たない者は絞屋として認められないことになり、統制が厳しくなっているといえる。

翌安政六年正月に大庄屋から、「其村々砂糖絞屋置候者ハ、兼而申達候通名前御取調之上、取締役手元江申出、鑑札受取候様」とあり、[62] 絞屋は取締役に申し出て鑑札を与えられており、願い出によって許可された鑑札渡しが毎年実施されていた。そしてこの年二月に阿野郡北の坂出村では、「私共此度砂糖絞屋仕度」として、三四人が鑑札を渡されている。[63] かれらの中には六反四畝を最高に一四人が甘蔗を栽培しており、大小の差はあれ砂糖車を使って白下糖の製造を行うものがいた。村役人クラスのものが四人おり、上層農民がある程度の規模の白砂糖生産を行っ

ていた可能性がある。

また安政三年の顔割御用金を負担した四五人のうち、安政六年に絞屋として認められたものは八人であり、絞屋の多くが顔割御用金を負担していたわけではなかった。こうした点から考えると坂出村の絞屋には、大規模に白砂糖を生産するものが多くいたとは思われない。

ところで絞屋と砂糖為替金（船中為替）との関係であるが、嘉永二年十一月に「御為替付砂糖ノ義ニ付」とする大庄屋への通達の中に、「砂糖製作人共ノ内、為替付之荷物端浦行ノ船江、荷積致候義モ有之哉ニ相聞、御為替貸ノ義ハ、船中荷物為見替ノ義ニ付、右様ノ義ハ在之間敷筈ニ候ヘ共、全躰為替返納方等閑ニ相心得候者も在之候様」とある。[64]これは大坂へ積み送ることを義務付けられている為替付砂糖を、為替を借用した「砂糖製作人共」が大坂以外の端浦へ送っていることを咎めたものである。ここにいう砂糖製作人共は砂糖車株・絞屋株のものたちをさしているといえる。

かれら砂糖製作人が砂糖為替金を借用した具体的な事例は確認できないが、年月は不明の志度浦砂糖会所に出された百姓名の案文によると、白下糖を抵当にして為替銀を拝借し、一ケ月九朱の利子で来年の四月までに抵当の白下糖を大坂砂糖会所へ送ることになっており、本人と並んで村の組頭・庄屋が連名している。そして借主の所持田地の証文を抵当として組頭・庄屋が預かっており、もし本人が為替銀を返済できないときは連名の村役人が返済するとしている。[65]砂糖製作人の為替付拝借金の借用にはかれらが居住する村役人の同意と連帯保証が必要であった。[66]

絞屋のありかたは多様であったと思われるが、次の二つの事例を紹介しよう。一つは弘化二年十二月に大内郡馬篠村組船船頭彦八・恒吉が貸し付けた砂糖為替金の不納をめぐって、寒川郡鶴羽村の新五郎は、三本松浦砂糖会所引請人高畑作兵衛および河野嘉五郎から、以下の白砂糖等を差し押さえられている。[67]

新五郎宅にて封印付ける分

白砂糖・一七挺　白下糖・一九挺半　焚込・凡そ三七挺　蜜・凡そ二挺
押船・一三艘　ときはんぼう・三　大はつ・三　白明樽・五〇挺
四斗樽・一〇〇挺　釜・五　合船・一
鶴羽村松屋弥一郎方へ質置分、同人宅にて封印付ける分
白下糖・一五〇挺
津田村組屋伊助方へ質置分、同人宅にて封印付ける分
白下糖・二五七挺
大坂預け分
白砂糖・二七〇挺

この新五郎は、史料中に「累年不相受（更カ）砂糖商売手広ニ仕候」とあり、また差し押さえの中に押船一三艘、樽一五〇挺、白下糖四〇七挺の質置分、白砂糖二七〇挺の大坂預け分があるように、相当程度の白砂糖の生産規模をもつ絞屋であったといえよう。それだけに砂糖為替金の不納に対する処分はきびしかったと思われる。そして三本松浦砂糖会所の砂糖為替金を馬篠村の組船船頭から借用したが、白砂糖を生産してその返済ができなかったということは、砂糖生産の経営そのものは自立的な状態にはなかったといえよう。

もう一つの事例として、嘉永六年五月に阿野郡北林田浦砂糖会所引請人渡辺五百之助から、鵜足郡川原村庄屋宮井元七郎へ出された次の書状を提示しよう。

奉拝賀候、然者御村方平山之七蔵と申者、白下地砂糖廿八挺焚込廿五挺都合五拾三挺、処々ニ而買付ケ、手付銀計相渡、砂糖者夫々売主方へ指置御座候処、七蔵ゟ林田浦組船乙四郎と申者へ掛合候者、御為替銀貸呉候得ハ、右砂糖七蔵方引取致製法、乙四郎出船迄ニ者、右砂糖不残相渡候段申ニ付、為替銀七貫六百五拾目余貸渡

候処、此節乙四郎出船ニ付、右砂糖指越呉候様催促仕候処、白砂糖三拾弐挺指出、尚残り焚込三十九挺之分御村方喜十郎と申者方へ、質入ニ致有之由ニ而無法計ヲ申、相渡呉不申段乙四郎ゟ願出申候間、（下略）

川原村平山の七蔵は白下糖二八挺・焚込二五挺を買い付けていたが、林田浦組船船頭乙四郎から為替銀七貫六五〇目を借りて、買付分を白砂糖に精製して乙四郎出船時に渡すということになっていた。しかし七蔵からは白砂糖三二挺を渡されただけで、あと焚込三九挺分が不足していることを、川原村庄屋宮井元七郎へ伝えている。七蔵は白下糖等を買い付け、砂糖為替銀を資金にして白砂糖を精製しているのであるが、絞屋としては小規模な状態であったといえよう(68)。

元治元年十月には大庄屋へ、「当今御入費多之処奉恐察、来丑年ヨリ三ケ年ノ間、甘蔗作付候者、在畝壱畝歩ニ付銀三匁ツヽ、別段冥加差上ヲ一村限り、村役人手元江取立、大政所手元ニ而取調、砂糖方江指出可申候」と、明治維新直前の政情不安による軍事費等の増大の中で、翌年より甘蔗植畝一畝に付き銀三匁を別段冥加金として三年間徴収させ、村ごとに取り立てて大庄屋から砂糖方へ差し出すことにしている。これに続けて、「右之外白砂糖一挺ニ付五分ツヽ、絞屋船頭共ヨリ是又三ケ年ノ間、新製ヨリ冥加指上、此分ハ砂糖会所手元ニテ取立差上可申候」ともあり、白砂糖一挺に付き銀五分を白砂糖を生産する絞屋と、白砂糖を主として運送する船頭に、この元治元年から別段冥加銀を課し砂糖会所で取り立てている(69)。

規模の大小の違いはあっても、多くの村で白砂糖の生産が行われていたことを次にみておきたい。香川郡東における天保一〇年の砂糖の生産状況とその売捌先をまとめたものが次表である。高松藩領は一〇郡から成っており、石高の大きな郡は鵜足郡・山田郡の二万八千石余、次いで阿野郡南、寒川郡、その次に香川郡東の二万一一六六石余である。村数では大内郡の三三か村についで寒川郡とともに三一か村であり、村数の割には郡高は少ないという特徴をもつ郡である(70)。甘蔗の植付面積ははっきりしたことはわからないが、天保八年頃は最も多い大内郡の三分の

天保10年の香川郡東村別砂糖類製作高売捌高書出内訳

村	製作高	白砂糖	白下糖	蜜	売捌先
川東上	5744斤	345斤	5399斤	———	領分 領分
川東下	11231.	2284.	6788.	2159斤	領分 領分 領分
岡	2200.		2200.		領分
由佐	1656.　8歩	803.　8歩		853.	領分 領分
横井・池内	8148.	1992. 内　900. 1092.	3021.	3135.	大坂 領分 領分 領分
西庄	2700.		2700.		領分
吉光	2304.		2304.		領分
大野	13074.　6.	3420. 内 1140. 2280.	8609.	1045.	大坂 領分 領分 領分
寺井	3350.		3350.		領分
浅野	34270.	7480. 内 3434. 4046.	19245.	7545.	大坂 領分 領分 領分
百相	2700.		2700.		領分
三名	3200.		3200.		領分
一宮	32775.	1051. 内　901. 150.	29324.	2400. 内　798. 1602.	大坂 領分 領分 大坂 領分
太田	18907.	1512. 内　550. 962.　9.	15683.	1712.	大坂 領分 領分 領分
上多肥	11655.　8.		11655.　8		領分
松縄	19114.	6400. 内 4500. 1900.	3000.	9740. 内 7200. 2540.	大坂 領分 領分 大坂 領分

村	製作高	白砂糖	白下糖	蜜	売捌先
今里	3296.	1166.			領分
			600.		領分
				1530.	
				内　810.	大坂
				720.	領分
上ノ	3560.		3560.		領分
東浜	92803.	38571.			
		内19300			大坂
		12500			備前岡山
		2520.			備後尾道
		2506.			播磨
		1745.			領分
			25227.		
			内　12005.		備前岡山
			5012.		播磨
			8210.		領分
				29005.	大坂
伏石	2938.	800.			大坂
			1118.		領分
				1020.	領分
下多肥	26063.	7880.			
		内　2900.			大坂
		2000.			備後尾道
		700.			備前岡山
		2280.			領分
			11383.		領分
				6800.	
				内　2800.	大坂
				600.	備後岡山
				3400.	領分
計	301714斤	73704斤			
		内34425.			大坂
		13200.			備前岡山
		4520.			備後尾道
		2506.			播磨
		19053.			領分
			161066斤		
			内　12005.		備前岡山
			5012.		播磨
			144049.		領分
				66944斤	
				内40613.	大坂
				23731.	領分
				600.	備前岡山

天保10年９月「香川郡東村々戌砂糖類製作売捌高書出帳」（別所家文書。香川県立文書館蔵）

一、寒川郡の二分の一程度であったと思われる(71)。

表によると、香川郡東の三一か村中の二二か村で砂糖生産が行われていた。白砂糖・白下糖・蜜の砂糖類の生産高の圧倒的に多い村は九万二八〇三斤の東浜村である。東浜村は高松城下に隣接した村であったためであろうか。次いでは城下郊外の南にある浅野村の三万四二七〇斤、同じく一宮村の三万二七七五斤となっている。

郡全体の種類別生産高をみると、白下糖が全生産高の半分強を占めているが、高松藩内での売り捌きが圧倒的であり、他の地域で白砂糖に精製されたのであろう。白下糖の生産高が高いということは、それだけ白下糖を生産する砂糖車が多かったことを示している。白下糖は一部備前岡山や播磨で売り捌かれている。

白砂糖と蜜がほぼ同数であるが、白砂糖生産村は一三か村で、砂糖生産村二二か村の半分強で、香川郡東の三一か村の半数に近い村で精製されており、冒頭の川東上を除いて蜜も生産している。白砂糖を精製している村は全体の約半数を占める東浜を除いて、その他の村では中小の絞屋によって、また砂糖車を所持する締小屋によって白砂糖が生産されていたといえる。

売捌先をみると大坂と高松領内がほとんどであるが、表の下の東浜村と下多肥村に備前岡山、備後尾道、播磨が上げられている。下多肥村は東浜村の南にあるが、なぜ両村だけが大坂以外のところへ売り捌いたのか明らかでない。東浜村は城下の商品取引の湊があった東浜町に隣接していることが、影響しているのかもしれない。白砂糖と蜜が多く大坂へ売り捌かれている。天保六年の「砂糖為替金趣法」によって大坂との関係が強まっていくが、大内郡や寒川郡・阿野郡北などの砂糖の特産地ではない、一般的な砂糖の生産地である香川郡東地域でも、その四年後の天保十年当時にはすでに、大坂との結びつきを持っているのがうかがえる。

この香川郡東の砂糖生産はその後順調に発展しており、嘉永六年正月に「砂糖一条ニ付而者、作付之節ゟ売捌方ニ至迄、厚御世話被為下、一統難有奉存候、誠ニ昨年者稀成豊作ニ付、為冥加兼而指出有之候帳面人別之者共ゟ」として、村々の「砂糖製作人」が白砂糖一一三二斤を献上している(72)。
ところで、安政三年九月に大坂積みの砂糖に対する各郡大庄屋への通知があり、「砂糖絞屋共江不洩様、急々御申渡可被成候」として、(73)大庄屋から各村へ次の通達が出されている。

大坂積登之砂糖、品毎ニ弐歩荷者為替付之有無ニ不拘、会所入札商ニ可致旨、去弘化元辰年十一月申渡置候処、近年無何と会所揚弐歩荷之内、樽物類入札商内ニ而ハ、捌方無甲斐、毎々押札多分ニ在之候ニ付、次之入札相待候迄ニ、尚又廻着在之、前後之樽物一時ニ相成候而者、堺筋仲買共見分等も行届不申、自ラ札数少ク又ハ無札等も在之、旁以会所水揚之荷物不揃ニ而、荷主船頭共迷惑致候由相聞候間、以来者樽物之弐歩荷ニ限会所水揚之処、荷主船頭共随意ニ仕せ、売捌方之義者是迄之通、白砂糖と一所ニ入札致、壱度切ニ而も相残候分者、都而問屋共手元江引取せ、売捌方致せ候間、左様相心得可申候、尤白砂糖弐歩荷会所水揚之義者、是迄之通と相心得可申候

右之趣、村々一統江不洩様早々可申渡候

砂糖為替金趣法では為替付の砂糖はすべて大坂砂糖会所に水揚げしていたが、弘化元年からは為替付にかかわらず、大坂廻着砂糖の種類毎に「弐歩荷」（二割分）を水揚げすることにした。ところが樽物類が会所の入札では売り捌けなくなり、また水揚げの樽物が不揃いであるので、荷主・船頭が迷惑しているとして、今後は樽物については「弐歩荷」水揚げは「荷主船頭共随意ニ任せ」ることにし、売り捌きはこれまでとおり白砂糖と一緒に入札を行い、白砂糖は従来のとおり「弐歩荷会所水揚」にするという。

ここでは樽物と白砂糖が区別されており、樽物は白砂糖以外の、つまり白下糖・焚込・蜜をさしていると思われる。白砂糖と一緒の入札にすることによって、順調にいっていなかった樽物の売り捌きを図ろうとしたと考えられる。引用史料には荷主と出ているが、この通知が砂糖絞屋へ伝えられていることは、荷主の多くが絞屋であること

を物語っており、大坂での白砂糖の売り捌き状況を絞屋へ周知させるためであった(74)。

ところで、安政五年十月に白砂糖等の領内での運賃につて大庄屋へ通知を出し、「荷主共」へ伝えることを命じているが、香川郡東の大庄屋宛の中では、「村々荷主絞り屋共之内、重タル分両三人宛御城下砂糖会所引受人坂本屋六三郎方江、御指出被成候様」と(75)、各村の荷主・絞屋の内「重タル分」を二、三人を、高松城下の砂糖会所引請人のもとに派遣するようにいっている。ここには荷主と絞屋が区別されて使われている。

しかし文久二年八月に阿野郡北坂出村の絞屋八人が白砂糖を音四郎船に積み込んだが、その仕切銀をめぐって絞屋らは庄屋阿河加藤次へ訴え出ている。この訴えは翌年十二月に取り下げられたが、この時は白砂糖を預けた絞屋たちは「砂糖荷主」と書かれている(76)。したがって荷主と絞屋は厳密に区分されるものではなく、純粋の荷主もいれば、絞屋が荷主になったり、また絞屋が荷主と記されていることもあったと思われる。

また「砂糖取締一件ニ付、安政四巳三月十日砂糖方於役所ゟ諸領分江被仰渡書」の中に、「右之趣荷主絞屋之者共能々相心得可申候」とあり、荷主と絞屋が並列して書かれている(77)。さらに安政五年十月に大坂砂糖会所引請人の築城用助との、大坂での取引の話し合いの結果を荷主・船頭へ伝えた中に、「絞り屋荷主一統不洩様御申聞候」とある(78)。したがって荷主と絞屋の厳密な区別はできないことに注意しておく必要があろう。そして大坂での砂糖取引に関する通知の宛名には、「荷主共組船船頭共」と記されていることがほとんどで、絞屋の文言は全く出てこない。「荷主共」の中には絞屋も含まれていると理解される。

四　砂糖仲買と村落

砂糖仲買の取引内容については、天保十一年六月の史料に、「御国内ニ而砂糖売買仕度者共ハ、塩屋町津高屋周蔵方へ荷物指出候得者、仲買之者指入、時相場ヲ以売買取扱」とあり、(79)城下塩屋町の津高屋周蔵へ持ち出された砂糖の売買に、仲買が従事しているのがわかる。

同じく同年十月には、大庄屋を通して砂糖製作人と砂糖車仕立職人たちへ、「以来砂糖車者勿論其余製法之諸道具共、新古ニ不拘他領江売渡候義不相成候、且村内近辺たり共、自分応対ニ而売買仕候義、是又不相成之間、以来者砂糖仲買之者指入売買可仕候」と通知し、(80)砂糖車等の他領への移出を禁ずるとともに、村内や近辺のものとの売買の場合には砂糖仲買を通すように命じている。砂糖仲買は砂糖類の取引だけでなく、砂糖製造の道具類の売買にも従事している。こうして砂糖仲買は甘蔗のみならず、砂糖類の取引から砂糖道具の売買にも関与するようになっていた。

また砂糖仲買株の譲り渡しが行われている。天保十一年四月に香川郡東出作村百姓六三郎は、「当郡上多肥村間人善兵衛所持之砂糖仲買株譲請申度」と、出作村の兼帯庄屋百合村庄屋別所嘉兵衛へ願い出ている。(81)砂糖仲買株の持ち主は上多肥村の間人であるが、前にも述べたように、間人は高請をもっておらず田畑を所有せず、年貢を納める百姓とは区別される存在であるが、かれらは砂糖車株のように、一般の百姓と同様に砂糖仲買株をもつことができたのである。

こうした例は安政四年十一月に、香川郡東一ノ宮村庄屋吉田宗右衛門が一ノ宮村の砂糖仲買株の候補者として三名を大庄屋へ推薦しているが、そのうち二人は間人であり、とくにそのうち助次郎は、「人振宜年齢等ニ至迄、至極相応之者ニ御座候」と、(82)砂糖仲買として高く評価されている。当時の村落では百姓か間人かということは職業上の評価では問題とされていないのである。

仲買株の「新株」願いは認めないという方針であったが、弘化元年に阿野郡北の西庄村庄屋から仲買株が少なく指し支えているとして、一人増員の願いが大庄屋に出されている。結果は不明である。(83)仲買の増員についてはその後も願いが出されており、弘化四年には香川郡東の岡村庄屋丸岡安三郎は砂糖方役所へ直接に願い出ている。(84) 砂糖方としても増員を認めていったのではないかと思われる。

嘉永元年に砂糖仲買株の選任について、鵜足郡大庄屋は砂糖方へ次のように伝えている。(85)

先達而取次指出申候東分村砂糖仲買株、願之通相済候段被仰聞、尚人別名前申出候様致承知候、早速右之趣村方江申聞候所、同村百姓久馬次郎と申者、人振も宜者ニ付、同人江被仰付被下度段申出候間、何卒右久馬次郎江被仰付被下候様、宜御取計可被下候、右申出度如斯御座候、以上

新株かどうかははっきりしないが、先日来願いのあった東分村の砂糖仲買株について許可があり、名前を申し出るようにいわれたことを、東分村へ伝えたところ、百姓久馬次郎が「人振」もいいとして申し出があったので、久馬次郎を仲買株とするように、取り計らっていただきたいといっている。つまり仲買株になるのは村方で選定し、大庄屋の了承を得て、大庄屋から砂糖方へ最終的に申請がなされているのがわかる。

このように東分村から鵜足郡大庄屋を介して一人の仲買株の候補者が砂糖方へ伝えられたが、嘉永三年の五月には仲買株の候補者について、「人別之義ハ三人計村方ゟ、直ニ役所へ申出候様御申渡」とあり、(86) 村方から三人の候補者を直接砂糖方へ申し出ることもあった。砂糖仲買株の鑑札は砂糖方から直接に渡すことになっている。(87)

そして嘉永六年には香川郡東上ノ村庄屋紋次郎は仲買株について、「追々（甘蔗）作付相増、当年者七町歩余植付ニ相成、壱人ニ而売買行届兼迷惑仕候間、壱人御増被下候様製作人共申出候」として、その一人の増員を大庄屋へ願い出ている。引用史料中の製作人には甘蔗生産者とともに砂糖車株のものも含むと考えられる。これが砂糖方から認められて、大庄屋は紋次郎へ仲買株の候補者として「両三人」の名前を書き出すよう伝えている。(88) この場合大庄屋が「両三人」から一人に絞ったかどうかは不明である。

この嘉永六年ころに高松城下の仲買と郷村の仲買の取引をめぐって、問題が起こっていたことを物語るのが、高

松城下の砂糖取締役香西百助から阿野郡北の大庄屋へ出された次の史料である。[89]

（前略）、近年郷分仲買共、中ニ者御城下へ入込、砂糖売買とも（ママ）直取組致候者も在之、付而ハ御趣意締方ニ指支候次第も在之義ニ付、以来所仲買江致相談、直売買致候者有之候ハヽ、各様江御通達不申、直様御役所江申出仕候ニ付而ハ、御城下仲買共郷分江罷越、直売買仕候者在之候ハヽ、手元江御通達御無用被下、直様御役所へ御申出被下候様仕度、右ニ付而ハ支配仲買共江、能々被仰聞置被下旨奉存候、万一支配しぼり屋共仲買召連不申出郷致、御支配仲買相頼砂糖売買仕候共、右立入商被仕候仲買ゟ早々支配仲買へ通達仕、仲買同士和談之上荷物下ケ渡候様、是又被仰付度奉存候、左様御承知可被下候、（下略）

最近「郷分仲買」が城下の仲買を通さずに直接砂糖取引を行っているものがおり、今後はこれらの者は「各様」つまり阿野郡北大庄屋へ通達せずに、直接に砂糖方役所へ申し出るので、城下の仲買が「郷分」へ出かけて仲買を通さずに売買した場合には、直接に阿野郡北の大庄屋から砂糖方役所へ申し出るように依頼している。また城下の絞屋が仲買を連れずに村へ出かけて仲買と砂糖売買をした場合も、取引した仲買から城下の仲買へ連絡して、両者の了解の上で砂糖を引き渡すようにするという。これらのことは砂糖売買には取引地の仲買を通すことが必要であったが、これを無視して砂糖売買が行われることが多かったことを示していると思われる。

砂糖生産が増大し砂糖仲買株が増えていくという状況の中で、安政元年九月に砂糖方は仲買株の不正な行動を中心として次のような点について、大庄屋へ取り調べることを命じている。[90]

一絞り屋等ニ而、仲買株所持致居申候而、一向余人之世話不致者
一仲買株之者名前を借り、内実者養子又ハ同居等之名目ヲ付、仲買致居申候者
一仲買株之者度々砂糖売代等ヲ引込、且又其余引縺等出来、村所之厄介ニ相成候様之者
一仲買株之者之内、砂糖一条之外ニ而、夫々之支配役所ニおゐて、咎方等ニ相成候之者

一仲買株之者之内、悪遊等致候風評在之者
一仲買株之者、当時ニ而休株ニ相成居申候者、又ハ病死等致申出不致、休株ニ相成居候類
一仲買株之者致病死、倅兄弟等鑑札表之名前ニ、仲買致候者
一仲買株之者等ニ而、村役相勤居申候者、并同居之倅兄弟等ニ而、仲買致居候類
右ケ条之類、人別毎内聞之上、帳面ニ認メ委細ニ御申出可被成候、為其申進候

これらの内で二つの事柄が注目される。一つは最初にある絞屋が仲買株を所持していることであり、仲買株のものが白砂糖生産に従事することがあったのを示している。しかしこのこと自体ではなく、「余人之世話」をしないことが問題とされている。絞屋に専念して仲買株としての仕事を疎かにしているということであろう。二つ目は最後にある仲買株で「村役」になっているものがおり、村役人を勤めるような村落の有力者が、仲買株になることがあるという点である。つまり砂糖仲買は白砂糖生産を行うものもおり、また村落のある程度の地位にあったものがなっている場合もあった。この通知は各郡大庄屋から郡内の各庄屋へ伝えられている。

村落における砂糖仲買の重要さがうかがえるのは、安政三年九月に阿野郡北の神谷村から、「当村砂糖仲買株之者、是迄弐人御立被下御座候処、追々砂糖作り相増、両人ニ而行届不申、八歩御年貢時分等ニ者、指支難渋仕候段、製作人共ゟ願申出候間、何卒今壱両人仲買之者御立被下候様」と、砂糖作りが増加しているとして仲買株の増加を願い出ていることである。引用にある「八歩御年貢」とは、高松藩ではその年に年貢の八割を納めることになっていたが、その納入に「指支難渋仕」るといっている。砂糖生産者は砂糖類売り払い代金を得て、年貢の納入に充てており、年貢納入時までの砂糖類の円滑な売り払いは重要な事柄で、砂糖仲買のある程度の人数の存在が必要であったのである。[91]

ところが安政五年十一月に、大庄屋へ砂糖仲買株の存在を否定する次の通知が出されている。[92]

砂糖類売買之義ニ付而者、黍売買たり共自分応対之商内者相成不申、居村砂糖仲買株之者立入、商内取組候義ニ在之候得共、以来製作人共随意之仲買共計指入、商内いたし候共、又者仲買無之銘々応対次第、致売買候義も勝手次第ニ可致候、尤銘々応対ニ而致商内候分者、跡ニ而引縺等無之様、慥成証人指入候而、商内取組可申候、（中略）、尚又砂糖車并製法之諸道具之義も、砂糖類同様仲買之者指入取扱候様可致旨、兼而申渡置在之候得共、以来者仲買株之者指入候ニ者及不申候間、売買致度者共者、其郡模寄之砂糖取締役手元江申出、売人買人之名前書付候印鑑、指紙受取売買可致候、（中略）、右之通此度趣法相改候ニ付而者、是迄指上来候仲買株之者共之冥加金者、最早御免被成候間、其旨相心得可申候

これまでのように砂糖類の売買にはその村の仲買株を通さずに、「随意之仲買共」か、または「銘々応対次第」の売買とすること、砂糖車など製法道具についても仲買株を入れる必要はなく、所属する郡の砂糖取締役へ申し出ること、したがって仲買株冥加金は廃止することとした。仲買株廃止の理由はあきらかでないが、これらのことは砂糖類等の取引の仲買株による関与を否定して、砂糖取締役による砂糖類取引の円滑化を図ろうとしたのであろうか。おそらく仲買による不正な取引の横行が増加したからではないかと思われる。

この方針は四年後の文久二年四月にも、大庄屋へ「前々午年達々申渡候通、心得違無之様相心得可申候」と再確認の通知を出している。しかし当時は高松城下には「砂糖商内場」が設置されており、商内場仲買はこれまでのとおりとされた[93]。

砂糖仲買株の廃止の方針は再確認されたが、この文久二年に砂糖仲買株の廃止による弊害は起こっていた。十一月に阿野郡北の三人の砂糖取締役から、次のような砂糖取引の現状に対する取り締まりを求める「口上」が、阿野郡北の大庄屋へ提出されていた。

（前略）、銘々商と者乍申、是非仲人無之候而者、直段駆引指支候ニ付、無何と証人と唱へ、是迄之仲買同様之

取扱致候様、自然相成候ニ付、右証人ニ相立候者追々相増、当時郡内ニ而数百人出来候所、心掛不宜者勝ニ而、農業怠り分限不相応相奢、旅人宿等ニ打寄、酒ヲ給候様之義有之、自然失却も相掛候故、相場秤目等ヲ申偽、其余如何敷論（ママ）見仕、一統風義ニ拘、郡中混雑仕製作人共迷惑仕居申候、（中略）、元来右数百人之口入証人と申ハ、身元も無之前顕之通之者故、種々引縺等出来、毎度製作人ゟ願出申候、尤代銀取渡之義者、代呂物引替と申御定も御座候間、御趣法通取扱候得者、指支次第者無之道理ニ御座候得共、元来売躰物之義ニ付、与風利欲ニ迷口入証人共弁舌ニ任、延商内等取扱置追而代銀滞、且口入証人引込等ニ相成候義も間々有之候、（中略）、且又口入証人之所、人振不宜分ハ都而指除、実躰成者計口入証人ニ相立せ、尚頭取様之者ヲ拵欠廻せ、証人取扱方善悪見請せ候様、相成（被）下候ハ、、郡中大ニ都合宜締方ニ相成、製作人一統為成義と奉存候、（後略）

この「口上」では、阿野郡北からの多度津藩・丸亀藩への「陸越」砂糖の増加にともなう、「運上抜」も問題とされていたが、それはさておき、砂糖仲買人の廃止によりこれまでの仲買の役割を果たす口入証人が現れてきたが、「心掛不宜者勝」で、「引縺」が起こって、砂糖製作人らから願いが出されており、また口入証人による不正な取引も行われている。そのため「実躰」なるものを口入証人とし、かれらを監視する「頭取様」のものを設置することを要望している。

この砂糖取締役の意見に対して、阿野郡北の大庄屋の本条勇七と渡辺槇之助は、「取締役申出候証人頭取ト申様之者拵候義も、先年仲買相止候節之被仰出御趣意ニも、相洩レ候道理ニ相当り候、旁以先不取敢村々政所共へ申聞、人振正直ニ無之、不宜者共之砂糖売買証人等ニ立入候義ハ都而指留、締り方相付候様仕せ御座候間、此段ニ宜御聞置可被下候」と、「証人頭取」の件は仲買人廃止の時には問題とされていないので、先ずは「政所」（庄屋）に、「人振正直」でない「不宜者共」が証人として砂糖売買に従事しないように、取り締まらせることを砂糖方へ申し出ている。(94)

これから二年後の元治元年十月には、口入証人が制度化されているのが、坂出村庄屋から阿野郡北大庄屋渡辺槙之助宛の書状でわかる。その内容は、坂出村の五人のものが去年十一月に、「砂糖売買口入証人ニ御立被下候様御願」い出たが、五人のうち二人は十二月に「口入証人」を許されたが、残りの三人についてはまだ許可がないので早く取り計らうよう願い出たものである。このことから口入証人は去年つまり文久三年十一月までには設置が決められていたことになる。(95)

安政五年十一月に廃止された砂糖仲買株は七年後の慶応元年八月に復活され、「先規之通郡中村々ニ而、人振相撰仲買株之者相立」ることになった。仲買株の復活の理由は明らかでないが、仲買の冥加金は廃止以前の金弐朱から金一歩に倍増された。その理由は「当時砂糖作追々繁栄致シ植畝増ニ相成、其上直段も高直ニ而、自然利益多ニ在之」、つまり利益の増加ということであった。そしてこの時砂糖車運上金もこれまでの金二歩から金一両に上げられた。仲買人の「人振」は従来のように、「郡中村々」で選ぶことになっている。(96)

復活から二月後の十月に、仲買へ次の取り締まりの内容が伝えられた。(97) 廃止された安政五年以前の仲買株の状況がわかる箇条もあり、参考になると思われるので、長文になるが全文を引用しておく。

仲買共江申聞候ケ条

一此度砂糖仲買株再興ニ相成候ニ付、其方共仲買株申付、鑑札仕渡候間折々申合、時々被仰出候御趣意相心得、正直ニ取扱可申候、自然身欲ニ迷ひ不埒之取扱方者勿論、売代銀等聊ニ而も、引込候様之義在之候得者、仲買株取上急度申付方在之候間、兼而此段相心得置可申候

但、商内ニ罷出候節ハ、不断鑑札所持可致候

一白砂糖樽物共五挺以下黍千貫目以下ハ、製作人共随意銘々応対ニ而、売払候義者勝手次第、右以上ハ其方共立入売買致候義ニ在之候間、右様相心得不締之義無之様取扱可申候、尤先年之処ニ而者、他郡他村之仲買立合共

居村仲買指加江、売買致候様相成居申候得共、此度ゟハ其無差別製作人共随意ニ而、他郡他村之仲買計指合共、其村仲買計ニ而も勝手次第ニ致せ候間、其積ニ而商内度毎綿密ニ、双方端書取更せ置候様可致候、若無端書之商内取組在之候得者、早速仲買株取上候間、其段相心得置可申候

一其方共取扱候秤、模寄砂糖会所台秤ニ、時々引合取用可申候、若不直之秤取扱居申候得者、咎方可申付候

一郡中年々建車出来、砂糖白下地之分村切取調、支配砂糖会所ハ勿論、大政所取締役江其方共ゟ可申出候、猶又他領ゟ買取候砂糖類、他領江売渡候分共、月末々々員数取調、右同断可申出候

　但、無株之建車致居候申候者在之候得者、其段村役人又者取締役手元江内々可申候

一其方共御尋方等在之、砂糖会所ハ勿論、村役人取締役之者手元江呼出候節、無指支速ニ罷出可申候、若心得違彼是法外之申分等致候者、在之候得者屹度咎方可申付候

一砂糖車ハ勿論、製法之諸道具他領之者江売渡候義者、毎々申聞候通御制禁ニ在之候間、其段相心得時々気ヲ付吟味可致候、猶又御領分中之者江、其方共立合売買致候分在之候共、兼而去ル午年被仰出之通、取締役手元江申出、印鑑指紙請取売買可致候

一仲買株貸借りハ勿論、質置等ニ致置候義相知候得者、双方共咎方申付、仲買株取上候間、左様相心得可申候、且又勝手ニ付譲請渡致義在之候共、自分応対ニ而ハ不相成候間、双方願出指図請可申候、并改名所更等致候節も願出可申候

　但、病気ニ而相勤不申、又ハ病死致候節者、早速鑑札指出可申候、若無願ニ而引続倅兄弟仲買致居申候得者、重キ咎方可申付候

一仲買共之内自分砂糖類、并黍売買致候節、自身ハ仲買株ニ在之候間、他之仲買指入売買致(ハ脱カ)当り前之口銭指出可申候

右ケ条之通能相心得、諸事正直ニ取扱可申候、猶右ケ条之外身元無之者江延銀等ニ而売渡候義者勿論、見越商内等取組置、荷主共江損失相掛ケ候義在之候得者、家財欠所申付出銀致せ候間、其旨相心得銘々友吟味可仕候

仲買株として改められた点は「白砂糖樽物共」つまり白砂糖と白下糖等の五挺以下、甘蔗は千貫目以下は仲買を入れず取引できることにしたが、それら以上の取引は仲買人を入れて廃止前と同様の取引を行うことにした。取引の多さのために少量の取引には、仲買が介在しないでいいようにしたと思われる。

またこれまでは「他郡他村」の仲買と取引する場合には、「居村」の仲買の立ち合いを必要としたが、以後は砂糖生産者は直接その村の仲買から、他村の仲買を通さずに取引できることにした。そしてその年の砂糖車については、生産砂糖を村ごとにまとめて支配砂糖会所・大政所（大庄屋）・砂糖取締役へ通知すること、「延銀」や「見越商内」などで荷主に損失を与えた場合は処罰するようにしたことなどが注目されるところである。

なお明治四年十一月にはこれまでの冥加金は株料と称し、もとのように仲買は二朱、砂糖車は金二歩の株料となっている。(98) 廃藩置県直後のことであるが、仲買株・砂糖車株は引き継がれているのがわかる。

五　年行司・砂糖取締役と村役人

これまで述べてきた以外で、幕末の高松藩における藩内の砂糖生産統制に関して、重要と思われる事柄について紹介しておこう。

天保六年九月に新たに始まった砂糖為替金趣法の中で、大坂への砂糖積み送りのありかたを示した箇条書の中に、この時に設置された年行司に関するものがある。その箇条を書き出すと次のとおりである。(99)

一於浦々砂糖問屋并年行司之者相立、不正之砂糖取扱致候歟、又者抜積等致候者有之候ハヽ、右年行司へ問屋ゟ

指図之上相糺せ、弥不埒有之候ハヽ、屹度咎可申付候
一大坂会所へ浦々年行司之内、両人つヽ替り合相詰万端見繕、若出役人并召仕候者共、取扱方不宜候得ハ、無腹蔵遂示談、若聞入不申候ハヽ、罷帰り可申出候
一砂糖売買代銀取引之義、互ニ書付を以堅致約定置、其上ニも不埒之次第有之候得ハ、年行司へ願出可申候、早々訳立遣可申候、尤身元無之者へ猥ニ相渡置、可取立品無之時ハ、荷主可為損銀候

各浦に砂糖問屋（天保八年から砂糖会所引請人）とともに年行司を置いて、砂糖の不正な取扱、抜積等をするものがいたら砂糖問屋より年行司へ指図する、大坂の砂糖会所へ年行司から二人ずつ交代で詰めて、役人や使用人の取扱を監督する、砂糖の売買について問題があれば年行司へ願い出るというものである。つまり年行司は砂糖問屋のもとで、円滑な砂糖の取引、流通に携わる役割であったといえよう。

これから七年後の天保十三年十一月に香川郡東の大庄屋は、浅野村の年行司又左衛門のもとに「砂糖仲買共」を呼び集めており[100]、仲買の取り締まりに当たっているのがわかる。しかし年行司に関しては史料が少なく、その後の具体的な年行司の動きは明らかでないが、ただ安政四年十月に、藩から香川郡西の大庄屋植松彦右衛門・小比賀金太夫宛に各村に伝えるようにとの次の史料がある[101]。

大坂砂糖問屋亀屋卯兵衛義、正木屋才兵衛相手取、願書一件ニ付、義兵衛并取扱人等致出坂居申候間、右掛合中落着迄之内、御国砂糖一切取扱不相成趣、卯兵衛可申聞旨、年行司共迄於大坂申渡有之候間、右之趣相心得、此元ゟ右卯兵衛方へ積登候義不相成候間、此段町郷中荷主船頭共江、不洩様可被申渡候

大坂砂糖問屋亀屋卯兵衛の「願書一件」のいきさつ等は不明であるが、卯兵衛への国産砂糖の積み送りを禁じた内容で、大坂でこのことを年行司に伝えたという。この点から考えるとこのころの年行司の職務は大坂での取引の争いの処理にあったのかもしれない。

年行司とともに天保七年十月には「問屋取締役年行司共」とあり、「取締役」が設置されている。[102] この取締役は正確には砂糖取締役といわれ、天保十年十月に藩からの大庄屋宛と思われる通達の中に、「砂糖御趣法去秋御改法已後ハ、於郡々取締役年行司相立、不正之砂糖取扱候歟、又ハ抜積致候者在之候節糺方、并売買代銀取引不埒之次第在之節訳付方之義、申付有之候ニ付」とあって、[103] 天保六年秋に砂糖為替金趣法がはじまった時に、砂糖等に関する不正行為や取引上の争いを処理するために、郡単位に設置されている。

そして村役人に対しては、取締役・年行司が置かれたからといって砂糖の取締に関与しなくていいのではなく、「取締役年行司ゟ村役人江掛合候次第可在之候間、兼而其心得ニ而罷在、無腹蔵示合取扱候義者不申及、譬取締役年行司等ゟ示合無之事たり共、不正之砂糖取扱致候歟、又ハ抜積致候者も在之候ハヽ、相糺之義者勿論様子ニ寄候而者、役所向へも申出、又ハ取締役年行司等へ申断取扱候様可致候」として、取締役・年行司と同様な役割を求め、両者との緊密な連携を命じている。[104]

天保八年に隣領への陸越の砂糖については、「御他領江売払候分者其村方へ申出、庄屋手元ニ而改ヲ受、樽数貫目等委細送書致、砂糖会所又者取締役手元へ指出、運上銀も村役人手元江取立、追而其郡砂糖会所へ相納可申」とあり、[105] 砂糖取締役とともに村役人の役割が重視されていた。

のち弘化元年に大坂砂糖会所への水揚げをこれまでの「一手水揚」から「弐歩荷」としたが、この新しい方針を伝えた大庄屋への通達の中にも、「砂糖会所引請人取締役等」と記されている。[106]

砂糖取締役は「寒川郡砂糖取締役田面村信蔵」とあり、先述のように郡毎に置かれた。[107] のち嘉永六年には香川郡東砂糖取締役として二人の名がみえる。[108] 文久二年には鵜足郡で二名であるが、「御国産砂糖追々西郡江も押移り、製作人始絞屋共相増」として、砂糖取締役の一人増加を大庄屋から願い出ている。[109]

砂糖取締役には天保十四年二〇日に庄屋・組頭ら村役人がなっており、「砂糖御趣法一件取締方」とも呼ばれていた。(110) 以後史料には、砂糖取締役に庄屋が任ぜられているのが散見されるが、村役人の砂糖統制に占める役割は重要であったのがわかる。

　これに関して、のち文久二年九月の高松藩が出した農村全般に関する通達の中に、次の砂糖の取り締まりの強化に関する箇条がある。(111)

一砂糖売捌之義付而者、先年御趣法御立被下、大坂表問屋共江諸事厳重ニ取扱方、被仰付候義ニ付而者、製作人共始村役人江被仰渡之趣も在之候処、近年心得違、御趣意ニ洩候取扱致候者共も有之哉ニ相聞候間、去巳年已来相改、度々厳重之取扱方被仰渡候条々、村役人共始製作人共能々相心得、尚又砂糖製作人共他領之者江伝授等致候義者勿論、右諸道具他領江売渡候義不相成候段、毎々申渡候通村役人共気ヲ付、五人組合之者友吟味いたし、若心得違等閑ニ致置、外ゟ相顕候ハヽ、組合之者共者勿論、村役人共落度可為事

「去巳年」つまり安政四年以後の方針の厳守を伝えており、それに従わない場合また他領に砂糖製法を伝授した時は、砂糖製作人のみならず、村役人・五人組合の責任を問うことにしている。ここに砂糖に関する取り締まりが農村支配のありかたを基盤にして実施されているのがわかる。(112)

　嘉永六年三月に香川郡東浅野村庄屋妹尾吉左衛門は、「砂糖取締役申付在之、先達而野山生し方之義相働候義も在之、且同郡之義者、御城下懸組之場所ニ而、入割事多端ノ郡柄ニ在之候所、年来骨折相勤、其役義之心得奇特之次第も在之候ニ付、格別を以郷侍並被仰付候」と、砂糖取締役として郷士の格式の一つの郷侍並、また同郡三名村組頭庄屋並の高尾権右衛門は一代帯刀を与えられている。砂糖取締役になると一般農民と区分され、郷士の格式が与えられた。(113)

　そして翌安政元年十二月には、「砂糖一件御趣法以来、追々致繁栄製作人等相増候ニ付随ヒ、郡々取締役手元追々取調事多端ニ相成、（中略）、不絶入割等も出来、人別呼寄又者他郡他村等江罷出、取調候義も間々在之、存外

失却も相掛り候段、申出之趣無拠相聞候間、格別之訳を以当分毎歳取締役壱人ニ付、銀百弐拾目宛被下置候間」と、取締役が多端で経費がかかるとの大庄屋からの申し出により、一人につき銀一二〇匁を村落維持費である「郡村入目」から支給することにしている。(114)

砂糖取締役の職務については先にも触れたが、「砂糖売之義ハ少々之商ニテモ、或ハ相場之高下又ハ秤目之強弱ニテ、得失不少ニ付、公事入割申出候者御座候へとも、都而一旦之処ハ、支配砂糖取締役之者へ取扱せ、大体之義ハ右之者共手元ニ而、訳付有之候得共、至極入組六ケ敷次第ニテ、取締役之手ニ及難ク分ハ、其趣砂糖方へ申出候ニ付、其段掛り代官郡奉行へ相達候上、砂糖方ニテ役人共立合取調候義ニ御座候」とあり、(115)砂糖売買に関する争いの「公事入割」については砂糖取締役のもとで処理し、それが無理な場合は砂糖方で解決することになっている。

具体的な例として、万延元年十二月に砂糖会所引請人への未納為替金の返済のことが史料で確認できる。馬宿浦砂糖会所引請人の浜垣宇一郎が船頭伊左衛門へ為替金を貸し付けたが、その未納金の処理をしたとして、大内郡三人の砂糖取締役の松崎村庄屋赤沢惣右衛門、小磯村同有馬十左衛門、馬宿村同米沢恒三郎に銀一五匁を与えられている。(116)

安政五年末に、今後は絞屋は砂糖取締役に届け出ることを通知したことは先述したが、それに続けて砂糖取締役に関して次のことが述べられている。(117)

一砂糖類他領江売渡運上取納済、陸越致候分江ハ、樽毎会所并取締役印鑑在之候赤紙之小札貼付、往来可致候、且又御領分中持運之義者、青紙之取締役印鑑貼付、往来可致候、尤御城下并郷中浦々川口江指出候分ハ勿論、縦令近辺江持運候分ニ而も、右張印無之品物ハ、見付次第取上候間、其旨相心得可申候

一砂糖車并製法之諸道具売買之義者、郡々模寄之砂糖取締役手元江申出、印鑑指紙受取売買致候様、此度厳重申聞候ニ付而ハ、右印鑑所持不致車并製法之諸道具、運送不相成義者勿論、以後ハ年々取締役之者ゟ見改、車并製

法之道具江極印入念候間、無之分者見付次第取上候間、左様相心得可申候
但、大工并石工共江、車并石車等仕立せ候歟、又ハ歯更等致候得者、其度毎取締役手元江申出見改貫、石車之外者極印ヲ請置可申候、尤製作人ゟ大工并石工共へ誂候分ハ、其度毎取締役手元へ申出候間、大工石工共ゟも誰ゟ誂候趣、月々取締役手元へ可申出候、且又製作人ゟ誂外ニ、銘々手元ニ而用意ニ拵置申度分ハ、員数相定取締役手元申出、印鑑指紙受取置候様可致候

前半部では砂糖を他領へ売り渡した場合には砂糖樽毎に、砂糖会所・砂糖取締役の印鑑のある赤紙を貼る、また領内への運搬には取締役の印鑑のある青紙を貼ることを義務づけ、そして高松城下や各地の川口積み出しや近辺の運送についても張印のないものは没収することにしている。後半部では砂糖車や砂糖製法の道具の売買は砂糖取締役へ申し出て、印鑑を受けるように言い渡されており、印鑑のないものは没収するという。そして但書部分では車（木製か）・石車を仕立てる時は、取締役へ申し出ること、また砂糖製作人から大工・石工が誂えを依頼された場合にはその都度取締役へ伝えること、大工・石工が手元用意のため拵えた分についても、取締役へ個数を届け印鑑を受けることとしている。砂糖はもとより砂糖車・製法道具の売買についても、取締役の厳しい監視下に行われていることがわかる。

また文久二年には砂糖生産者に対して、大庄屋から「御国産之砂糖御仕法在之候所、近年猥ニ相成、此度御触被仰出候間、模寄之会所取締人方江、砂糖製作者共罷出可承候」と伝えられており[118]、砂糖方からの触を砂糖生産者に徹底させるという役割を、砂糖取締役が果たしているのがわかる。

元治元年十月に甘蔗植畝に別段冥加金を三年間課し、村ごとに徴収して大庄屋から砂糖方へ納めることになったことは先述したが。この時「郡々取締役」に対して、「甘蔗植付候人別共江、御取立銀之義被仰（カ）渡在之候間、右御趣意之趣末々迄行届候様、其方共モ尚又砂糖会処引受人大政所ト示談致、製作人共江程能合点致せ候様、諭方可致

候」と、[119]甘蔗植畝の別段冥加銀の取立への協力が命じられている。

最後にこれまで述べてきた以外で、村役人が重要な役割を果たしている二つの事柄、「正肥貸付」と「別段為替」について述べておこう。

砂糖為替金趣法が始められた翌年の天保七年春に、「砂糖捌方無甲斐、百姓共手元指支候様子ニ付、肥仕込金貸方」として、「肥仕込金御貸方」つまり甘蔗を成育させるための肥料代の貸付が行われた。この肥仕込貸付はこの年限りの予定であったが、翌八年についても、長雨が続き作物も不作であり、「別而甘蔗大痛之処、米穀諸色直段高立、作人共懐痛不少由相聞候、御世帯向御指支之中ニ者候得共、格別ヲ以甘蔗作付之者共江、正肥御貸方被下」ことになり、正肥貸付として行うことになった。[120]

この正肥貸付は一ケ月一歩二朱の利息であり、昨年のとおり村役人のもとで「人別懐向并作付之様子等篤と取調、代銀取立之節指支無之様、引当等之見込ヲ以一村中取都メ」とあるように、正肥借人を厳しく調べ抵当等も確認の上、村でまとめて糠・干鰯・油粕等品別に数量を決めて、砂糖会所へ申し出るが、その際には借主・村役人の連判の書類を差し出すことにしている。ただしこの年はこれまで取引していた肥料問屋からの買い入れも認められている。[121]この正肥貸付には借人の厳しい監査のもとに、村役人の責任で村単位で砂糖会所から借用するというものであり、以後毎年続けられている。

この砂糖会所から各村へ貸し付けられる正肥貸付の資金は、砂糖会所引請人が砂糖方から拝借するが、その例として安政三年に二月に林田浦砂糖会所引請人渡辺五百之助が、金一八〇〇両を田地山林を抵当にして二月と三月に九〇〇両ずつ、月八朱の利息で十一月元利とも返納するということで借り入れている。[122]

次に奥印為替について説明しよう。[123]嘉永三年十月の寒川郡大庄屋から砂糖方への書上の中に、「為替金貸方ノ義ハ兼テ御趣法ノ通、船中為替ノ義ニハ候得共、八歩御年貢時分無拠指支ノ向モ有之節ハ、村役人手元ニ而在砂糖并引当田地ヲ見込、奥印ヲ以会所エ申出、貸渡候義ニ在之候」とある。[124] つまり本来の船中為替の他に、「八歩御年貢」に指し支える時は、村役人が奥印して所持砂糖と抵当田地に相当する為替金を貸し渡すことにしたという。（「八歩御年貢」については前節で説明した。）

この貸付がいつから始まったのか史料的に確認できないが、書上の出された嘉永三年より少し前のことではあるまいか。引用史料中の抵当の「在砂糖」は、安政元年の東浜村庄屋の大庄屋への「口上書」に「白下地御目当」とあり、白砂糖への精製前の「白下地」（白下糖）が当てられた。[125] そしてこの貸付には村役人の奥印が必要なことから、「奥印御為替銀」・「奥印拝借」[126]、「砂糖為替奥印貸」[127] などとよばれたが、通称「奥印為替」といわれた。翌安政二年の五月の「別段御為替銀返納通」の表題の帳簿があり、[128]「奥印為替」は別名「別段為替」ともいわれていたようである。

この奥印為替は井上甚太郎氏によると「別段為替」とされており、その説明として「甘蔗植付人が収穫の甘蔗を製造して砂糖と為すも、之を売却せざれば公租の貢納に困窮するを以て、之を貸附する者たり、此の貸附金は公租徴収の時季、即ち十一月十二月の二ケ月に在りて、前条（船中為替）と斉き方法にて貸附し、其翌四月に取立つるなり」[129]とあり（読点木原）、奥印為替と同様な説明である。

のち文久元年六月に、「別段為替兼而四月切ニ皆納」とあり、[130] このころから以後は別段為替と称している。翌文久二年ころの別段為替について、「上方表直段下直之節、又者製法手遅ニ相成候節抔、白下ニ而積送り候而者、利益無之義ニ付、右様之節者銘々所持之砂糖ヲ、私共見込目当ニ仕置、砂糖御会所ニ而為御替拝借仕、八歩御勘定其余諸上納物、無事相立来候義ニ御座候」とあり、別段為替の内容が理解できる。[131]

そして文久二年と思われるが、鵜足郡富熊村の八太郎は白下糖三三挺を目当てにして金五〇両を借用しており、「然ル上ハ壱ケ月九朱之利付ニ而、来亥（文久三カ）四月迄ニ右引当砂糖大坂御会所江積登、同所請取書ヲ以上納可仕候間、（中略）、尤砂糖之外ニ八太郎所持之田地証文、為引当私手元ニ取置御座候間、若元利之内少ニ而も滞候ハヽ、加判之村役人合相弁少しも掛御厄介申間敷候」と、拝借人八太郎、保証人、組頭四名、庄屋の連名と印を記した書類を提出している。(132) ここにも村役人が別段為替において重要な役割を果たしているのをみることができる。

おわりに

幕末期における高松藩の砂糖生産、流通に対する統制のありかたを、砂糖車・砂糖絞屋・砂糖仲買・年行司・砂糖取締役などを通して検討してきた。重要と思われることはその都度指摘しておいたが、最後に高松藩の砂糖生産、流通に関する特徴として、注目しておかねばならない点を整理しておきたい。

高松藩では文政十一年に株制を実施して、砂糖の生産、取引、流通に対して、本格的に統制に乗り出したといえる。そしてそれらの上で天保六年の砂糖為替金趣法が実施された。砂糖の原料たる甘蔗生産に従事していたのは多くは土地所有高の低い農民であった。とくに石高が零細な農民層の占める割合が高く、また無高の「間人」もおり、かれらによって甘蔗生産が担われていたといえる。と同時にかれらは甘蔗生産によって生計を立てることができたであろう。

また、甘蔗から白下糖を生産する砂糖車所持者は多くて三挺までであり、一挺のものが圧倒的に多かった。砂糖車一挺しか所持していなくても押船をもつことは可能であり、白下糖のみならず白砂糖の生産も行っていた。そして砂糖車を所持して砂糖生産を行うことは、無高層にも認められていた。甘蔗生産にも無高層が従事していたことを合わせ考えると、無高層の砂糖生産への関与は無視できないといえよう。

白砂糖生産に主として従事する砂糖絞屋に関しては、文政十一年以後しばらく史料が見当たらないが、嘉永五年に改めて確認の調査が実施された。村ごとに調査して砂糖会所または砂糖取締役へ届けることにしており、絞屋を砂糖会所・取締役の監督下に置いた。絞屋は白砂糖生産に専業化しているわけではなく、砂糖車所持者で絞屋であるものもおり、その意味では絞屋の生産規模は多くが小規模であったといえる。

しかし絞屋の中には大規模な経営を行っていたとの報告がある。(133) 本文でも指摘した寒川郡鶴羽村の新五郎が、押船一三艘、樽一五〇挺、白下地四〇七挺、白砂糖二七〇挺などを差し押さえられているように、新五郎はある程度の規模の絞屋であったといえる。しかし砂糖会所への為替金の返済が滞って、差し押さえを受けていることは、安定した経営の基盤をもっている状態ではなかったと思われる。

砂糖仲買人は甘蔗・白下糖・白砂糖の砂糖類の取引に従事していたが、その他砂糖製造の道具類の売買にも関与していた。そしてこの砂糖仲買には無高層も株をもつことができたし、砂糖仲買人として高く評価されるものもいた。そして仲買株になるには村方で人選して大庄屋の了解を得て、大庄屋から砂糖方へ申請がなされているように、村落内での砂糖類取引に重要な役割を果たす存在であったと思われる。なお、仲買株が一度廃止され再び復活するが、その理由については定かでない。

砂糖会所引請人とともに重要な役割をはたしていたのが、年行司と砂糖取締役であった。年行司については詳しくはわからないが、取締役は郡単位に二、三人置かれていた。この取締役には庄屋・組頭らの村役人がなっている。そして取締役は郷侍並や一代帯刀など、一般農民と区分されて上の格式が与えられ、また其の任務に懸かる経費が郡村入目から支出されるようになる。砂糖車や砂糖製法の道具類の売買は取締役の監視のもとに行うこと、砂糖売買等に関する出入りについても処理することになっていたが、取締役のもとで処理できない場合は砂糖方で取り扱った。

以上述べてきたところからもわかるように、高松藩内の砂糖の生産、流通に関しては大庄屋・庄屋など、村役人の果たす役割が大きいといえる。砂糖方から出された方針は大庄屋へ伝えられ、さらに各村庄屋へ周知された。もし砂糖方の方針に反した場合には村役人はもとより五人組合の責任をも問うことになっている[134]。

一般的に藩が国産統制を行う場合には、国産役所をつくりその出先役所を領内各地に配置することが多いと思われるが、高松藩では農村支配のありかたが、そのまま砂糖統制政策に取り組まれていたところに特色があったといえるのではあるまいか。

また以前に、高松藩の天保六年の砂糖統制は、大坂市場への砂糖の積み送りを重視しつつ、大坂商人との提携を断ち、藩地の札会所・砂糖方・砂糖会所引請人を核として運営された、いわば在地主導の、藩を主体とする国産統制であったと指摘したことがある[135]。藩による国産統制としては効果を収めた数少ない例といわれる、この高松藩の砂糖統制の背景として、藩内の砂糖生産の統制に関わった大庄屋・村役人層らの役割を、無視することはできないのではないかと思われる。

注

(1) 東京国文社。本書は、『大日本農会報』一三四号から一三六号(明治二六年)に掲載され、それを一書にまとめたものである。

(2) 高松藩の砂糖に関する研究史については、拙稿「高松藩の砂糖流通統制」(拙著『近世讃岐の藩財政と国産統制』所収。溪水社、二〇〇九年)を参照していただきたい。

(3) 右同拙稿「高松藩の砂糖流通統制」。

(4) 拙稿「高松藩における寛政・文化期の砂糖生産と流通」(『徳島文理大学文学論叢』第三十一号。二〇一四年三月。改題して本書第一章に所収)。

(5) これらの研究について年代順に紹介すると以下のとおりである。海部伸雄氏「幕末期高松藩引田村の甘蔗生産と農民層の動向」(『香川史学』第四号。一九七五年)、藤田順也氏「高松藩における砂糖絞屋について」(『香川史学』第二三号。一九九五年)、宇佐美尚穂氏「幕末期砂糖生産地域における農業構造―大内郡引田村を事例として―」(京都女子大学史学会『史窓』第五五号。一九九八年)、同「幕末期高松藩引田村における甘蔗苗の流通」(『香川史学』第二六号。一九九九年)、同「文化・文政期高松藩における砂糖積出状況―大内郡引田村を事例として―」(『史窓』第五八号。二〇〇一年)、近藤和紀氏「高松藩における砂糖積組船頭の動向―阿野郡北林田浦砂糖会所の事例をもとに―」(『香川県自然科学館研究報告』第二一巻。二〇〇二年)、宇佐美尚穂氏「近世後期高松藩における砂糖生産の特質―阿野郡北を事例として―」(京都女子大学大学院文学研究科紀要『史学編』第一号。二〇〇二年)、同「幕末期高松藩砂糖の生産及び流通の動向と統制―砂糖車株・砂糖仲買株から見た―」(『史学編』第二号。二〇〇三年)、近藤和紀氏「讃岐国高松藩領阿野郡北の砂糖百姓」(『香川県自然科学館研究報告』第二三巻。二〇〇三年)。

(6)すでに前掲の『讃岐糖業之沿革』で、これらの砂糖車株などの領内統制の内容が略述されている(九・一〇ページ)。

(7)詳細は前掲拙稿「高松藩の砂糖流通統制」参照。

(8)山崎家文書「御用留」(山崎進氏蔵)。当史料は前掲藤田順也氏「高松藩の砂糖絞屋について」で紹介されており、本文で述べたことがすでに指摘されている。

(9)本書第一章「寛政・文化期高松藩の砂糖生産と流通」。

(10)別所家文書「村方御用留」(香川県立文書館蔵)。

(11)渡辺家文書「御用日記」(香川県立ミュージアム蔵)。

(12)十河家文書「御用留」(香川県立ミュージアム蔵)。

(13)前出別所家文書「村方御用留」。

(14)拙著『藩政にみる讃岐の近世』一一九・一二〇ページ(美巧社、二〇〇七年)。

(15)右同、一四四・一四五ページ。

(16)拙著『地域にみる讃岐の近世』三三ページ(美巧社、二〇〇三年)。

(17)丸岡家文書文政十一年「御法度御触留帳」(瀬戸内海歴史民俗資料館蔵)。

(18)前出山崎家文書「御用留」。

(19)大山家文書「御用留」(瀬戸内海歴史民俗資料館蔵)。

(20) 前出渡辺家文書「御用日記」。
(21) 前出丸岡家文書「諸仕出控覚帳」。
(22) 右同、「御法度御触留帳」。
(23) 右同、「諸仕出控覚帳」。
(24) 「高松藩諸達留」(『香川県史9・近世史料I』。香川県、一九八七年)。
(25) 前掲拙稿「高松藩の砂糖流通統制」参照。組船船頭については嘉永五年十月に、「近年砂糖積組船船頭共之内、自分砂糖買込運賃積之砂糖一所ニ積出、致売捌候者共有之哉ニ相聞候、組船之者者運賃積持所《(ママ)》ニ而、荷主砂糖引請売捌、為替金納所等迄も取扱事ニ候得者、自分砂糖ト混レ致売捌、若損失出来候節者、為替納方之指仕相成候程も難計」、「以来組船之船頭とも、砂糖類致買積候義不相成候」と(阿河家文書嘉永四・五・六年「御用留」。瀬戸内海歴史民俗資料館蔵)、組船船頭の自分砂糖の買積によって、砂糖為替金趣法にも影響が出かねないとして、以後の組船船頭の買積を禁止し、運賃積のみとしている。これより以前嘉永元年に阿野郡北の鴨村助三郎・弥吉郎、乃生村八蔵は、「三人仲満ニ而御為替銀拝借砂糖運賃積」を行っているのが確認できる(前出渡辺家「御用日記」)。嘉永五年ころには組船船頭の買積による、大坂での砂糖取引が盛んになってきていたのであろう。なお天保六年九月に新しい砂糖流通統制が実施されたときに、「車株人別」・「村々仲買人別」「組船人別」「村々年行司人別」の名前の提出が大庄屋へ命じられている(田中家文書「御用留記録」田中浩一氏蔵)。絞屋株の記載がないが従来の株制が踏襲されたと思われる。「年行司」については後述する。
(26) 拙稿「史料紹介『砂糖方御趣法留』」(『香川史学』第二一号。一九九二年)。
(27) 宇佐美尚穂氏「史料紹介・安政三年『砂糖方御用一件日記』」(『香川史学』第三〇号。二〇〇三年)。
　前掲『讃岐糖業之沿革』には砂糖仲買等について、「製糖者は免許税金弐歩を納めて車株壱枚を受け、又は免許税金弐朱を納めて仲買鑑札を受け、又製糖を積載する商船は組合を立て組船と称し、免許税金壱歩を納めて鑑札を受けしむる等なり、又搾屋なる者あり、唯その届出を受領し鑑札を下附して其税金を免ぜり」(一〇ページ)、「砂糖会所の如きも九ケ所に散在し、其車株は五百の多きに至り仲買人の如きも壱千人に達し、組船は弐壱百有余艘あり、彼の榨《(ママ)》屋の如きも其数壱百人の多きに建せり」(一五ページ)と述べている。
(28) 日下家文書「月番帳」(瀬戸内海歴史民俗資料館蔵)。
(29) 本書第一章「高松藩における寛政・文化期の砂糖生産と流通」。

(30) 前出「高松藩諸達留」。
(31) 前出丸岡家文書「諸留書」(仮)。
(32) 前出田中家文書「御用留記録」。
(33) 前出十河家文書「御用留」。
(34) 前出田中家文書「御用留記録」。なお前掲『讃岐糖業之沿革』に(一一二ページ)、「安政年間に在りて、米麦の耕作を廃し甘蔗植付の非常なるより、一時権道を以て甘蔗植付の田畑は壱畝毎に銀三匁を冥加として之を徴収し、尋て告諭を発し其植付漸く減少したれば、冥加銀を廃したり」とある。
(35) 前出別所家文書「郡方御用留」。
(36) 前出田中家文書「御用留記録」。
(37) 前掲海部伸雄氏「幕末期高松藩引田村の甘蔗生産と農民層の動向」。
(38) 前掲宇佐美尚穂氏「近世後期高松藩における砂糖生産の特質」。
(39) 右同。
(40) 前掲近藤和紀氏「讃岐国高松藩領阿野郡北の砂糖百姓」。
(41) 前出別所家文書「村方御用留」。
(42) 前出丸岡家文書「御法度御触留帳」。
(43) 前出田中家文書「御用留記録」。
(44) 前出別所家文書「郡方御用留」。
(45) 前出丸岡家文書「御法度御触留帳」。
(46) 前出別所家文書「郡方御用留」。
(47) 前出丸岡家「御法度御触留帳」。
(48) 前出渡辺家文書「御用日記」。
(49) 前出十河家文書「御用留」。
(50) 前出別所家文書「村方御用留」。
(51) 前出田中家文書「御用留記録」。

(52) 以上、前出「高松藩諸達留」。
(53) 前出丸岡家文書「諸書留」(仮)。
(54) 前出別所家文書「郡方御用留」。
(55) 前出渡辺家文書「御用日記」。
(56) 前掲近藤和紀氏「讃岐国高松藩領阿野郡北の砂糖百姓」。
(57) 右同。
(58) 阿河家文書「御用留」(瀬戸内海歴史民俗資料館蔵)、前出別所家文書「村方御用留」。
(59) 以上、前掲藤田順也氏「高松藩における砂糖絞屋について」。
(60) 前出田中家文書「御用留記録」。
(61) 前出別所家文書「郡方御用留」。
(62) 小西家文書「御用留」(仮)(瀬戸内海歴史民俗資料館蔵)。
(63) 阿河家文書「諸願書留」(瀬戸内海歴史民俗資料館蔵)。以下本文で述べている坂出村の絞屋については、「高松藩領坂出村の砂糖と塩」(拙著『近世後期讃岐の地域と社会』に所収。美巧社、二〇一二年)参照のこと。
(64) 宇佐美尚穂氏「『泉川健願望書附属書類』の紹介」(『香川史学』第三五号。二〇〇八年)。
(65) 前出「高松藩諸達留」。
(66) 以上の砂糖製作人、為替付荷物、為替拝借銀案文については拙稿「高松藩の砂糖為替金」(拙著『近世讃岐の藩財政と国産統制』に所収。溪水社、二〇〇九年)で触れている。
(67) 「新五郎一件高畑作兵衛此方連名」(前掲宇佐美尚穂氏「『泉川健願望書附属書類』の紹介」)。
(68) 前出渡辺家文書「癸丑坐右日記」。なお領内九か所に置かれた砂糖会所引請人については交代していることが多い。天保六年とそれからほぼ三〇年後の元治元年の砂糖会所引請人はすでに紹介したところである(前掲拙稿「高松藩の砂糖流通統制」)、天保六年から二〇年後の安政二年二月の砂糖会所引請人がわかる(木原史料紹介「砂糖方御趣法留」(『香川史学』第二一号。一九九二年)。
　天保六年とくらべてみると、引田浦の島田弥一右衛門が馬宿浦の浜垣宇一郎、檀浦の茂三郎が潟元浦の三木周助、坂出浦の川崎屋吉太郎が郡家村の小笠原与右衛門に代わっている。また安政二年の引請人が元治元年には三本松浦の高畑作兵衛が三殿村の木村太一郎、潟元浦の三木周助が木太村の中村和太郎、塩屋町の三木屋卯太郎が丸亀町の津国屋忠五郎、郡家村の小笠原与右衛門が川原村の宮井房吉となっている。天保六年から元治元年までの三〇年間続いているのは、津田浦の上野、志度浦の岡田、城下百間町の坂本屋、林田浦の渡辺の四家である。かれらはその地域の有力な資産家として、安定的に家の維持を行うことができたからであると思われる。

(69)「旧藩御達ノ写」(「雑綴」所収。瀬戸内海歴史民俗資料館蔵)。

(70)「御領分中村高大小庄屋姓名覚帳」(『香川県史9・近世史料Ⅰ』。一九八七年)

(71)前掲拙稿「高松藩の砂糖流通統制」。

(72)前出別所家文書「郡方御用留」。

(73)前出田中家文書「御用留記録」。

(74)前出別所家文書「郡方御用留」、前出山崎家文書「御用留」、前出小西家文書「「御用留」。本文の引用史料より七年前の嘉永二年の前出阿河家文書「御用留」に次の史料がある。

（前略）、白砂糖入樽之分ハ、御国中桶師共手元ニ而仕立候義ニ付、引請人手元へ買入究焼印ヲ押、模寄々々ニ而相渡候《(カ)》、白下地入四斗樽之分者、都而上方表ゟ古樽取寄候事ニ付、船頭共江帰船之節積戻り之分、右定法直段ヲ以荷主共へ直キ売致候義も、勝手次第之義ニ候所、近年白砂糖入樽も右樽相用候方、尚便利之由ニ而、古樽買取候向も在之、（後略）

史料中に「白砂糖入樽」と「白下地四斗樽」の記述があり、嘉永二年当時は白砂糖も樽入となっている。これが本文の引用史料にあるように、白砂糖と樽物に区別されるようになるのがいつのことかは明らかでない。

(75)前出別所家文書「郡方御用留」。

(76)前出阿河家文書「諸願書留」。

(77)前出「雑綴」所収。

(78)前出阿河家文書「御用留」。

(79)前出別所家文書「村方御用留」。

(80)前出田中家文書「御用留記録」、前出別所家文書「村方御用留」、前出「高松藩諸達留」。

(81)前出別所家文書「村方御用留」。

(82)前出別所家文書「郡方御用留」。

(83) 児玉洋一氏「高松藩に於ける砂糖為替の研究」（『高松高商論叢』第一七巻第二・三号。一九四二年）。
(84) 前出丸岡家文書「諸事願書仕出控」。
(85) 前出十河家文書「御用留」。
(86) 右同。
(87) 右同。
(88) 前出別所家文書「郡方御用留」。
(89) 前出阿河家文書「御用留」。
(90) 前出別所家文書「郡方御用留」、前出田中家文書「御用留記録」、前出小西家文書「御用留」。なお、阿野郡北では翌安政二年八月にも、同項目の調査が日限を決めて行われており（前出阿河家文書安政五年「御用留」。中表紙は安政二年正月とあり、内容も安政二年分である）、前年の調査が不十分だったからだと思われるが、それだけ砂糖仲買人の実態が複雑であったのであろう。
(91) 渡辺家文書「砂糖方一件日記」（高松市歴史資料館蔵）。
(92) 前出別所家文書「郡方御用留」、前出小西家文書「御用留」、前出田中家文書「御用留記録」、前出山崎家文書「御用諸事控」。
(93) 「砂糖一件之廻文控」（前出『香川県史9・近世史料Ⅰ』）。
(94) 以上、前出渡辺家文書「御用日記」。
(95) 阿河家文書「横紙願書并諸注進留」（坂出大橋記念図書館蔵）。
(96) 前出「高松藩諸達留」・「砂糖一件之廻文控」。
(97) 前出別所家文書「郡方御用留」、前出渡辺家文書「砂糖方一件日記」。
(98) 前出田中家文書「御用留記録」。
(99) 前出渡辺家文書「大坂砂糖積登書付」〈仮〉、前掲宇佐美尚穂氏「『泉川健願望書附属書類』の紹介」。なお阿野郡北の青海村の年行司の沢次郎が天保六年十二月に、「此度大坂砂糖会所詰出番御用ニ付」として、大坂への出船を同郡の大庄屋へ願い出ている（前出渡辺家文書「御用日記」）。
(100) 前出別所家文書「村方御用留」。
(101) 前出小比賀家文書「御用月番」。

(102) 前出別所家文書「郡方御用留」。
(103) 前出「高松藩諸達留」。なお前出の『讃岐糖業之沿革』によると（九ページ）、年行司の記述はないが、砂糖取締役については「一郡中里正即庄屋役の中に就きて、老実勉強の人を選び之を砂糖取締役と為し、甘蔗栽培砂糖製造の巨利あることを農民に説諭せしめたり、是れもまた其効の如何に由りては帯刀を許し士族に列する等、一に砂糖会所に斉き特典を与えて之を勧奨せり」とある。
(104) 前出「高松藩諸達留」。
(105) 前出「砂糖一件之廻文控」。
(106) 前出別所家文書「郡方御用留」。
(107) 前出渡辺家文書「坐右日記」（弘化三年一二月～嘉永二年一一月）
(108) 前出別所家文書「郡方御用留」。
(109) 前出十河家文書「口上書」。
(110) 前出別所家文書「村方御用留」。
(111) 前出渡辺家文書「御用日記」。
(112) 本文にいう安政四年以後の方針というのは次の通達であると思われる（小比賀家文書「御用月番」安政四年十月条）。

砂糖積出売捌方之義ニ付、当五月御趣法相改、其段申渡候所、右之内別ケ条之分、今以不存者も有之様相聞候間、村々政所手元江人別不洩様呼出、篤と合点致候様委細可申聞候

別

一大坂表砂糖問屋共於手元ニ、不締り之次第も有之哉ニ相聞、荷主共迷惑ニも可相成事ニ付、此度加島屋一郎兵衛手元ニ而、中屋三郎兵衛義右問屋惣元〆ニ申付候、依之積登砂糖見込之通りゟ格別下直ニ付、売捌方指支之向も有之候ハヽ、右三郎兵衛逢（ママ）対ヲ以為更銀之示談も可致候、可成尺者歩安ニ貸渡候筈ニ候間、其旨相心得せ可申候

一砂糖売捌方無拠子細ニ而、下筋積廻し候者も有之候得者、右金銀是又三歩通正金銀相渡、残七歩通者加島屋一郎兵衛方手代共手元江、御町金相庭割合ヲ以引更せ可申候間、此元江相詰居申候手代共旅宿江指出可申候

内容の一つは大坂での取引砂糖問屋の惣元〆に中屋三郎兵衛を当てたこと、二つめは大坂以外の下筋売り砂糖代金の七割は、高松城下にいる加島屋一郎兵衛の手代のもとで藩札に引き替えることである、

(113) 前出別所家文書「郡方御用留」。なお元治元年四月に阿野郡北西庄村政所三土謙蔵は、「役義出情」・「郷普請方一件」・「大政所助役」を長く勤め、さらに「砂糖取締役ヲも骨折」として、「御用多相勤候ニ付各別ヲ以、大政所並」を与えられている（前出渡辺家文書「御用日記」）。
(114) 右同。
(115) 前掲宇佐美尚穂氏「『泉川健願望書附属書類』の紹介」。
(116) 右同。
(117) 前出別所家文書「郡方御用留」。
(118) 前出田中家文書「御用留記録」。
(119) 前出「旧藩御達ノ写」。
(120) 正肥貸方については前掲拙稿「高松藩の砂糖為替金」参照。
(121) 前出別所家文書「郡方御用留」。
(122) 前掲宇佐美尚穂氏「砂糖方一件御用日記」。
(123) 前掲井上甚太郎氏『讃岐糖業之沿革』には奥印為替の語句はないが、以下述べるように史料的に確認できる。
(124) 前出田中正保編「砂糖資料」。
(125) 前出別所家文書「郡方御用留」。
(126) 前出渡辺家文書「奉願口上書」。
(127) 前出田中家文書「御用留記録」。
(128) 前出渡辺家文書。なお別段為替については前出拙稿「高松藩の砂糖為替金」で触れている。
(129) 前掲『讃岐糖業之沿革』四一ページ。
(130) 前出別所家文書「郡方御用留」。
(131) 進藤家文書「奉願上口上書」（進藤昌平氏蔵）。
(132) 右同「覚書」。
(133) 前掲拙稿「高松藩の砂糖流通統制」の注（2）参照。
(134) この点については、安政二年十月の砂糖方から各郡の大庄屋への砂糖製法の通達の末尾に次のようにある（阿河家文書安政五年〈内容は安政二年〉「御用留」）。

右、夫々一統江不洩様申触、別而砂糖致製作候者者、村役人手元江人別呼出、前条之趣入念申聞、尚五人組合之者江時々相糺、村方へ何之申出も不仕、他向へ罷越致逗留候者も在之候ハ、其段申出、猶又右様他向へ罷越居申候者無之村方ハ、其趣村役人共連印之一札ヲ取、役所へ指出可申候、若し等閑ニ致置外ゟ相知レ候ハヽ、当人勿論組合之者迄も重咎申付、村役人共可為越度候間、右之趣屹度可申渡候

この史料に、本文で指摘した村役人や五人組合の責任が端的に示されているといえよう。

なお、前掲の井上甚太郎氏『讃岐糖業之沿革』に（一七・一八ページ）、高松藩の天保六年の砂糖統制の実施に際しての宮宇池辰五郎の次の意見を紹介している。

（前略）、産糖地方に於て名望ある里正即ち庄屋役及び農民中有志の人を撰び誘導の責に任ぜしめ、（中略）而して藩庁は勧奨のため官吏の派遣を要せざれば大に官民の費用を省くべし、実地の勧奨は農民の相競ふて之に従事するを以て、却りて速やかに其効を奏し、数年を出ずして必ず其業の旺盛を見るに至るや決して疑ふべきにあるざるなり、（下略）

藩の役人を現地に派遣せずに、砂糖生産地域の有力な農民を積極的に活用することを主張しているのをうかがうことができる。

(135)「高松藩国産統制」（地方史研究協議会編『地方史事典』。弘文堂、一九九七年）。

第三章　高松藩坂出塩田築造の経済事情

―久米栄左衛門宛書状からみた―

はじめに

高松藩では文政に入った頃から藩財政が悪化していたが、大内郡馬宿村の出身で、科学技術者として活躍していた久米栄左衛門（通賢）は、文政七年に阿野郡北の坂出村の海浜に、塩田を築いて財政難解決の一助とすることを建言した。当時の高松藩には塩田築造の財政的な余裕はなかったが、藩主松平頼恕の意向によって文政九年に塩田築造に取りかかり、久米栄左衛門が工事責任者とされた。三年後の文政一二年八月に塩田は完成し、西大浜・東大浜とよばれて、瀬戸内を代表する塩田の一つとなったことはよく知られている。

この坂出塩田築造にかかる莫大な経費が、どのようにして確保されたのかということについては、明らかでない点が多いが、久米栄左衛門の書き残した天保三年の「金銀出入勘定帳」によると、(1)「奥御用所」・「奉行所」から資金を受け取っている。「奥御用所」・「奉行所」の意味が必ずしもはっきりしないが、藩関係の役所であるのは間違いなかろう。しかしこれらからの受け取りの場合にも、「町人借り」との但し書きが記されているものもあり、藩からの直接の資金供与とはいえない点もある。

また「町人借り」とあるが、これは高松城下の町人からの借用を指しているのか、また領外の町人からの借用なのかは明らかでないが、藩の役人として塩田築造の財政的な責任者であった吉本弥之助が、大坂の商人へ借金の働きかけをしていたことは拙稿で明らかにしたところである。(2)

久米栄左衛門関係の史料は鎌田共済会郷土博物館に所蔵されているが、その中に久米栄左衛門宛の多くの書状が残されている。(3)これまで栄左衛門宛の書状はほとんど研究史料として使われることはなかったが、注（1）の『久米通賢研究成果報告書』によって、その内容全体が詳細に明らかとなった。

この成果を踏まえて、これらの書状の中に含まれている塩田築造の資金等に関係していると思われる書状をとおして、久米栄左衛門と関係を持っていた高松藩士たち、かれらによる塩田築造資金の確保のための大坂商人らへの働きかけ、それに対する商人たちの動きなど、これらの点について書状の内容を詳しく見ていきながら検討してみようというのが本章の目的である。なお、関連する事項について栄左衛門宛以外の書状にも触れていることを断っておきたい。

ただし、多くの差出人たちからの書状を史料としているため、不正確な解読や内容解釈があるのではないかと危惧している。それらの点はご海容いただき、不十分な点は今後の研究によって補正していただければ幸いである。

一　久米栄左衛門と高松藩士

吉本弥之助

久米栄左衛門宛書状の中には高松藩士からの書状も多くあるが、久米栄左衛門と深く関わりをもっていた高松藩士として、栄左衛門宛の書状が一番多いのは吉本弥之助で、四〇通が残されている（ほかに包紙一〇）。吉本弥之助は吟味人の役にあり、当時財政担当の下層藩士であったが[4]、坂出塩田の築造に直接関係する普請方目付の職にあり、栄左衛門との緊密な連携をとりながら、塩田築造経費の藩からの支出に当っての担当となっていた[5]。

吉本弥之助と久米栄左衛門の関係については、前掲の拙稿ですでに史料を紹介しているが、それら以外に両者の緊密な関係を示す史料として次のものがある[6]。

（前略）、少々身分引請心痛之義出来困り入居申、罷出候而御相談之上、相願度義共奉存候へ共、兼而明日明後日頃ハ、御出掛被成候御様子ニも承知仕、行違相成可申哉と指控居申候、高松表江御出掛被成候へ者、造酒之助殿ハ勿論其外、御重役様江御出掛不被成内、一寸御咄申上御賢慮預申度義出来、昨夜ゟ甚心配仕居申候間、さそ〳〵米屋方御立宿と奉存候間、同人方へ御出掛被成候へハ、一寸其段御口達ニ而成共御聞可被下候、役所江罷出居候時刻ニ候へハ、御使之者役所へ被下候へ者、少し之間頼置候而、罷出候様可仕候、直ニ造酒之助殿へ御出掛相成候而者、私内々御頼申上度義、あとへんニ相成候間、此段御願申度以飛札申上候、尤一両日之内ニも御地御用多ニ而、御出掛も被成兼候義ニ候へ者、御様子次第内々夜分御地江罷出、委ク御願申上度奉存候、全私身分之用向ニ付、罷出相願候義ハ勿論の義ニ候へ共、幸御出掛も被成候御義ニ付、願クハ御出奉待上候、（後略）

内容を簡略に述べると、相談したいことがあるが、栄左衛門が明後日ころまでには高松へくるということなので、高松で待つことにする、年寄（家老）に次ぐ奉行の地位にある堀造酒之助はじめ重役中に会う前に、吉本より栄左衛門へ話しておきたいことがあり、場合によっては夜分に坂出へ栄左衛門へ会いに出かけてもよいといっている。

余程栄左衛門が堀造酒之助らに会う前に、相談しておかねばならない重要な事柄があったのであろう。末尾に「御直覧済御火中可被下候」とあるが、他にもれては支障のあることだったのである。坂出塩田築造の財政的責任者吉本と築造現場の責任者栄左衛門という、公的な立場以上の緊密な関係を、この書状から読み取ることができるのではあるまいか。

吉本弥之助は財政面での坂出塩田築造の責任者であったため、築造中の塩田へ「見分」によく出かけていたことは、「兼而御申合之通、昨今之内ニハ郷普請奉行同道ニ而、為見分罷出可申」(7)、「明後四日出船ニ而、郡奉行始代官中塩屋方役人下拙義も、罷出申候間左様御心得可被成候」(8)、「為見分来ル十六日頃御地江罷越、三四宿致逗留、万々御相談可致と奉存候間、左様御心得可被下候、尤右日限迄、絵図出来候様致度奉存候」(9)などの書状の内容から確認できる。

そして吉本弥之助と関係の深かった人物に、年寄に次ぐ重職で藩の財政面の責任者であった奉行堀造酒之助がいる。堀は先に引用した吉本の書状にも出てきていたが、「造酒之助殿御直談被申度義有之候間、早々御出掛被成候様、御達可申旨被申聞候」とあるように(10)、久米栄左衛門と堀は吉本を仲介にして、直接に面談をする状態にあった。また堀のみならず、年寄の木村亘・筧速水も堀とともに塩田築造の「見分」に出かけており、栄左衛門は藩の中枢の人物とも気脈を通じていたといえよう(11)。

矢野束

吉本弥之助の書状に次いで多く、久米栄左衛門宛の書状二九通が残っているのが矢野束である。矢野は高二〇〇石の御馬廻番組に属しており(12)、公的な役職は明らかでないが、石高からすると高松藩では上級家臣である。矢野と栄左衛門との関係をうかがうことができるのは、坂出塩田の普請をめぐっての、「御普請も当年分御存念通り、御墓敷御出来ニ相成、先頃者汐留も無御障御出来之よし、龍神様ニも先生之被成候事者、能御承知被成候由、扨々御手柄之御義目出度奉存候」(13)、「御普請所先年之御絵図通り、少も違ひ不申岩の如キ御出来、扨々万人恐入申候、見事之御事と難有奉存候」(14)との矢野の言葉である。

そして久米栄左衛門が藩との関わりをもつ上で、矢野束が重要な助言をしているのを知ることができるのが、十

二月五日付の次の書状である。(15)

（前略）然者唯今松井氏寒気之見舞ニ参候而、いろ々々咄仕居申候内、一昨夜佐七郎方江御出之上ニ而御咄合候事、同人咄出し委敷承知仕候、先生ゟ御頼不被成と被仰聞候義者、矢張り御性之侭出義候、愚意ニも奉察候間、是者何分ニも先々佐七郎江、幾久重ニも御頼置被成候方、可然様奉存候、同人江者私ゟ猶宜様ニも申置御座候、（中略）御心中之義御咄も承り居り申候義ニも御座候者、年来之御存念一時ニ無ニ被成候事、是亦御智慮之害イ致候事哉ニ奉存候間、何分ニもならぬ堪忍するかかん忍ニ而、御先祖様方へ之御孝意者、此度之処ニ而御貫之義ニも御座候者、松井佐七郎方へ亦々御出被成候而、御無調法ト御申候而も、余人ニ而者決而出来不申候義ニ而も御座候者、例の御短気、ケ様所ニ役人衆か入ル所ニ而御座候間、松井氏江御頼ハ不被成候と御申切被成候義、愚意ニ者不宜様奉存候、矢張り御頼被成候而、数年之御望通御成就可然奉存候、外江御相談御内念御頼被成候而、出来候而者、松井氏も先生江対し、心持も不宜様成行、御役人之荒川氏も松井へ、段々内見込も咄致義も在之候所、心得違ニ相成候而者、御役人之相談も無ニ相成候様ノ義ニ而、清助申出通り相成候而者、是全く上ゟ之御内談之聴不申候と申義ニも相当り、御望も暫時ニ相止候ニ相当り、童子の遊事之様ニ相成次第かと奉存候、返々御頼置被成候而、於私者宜奉存候間、乍憚異見申入度一寸相認申候、（後略）

長い引用になったが、書状のために何が問題となっていたのか、事情がつかめず解釈が難しい点はあるが、その要点を述べてみると次のようになろう。

矢野東のもとに「松井」（左七郎）がやってきて、一昨夜「佐七郎」（北村）と会ったところ、「先生」（久米栄左衛門）からは頼まれたものはないということを聞いた、矢野の考えでは佐七郎には頼み置いた方がいいと思う、矢野からも佐七郎へ申し伝えておく、松井がまた佐七郎のもとへ出かけるということであるが、松井へ頼まないということには矢野は反対であり、やはり松井へ頼んでこれまでの望みを遂げるのがよい、松井以外に頼んではこれまでのいきさつ上松井の立場も悪くなり、望みも叶うことができなくなってしまうことになろだろう。

解釈した要点の細かな点の妥当性はさておき、この書状は矢野東が久米栄左衛門の行動を配慮して、「異見」を伝えたものであり、「是全く上ゟ之御内談之聴不申候と申義ニも相当り」とあるように、栄左衛門と藩との関係にも関わりかねない事柄であったと思われる。そして矢野は栄左衛門の望みを達するには松井を通して北村に働きかけることを主張している。ここに矢野を通して栄左衛門が松井・北村とも関係をもっていたことがうかがえる。松井は米七〇石・御留守居番組[16]の中級家臣であるが、当時の役職は明らかでない。北村は高松藩の天保六年の砂糖流通統制に松原新平と参画し、ともに吟味役とされているが[17]、松原は吟味仮役として金八両・四人扶持であった[18]。多分北村も松原と同等であったと思われ、藩財政に関与する下級家臣であったろう。

松井左七郎

松井左七郎については久米栄左衛門宛の書状のうち、正月三日付の書状が重要な内容を含んでおり、以下の通りである[19]。

（前略）、爾者昨日帰宅早々、造酒之助殿へ参り、大坂一件三拾両之義申談之処、是者吉本弥之助□平《カ》殿取計ひ難出来由ニ付、然者指掛り銀札三拾貫目入用ニ御座候間、私仮手形ニ而、御金蔵ゟ御出銀被下候様達々右掛合、則チ請取指越申候間、御落《カ》掌可被下候

一鍵屋儀八弟義も、先月廿五日藤屋方へ参り、昨朔《マヽ》日此地出立ニ而、金毘羅へ斉藤次右衛門同道ニ而参り候由、尤鍵屋計りニ而、□《虫喰》村市左衛門者参り不申由ニ御座候

一私儀此節役前出之御番明ニ指支居申、早々ニハ難罷越御座候、尤指掛り候御用向、又ハ貴君様御帰宅等之義も有之候得者、早々罷越可申旨申聞候間、左様御承知被下候

内容は、昨日造酒之助（堀）に会って「大坂一件三拾両」について相談した、これは吉本弥之助では取り計らい

に及び難いので、当面銀札三〇貫目入用のため、松井の仮手形で「御金蔵」から出金して送ることにした、十二月二五日に鍵屋儀八弟（大坂商人。後述する）が藤屋方へ来ており、昨日斉藤次右衛門（矢野東の関係者。後述する）と金毘羅へ出かけている、近日中は坂出へは出かけられないが、急用のときは「貴君様御帰宅」（栄左衛門の馬宿への帰宅のことか）であれば、出かけることにするという。

「大坂一件三拾両」の詳細は明らかでないが、吉本弥之助ではうまくいかないということで、堀造酒之助を通して御金蔵から銀札三〇貫目を拠出させている。堀と吉本との関係は先述したが、両者にからんで松井左七郎の存在は無視できないことがわかる。

北村佐七郎

もう一人の北村佐七郎は久米栄左衛門宛の書状中で注目されるのは、「御用御座候間、此書状到着次第、早々御出掛在之候様可申進旨、奉行中ゟ御申聞在之候、此段申済候」との書状である。[20]文中の「奉行中」はおそらく堀造酒之助であり、急ぎ高松へ出かけるようにとの堀の命を伝えたものであり、堀と栄左衛門との連絡を直接とる立場にあったのではないかと思われる。

草薙正兵衛

このほか高松藩士である人物に草薙正兵衛がいる。[21]久米栄左衛門宛の書状の中に、「兼而御承知被成下候五拾貫目、最早相努申候間、御手形御指出被成候而宜御座候趣、弥之助殿ゟ申聞御座候間、則手形相認為持指上申候間、御印形被成下候様奉頼上候、右銀子請取申候ヘハ、塩代ニ引当五郎八方江、相廻し申候積りニ奉存候」とある。[22]以前から話しのあった銀五〇貫目が用意できたので、手形を提出するようにと吉本弥之助からあり、直ぐ手形を作成して提出したいので「印形」をお願いしたい、受け取りの銀五〇貫目は塩代引当として「五郎八方」へ渡すという内容である。

坂出塩田の財政責任者である、吉本弥之助から渡される銀五〇貫目の手形を、久米栄左衛門の印を押して提出するという草薙正兵衛は、吉本の下で築造工事や塩田経営の会計実務を担当する立場にあったと思われる。なお「塩代ニ引当」として五〇貫目を渡される五郎八（浜田屋）は、天保三年当時西新開の塩問屋であった。[23] 塩代引当とは塩問屋による塩の買い上げのことをいっているのであろうか。今後の検討課題である。

以上見てきたような久米栄左衛門宛の高松藩士よりの書状からは、栄左衛門の周りには坂出塩田の直接の財政担当者としての吉本弥之助、資金面から塩田築造に関与した矢野束と松井左七郎・北村佐七郎、それと草薙正兵衛らがおり、かれらと藩の財政を担当する奉行の堀造酒之助が塩田築造に深く関わっていた。そして藩政の担当の最高の地位にいる年寄の木村亘・筧速水が塩田築造を支援していた。もちろん藩主松平頼恕の了解があってのことであった。

二　「御金蔵」からの出銀

吉本弥之助

坂出塩田の築造経費は財政難の藩からは出すことができず、藩主管轄の「御内証金」からの支出と、札会所からの借用銀札に依拠したという。[24] 書状では「御内証金」は確認できないが、「御金蔵」という言葉は出ており、おそらく「御内証金」を扱っていたと思われる。先に引用した松井左七郎の書状の中に、銀札三〇貫目を「御金蔵ゟ御出銀被下候様」とあったが、その他に吉本弥之助の書状にみえる、次の二つの部分を紹介しよう。

・一今日五十貫目百蔵へ相渡置申候、御金蔵ニも大ニ指支居申候、金五十貫目者御断次第、御渡申筈ニ相成居申候へ共、其余者成尺御出銀春へ延せ呉候様申出候[25]

・（前略）、此度御金蔵ゟ五十貫目請取候筈之処、同処ニも甚指支、先三十貫目請取、跡弐拾貫目者預書ニ致、手元預置申候、依之金三十貫目上申候[26]

史料番号順に引用したが、前者は十一月廿五日、後者は十一月十二日であり、同じ年の関係した書状かもしれない。いずれにしろ「御金蔵」からの五〇貫目の拠出のことが触れられている。

この塩田築造の経費は簡単には確保できずに、吉本弥之助が尽力していることが次の七月六日付の書状から十分に理解出来る[27]。

（前略）兼而御断出御座候銀も、いろ〳〵工面致罷在候へ共、何程計ハ盆前ニ御渡申候と申義も、いまた相究不申、御地見計も可致候へ共、左候而者此元ニ而、銀才足の手抜ニ相成候事も御座候、今日も早朝六半申時分ゟ、右一件罷出朝支度も不致欠廻り、四つ時分ニ罷帰候処、留守へ此飛脚之者早朝ゟ参込、相待居候程之事ニ御座候、先今五十貫目之所を、漸今朝手当出来、明日明後ニハ手元へ請取之筈ニ成行申候間、其御積ニ而御使之者、御指出可被成候、兼而御申出之弐百貫目之為残、百貫目いまた一厘も手当出来不申、明日の当りニ尚又押返し御評義、何卒（カ）々少ニ而も御渡申度存罷在候、前顕之次第ニ付、迚も盆前ニハ難罷出御座候、（後略）

以前から要請されている出銀も盆前に渡せるかどうかまだ決まっていない、今朝も早くから駆けまわって先ず五〇貫目は確保できたので送るが、兼ねて申し出の二〇〇貫目のうち残りの一〇〇貫目についてはまだ手がついていない。明日の評議で少しでも渡すことができるようにしたいといっている。

また、「兼而米百石銀札弐拾貫目御渡可申処、宇足津御蔵所御有米も無之由ニ付、先米代之内五貫目評義済ニ相成、則銀札弐拾五貫目相渡候間、御請取可被下候」とあり[28]、米一〇〇石と銀札二〇貫目を渡す予定であったが、宇足津の米蔵には米がないので、米一〇〇石のうちの一部として銀札五貫目を足して、銀札二五貫目を渡すことにしている。

このようなことから、「御金蔵」から塩田築造の経費が出されていたのははっきりしているが、どの程度出されていたのかは明らかでない。あるいはまた藩財政の方からも一部経費が拠出されていたかもしれない。藩財政と坂出塩田の築造経費についても、今後検討してみなければならない。

草薙正兵衛

塩田築造の出銀に対して、吉本弥之助がどのように対処しようとしていたかを伝える内容の草薙正兵衛の書状がある。(29)

一盆後御出銀之義も如何相成候事ニ御座候哉、弥之助殿御咄ニ而も甚御六ケ敷、御手詰之御様子ニ承り申候、御普請所之義も御相談仕候所、先御奉行ゟ御申越之所尺ハ仕候而も、宜御座候哉之趣、尚其内御評義之上、御出銀御手当出来候得者、其由馬宿へも此方ゟ申通候様致候間、先其心得ニ而御普請所へ御出候様、弥之助殿ゟ御申聞御座候

（後略）

吉本弥之助

要旨は、「盆後出銀」については吉本弥之助殿の話しでは困難な様子であり、そのうちに評議の結果によって「出銀手当」ができたら、馬宿に吉本の方から連絡をするということである。当時の出銀の状況が吉本から草薙へ伝えられているのがわかるが、同時に出銀が円滑には行われていない様子が理解できる。

三　「大坂一件」

高松藩として坂出塩田の築造費が確保出来なければ、他にその財源を求めなければならない。その場合まず考え

られるのは大坂の商人からの借金であった。そしてこの借金はおそらく札会所から渡される藩札の「引当」に充てられるものではなかったかと思われる。大坂商人からの借金を様子を物語っている吉本弥之助の次の二通の書状を提示しよう。

・（前略）、此間松井氏迄、委ク御申越被成候大坂一件、（中略）、去ル十六日達々造酒之助殿へ申達、亘殿江も御同人ゟ御達ニ相成居申候処、昨日御借方御取計被成候様、御通し可申旨、造酒之助殿御申聞候、併岡三士郎大坂御屋敷御留守居加判と申義、尤次第奉存候、右ニ付来ル廿五六日頃、久保伝右衛門御内御用ニ付此元出船、大坂江罷越候ニ付、委ク同人江被申含、御留守居江も御通達被成筈ニ御座候、右ニ付御借入早々取計候様斉藤次右衛門迄、尚御手元ゟも御申越被成候義と奉存候、是迄御掛合之手続ヲ以、岡三士郎へ大坂御留守居ゟ歟、又ハ久保伝右衛門歟、両人之内ゟ掛合ニも相成候事故、一応貴所様御出掛、久保出船無之内ニ御直談も被成候哉、以後万々究の掛合も有之事故、篤と御考合可被下候、（後略）[30]

・（前略）、扨次右衛門罷帰候義ニ付、尚又伝（カ）右衛門ゟも委ク申出、其段造酒之助殿へも相達置申候、明日ハ万々落着可仕と奉存候、いつれ三人之者来ル廿日限迄ニ、出船仕せ可申積ニ而取扱居申候、左様御承知可被下候、且右御借入金調達致候へ者、此元江被取帰候御積ニ御座候哉、大荘之御金船中の難も如何と奉存候、依之御借入出来候へ者、大坂御屋しき江持込せ、御留守居又ハ勘定奉行預書、請取致候方可然哉奉存候、（後略）[31]

詳しい内容の説明は省くが、前者では「大坂一件」について先述した奉行堀造酒之助を通して、年寄の木村亘の了解のもとに「御借方御取計」が進められている。その際岡三士郎（後述する）を大坂屋敷留守居加判とし、借り入れを早急に進めるために、久米栄左衛門が大坂へ出かけることを要請している。後者では「（斉藤）次右衛門」が帰藩して造酒之助へ報告したが、その内容は「借入金調達」の件であり、借入金は現金でなく留守居か勘定奉行の預書で受け取ることを勧めている。

また意味内容が十分に理解できない点はあるが、一一月一九日付の吉本弥之助の次の書状から、久米栄左衛門が大坂調達に関係していることをうかがうことができる。[32]

（前略）、然者大坂一件ニ付、今朝庄屋罷帰ニ付、乍序一封上ケ、其節ハ御用多候へハ、御出掛及申間敷旨申上候へ共、相成候へ者一寸御出掛被下間敷哉、手切ニ相成候ニ付而者、尚万々跡入（カ）之新口之取計も有之候へ共、是以六かしく哉と奉存候、右ニ付而ハ、尚御了簡も可在之候哉と奉存候間、一応御出掛被成レ致度奉存候、此段得貴意候、以上

岡三士郎のことは大坂屋敷留守居加判に任ずるとあるように、大坂商人であることは間違いないが。岡に関しては十一月二五日付の吉本弥之助の次の書状がある。[33]

（前略）
一島□□　壱疋
一肴代金百疋　三士郎へ
一金五百疋つヽ　口入六人へ
右之通被下候段、御評義所中江申候間、次右衛門へ御通し、尤御手元御有金ニ而、御取更置可被下候、追而御渡申候様可仕候、（中略）
但、三士郎へ送候品者、御留守居ゟと御申出候へ共、矢張貴所様ゟ歟、又者罷越候義ニ付、次右衛門ゟ御指出せ被成候歟、右両様之内ニ御取計被成候様、造酒之助殿被申聞候
（後略）

評義所で岡への贈り物が決まったことに関するもので、大坂留守居からするということであったが、堀造酒之助は久米栄左衛門か斉藤次右衛門か、どちらかが渡すようにとの意向であった。なお贈り物の中に、「一金五百匹

つ、　口入六人へ」とあり、三士郎とともに六人の商人が関係していたことがわかる。

　　岡三士郎

岡三士郎についてはこれまでにも触れたが、三月十九日付の矢野東書状に、「一同人（斉藤次右衛門）江旧臘御渡し金子、岡三士郎書状仕上、御一覧も被下候義奉存候」とあり、[34]矢野はもちろん久米栄左衛門も岡と関係をもっていたことがわかる。

月日・宛名は記されていないが、久米栄左衛門宛と思われる岡三士郎の書状がある。[35]

　堺表中村市左衛門と申者、当時者惣年寄相勤申候、右同人者私方少々内縁之者ニ御座候
　同人事当時右於地
　　　海部屋市左衛門と
右支配人名前ニ而、諸問屋仕来候、依之砂糖御廻しニ相成候者、直段も少々者大坂ゟ相働可申歟奉存候、万一御廻しニも相成候者、御産物ニ被成候而、御廻しと相成候者、懸り物等も少々者違ひ可申歟ニ奉存候、□其又々金主も同人市左衛門へ誼候者、相働可申と奉存候
右之通相成而も、先別段ニ市左衛門へ被下物等無之而、相働可申候様、私ゟ掛合可申候、行先ニゟ少々者相願候筋も可在御座哉奉存候、先御内談被下度候

堺の海部屋（中村）市左衛門は岡三士郎の内縁のもので、堺の惣年寄、諸問屋の支配人であるが、砂糖を高松藩よりの産物として堺廻しにすると、大坂よりも値もよく売れ、掛かり物も少ない、そうなれば市左衛門と親しくしている「金主」も協力するだろう、このことについては三士郎から市左衛門に話して、高松藩として格別の配慮をしなくてもいいようにするので、内密に相談を行うことを進めているという。砂糖の堺廻しによって、堺商人から何らかの融通を受けることができるというのであろう。

先述の松井左七郎書状の中にあり、虫食いで読めなかった「□村市左衛門」はもしかすると中村かもしれない。そうすると鍵屋儀八弟はきているが、中村市左衛門は高松へ来ていないことになる。岡三士郎の書状にあるように堺物年寄で諸問屋支配人の中村市左衛門とも交渉が始まっていたのかもしれない。

斉藤次右衛門

先述の吉本弥之助の大坂調達を述べた部分の後半の冒頭と、岡三士郎への贈り物に関して名前のあった「次右衛門」は、斉藤次右衛門のことである。斉藤は矢野束とは懇意な状態にあり、矢野の書状に「牢人者の癖者ニ而御座候間、私使ひ居申候義ニ御座候」とあるように[36]、矢野の指示で行動していた。牢人とは武士身分であるが農村に住んでいる、いわゆる郷士である[37]。

四月二一日付の矢野束書状に「今日斉藤次右衛門罷帰候よし申聞候」とあり[38]、これは先述の吉本弥之助書状の「次右衛門罷帰候義ニ付」に相当するものであろう。但し斉藤の大坂行きは「次右衛門義内々大坂江罷出、右様御承知被下度奉存候」とあって[39]、内密のことであった。また矢野は斉藤の居所について、久米栄左衛門に対して吉本からの便宜を得るよう依頼しており[40]、栄左衛門も吉本や矢野を介して、斉藤次右衛門となんらかの交渉があったことがうかがえる。

とくに矢野束は久米栄左衛門に対して、「来月十五日頃内々登坂仕候様私まて申聞候、猶実々之所、次右衛門ゟも御聞置可被下候」とあるように[41]、斉藤次右衛門が登坂するので次右衛門との話し合いを要望している。このように「大坂一件」については吉本との関係も保ちながら、矢野、栄左衛門、斉藤が緊密な連絡をとっていたのではないかと考えられる。

ところで矢野束は三月十九日の書状で、宇足津で斉藤次右衛門と会い、「夫ゟ大坂人と同道ニ而ウブ砂通り」へ出かけている[42]。この大坂人とは誰であるかということであるが、先述した松井左七郎の書状に出ていた「鍵屋儀八弟」ではないかと思われる。そして鍵屋儀八弟は五月三日付の矢野の書状に、「則斉藤次右衛門ゟ別紙之通り返書ニ中越候間、飛脚ニ而も指出度程ニ奉存候、幸御普請所ニ御出之事ニ候ハヽ、鍵屋礒次郎へ御逢被下度奉存候、□御直々御掛合可然奉存候」とあり、[43] 鍵屋礒次郎のことでろう。矢野は久米栄左衛門へ鍵屋礒次郎に会うことを要請している。

引用史料中の矢野東宛の四月朔日付の、斉藤次右衛門よりの別紙は次のとおりである。[44]

（前略）、然者久米氏之義ニ付、委細被仰聞承知仕候、御同人御帰国候ハヽ、鍵屋礒次郎義も何卒掛御目度由ニ申候間、乍御面倒急便ニ御聞合被下□□、坂出御普請所へ御出張も可有御座候間、来ル五日まてニ同所へ御出被下候様致度、礒次郎義六日乗船被帰可申哉ニ奉存候、右日限久米氏御繰合相成、御逢被下候様宜敷御伝達奉頼候、（後略）

斉藤は久米栄左衛門が帰ってきたら（当時栄左衛門がどこへ出かけていたかは不明）、鍵谷礒次郎も望んでいるので、五日までに坂出にくることを要望している。

なお八月六日付の矢野東の書状の中に、「夜前も次右衛門私宅江罷出咄候内ニも、高松江段々金銀銭等池田屋方江沢山大坂ゟ参候よし、若し先生御模様ニ而御入用ニ無之と、被仰聞候様ナ事ニ相成候而者、こふ池江対し相済不申候と次右衛門申聞候」とある。[45] 斉藤次右衛門の話しを矢野が伝えたものであるが、この中に「こふ池江対し相済不申」とある。「こふ池」とは大坂の両替商鴻池のことであろうか。今後の検討を俟ちたい。

四　大坂商人との関係

島屋文蔵

以上述べてきた「大坂一件」の内容を踏まえて、久米栄左衛門と関係をもっていた大坂商人たちの書状について検討してみよう。まず十一月十日付の栄左衛門宛の大坂商人と思われる島屋文蔵の次の書状を示そう。[46]

（前略）、然者此度三千両元利御返金之趣、小西屋利兵衛方ゟ申来候、右ニ付銀主共へ通達ニ相及候処、彼者共手元へハ内聞ニ而居（ママ）へ置呉候様、文通御座候、銀主共申出候ハ、先つ同道仕利兵衛申分承り候上、私共申談之上被仰付之趣、御請可仕候段申出候、此段御含被仰付御取計被遊可被下候、（後略）

調達金の三千両の返済を小西利兵衛から連絡があったが、銀主は利兵衛から理由を聞いて相談して、了承したいといっていることを栄左衛門へ伝えている。三千両の調達金はおそらく塩田築造関係の経費に充てられたのであろう。小西屋利兵衛は山田郡の元山村甚助とともに島屋文蔵の書状の宛名にもあり、[47]高松藩の商人であろうか。

この三千両の六か月間の「口銭」は次のようになっていた。[48]

一金拾八両
　但、三千両六ケ月之為口銭頂戴仕申候
内金弐両弐歩　小西屋利兵衛へ相渡ス
同　壱両弐歩　元山甚助へ相渡ス
同　弐歩　処々御樽代
同　壱両壱歩　道遣イ人足日用
内合五両三歩

残而金拾弐両壱歩　私手取

右之通是迄毎年仕来居申候処、相違無御座候、以上

口銭金一八両から小西屋利兵衛・元山甚助への渡し分等の残り金一二両一歩が島屋の取分であった。

この島屋文蔵は理由は明らかでないが、「然者先達而、倅ヲ以御願申上候御国内御出入御指留被仰付候義、何卒宜敷御取計ヲ以、御免被仰付候様奉願上候」とあるように、高松領内への出入りが禁止されており、その許しを願い出ている。そして「若又金子御借受被遊義被成候御義も御座候得者、御懸合申上度奉存候得とも、前段之次第ニ付其義仕かたく御座候、日根蔵（カ）□抔之銀主位ニ而者、中々大数之取計ハ出来不仕候儀ニ而、銀主申談之儀者、私共手元ニハ数軒御座候ニ付、色々手段も可有御座候」と、調達金には協力することを伝え、「御国内御出入御指留」の考慮を求めている。[49]

松山小兵衛

次に久米栄左衛門と松井左七郎宛の、大坂商人とおもわれる松山小兵衛の書状を、長文になるが重要てあると思われるので引用しておきたい。[51]

要用之覚

一永井氏御出帆後、早々金主方仲人之者、御面会申度由申出候旨、岡氏ゟ引合可申旨、任指図□□得と承り、都合宜敷御同慶奉存候、御国借用主早々登坂有之候様、御取計ひ奉待居申候、私儀も長逗留仕候而者、失却等も入増申候間、旁早々落着仕候様宜敷奉存候

一ケ条書帳面ニ而申上候、岡氏存念御内談申上候、御講企之一条達々御談申上呉候様被申、当所ニ而承合候処、諸家様ニも御講出来御座候由、近年ニ者紀州様并酒井讃岐守様ゟ其余、諸家方ニ色々御仕法ニ而、御講出来居申由、此度御内談奉窺候通、御重役御方々御講御企之思召ニ御治定も御座候ハヽ、御講取組之一条書私受取、

早々罷帰候様可仕候、御国ニ而四口程、大坂ニ而一口ほど出来致せ度由ニ御座候、当所表之義岡氏諸事相働キ可申由ニ御座候、左候ハヽ、乍恐御上御世帯向之義ハ御評判等行直り、不時御借入等御座候節共、銀主等何程も出来仕候様罷成申由、呉々も乍恐御益筋眼前ニ御座候様ニ、相考申由ニ御座候、旁以得と御考弁御治定之所、其答奉待候

一御国御領分中ゟ年々大坂積廻申候砂糖、余国江積下り申候歟、是迄堺江者積登候義無御座様ニ承申候、今年ゟ同所江も少々宛ニ而も相廻り候ハヽ、大坂ゟハ相庭凡弐厘も上り可申哉ニ相考申由、御郡々江御触出し御座候而、凡砂糖何千斤位ハ堺へ積登被仰付候義ニ者、罷成申間敷哉、若又左様相成不申候ハヽ、先舟三艘分計り砂糖御買上ニ相成、積登し被仰付候様御取向も被成間敷（哉脱カ）、左候ハヽ、堺惣年寄中村惣《市》左衛門、右砂糖舟引請小越（ママ）中仕賃等入レ不申売捌、直ニ仕切代銀相済せ申候由、尤御国御用舟印相立候様ニ、御取向可然由ニ御座候、依而者右同人□奉行へ御国砂糖少々引請売被仰付候段相達置申候、右御取向ニも相成義ニ御座候ハヽ、同所惣《市》左衛門ゟ御用金先四五千両位差出候様、取向ニも可相成由ニ御座候、御序ニ此一条も達々御相談為被在候様奉存候、此等之趣委細申述度奉存候へ共、愚筆文言前後可仕、兎角御推覧被下候様奉頼候、右御内用可得御意如斯御座候、恐惶謹言

九月十六日認　松山小兵衛

定□（花押）

久米栄左衛門様

松井左七郎様

尚以、本文申上候堺表ニ而砂糖売捌之義、私存知不申義故、岡氏へ別紙荒方相頼認被申候間、則入御覧申候、急度御賢慮之上御治定之所、被仰聞可被下候、以上

この「要用之覚」の内容は三点に分けられる。まずは「岡氏」の引き合いにより「御国借用主」が早々に大坂へ

出かけることをいっている。岡氏とは岡三士郎のことであり、松山小兵衛が岡と関係をもっていたことがわかる。

二点目は岡三士郎の「存念」は「御講企之一条」の検討であるという。大坂では大名の中で講を行っている者も多く、高松藩でも「御講取組」ということであれば、その「一条書」を受け取って早々に大坂へ帰るつもりである。この講の実施によって、「御上御世帯向之義ハ御評判等行直り」、「御益筋眼前ニ御座候様ニ、相考申由ニ御座候」と、藩の財政によい影響を与えるという。この講が具体的にどのようなものなのかは明らかでない。

三点目は高松藩産の砂糖についてである。大坂へ砂糖を積み送っているが、堺へ送れば大坂より高くうることができるので堺へ砂糖を送ることはできないか、堺の惣年寄中村惣（市）左衛門は仕切代銀は直ぐに済ますように述べている、そして砂糖の堺送りが実現したら中村惣左衛門は御用金を先ず四、五千両差し出すといっている、なお堺での砂糖売り裁きの件は岡三士郎に頼んでまとめているので、それを提出しておくというものである。

岡三士郎への贈り物について、堀造酒之助が指示していたことは先に指摘したが、堀の了承のもとに、久米栄左衛門と松井左七郎らは松山小兵衛・岡三士郎・中村惣左衛門らと交渉していたことがわかる。

多田屋新右衛門

また三月十六日付の野口（浜田屋）五郎八宛の多田屋新右衛門の書状がある。この中に「尊地鵜足津浦御供田新開之義承、当所鍵屋儀次郎殿方ニ而、金子調達も出来候哉之刻」とあり、先述した鍵屋儀次郎は宇足津の新開計画に関係していたことがわかる。[52] 多田屋自身も「此度久米栄左衛門様坂出浦新地御成就□故、一山《（マヽ）》和順御頼も有之候得ハ、御取掛も被成下候段、夫ニ付右様相成候上ハ、金子千両計之処加判可致哉、委細御内々御尋向候旨、逐一承知仕候」とあって、野口五郎八を通して調達金を要請されていた。「当所鍵屋儀次郎」とあるように、鍵屋は大坂商人であり多田屋も大坂商人であったと思われる。

北端治右衛門

この多田屋新右衛門に関しては、御普請方幸兵衛宛[53]の北端冶右衛門の書状に、「且又大坂一件先夜新右衛門殿御申こし、私委細者承知仕候」とあって、北端冶右衛門も多田新右衛門を介して「大坂一件」となんらかの関係をもっていたようである。なお北端冶右衛門は「尚々御序も御座候ハヽ、高松矢野様并ニあやのやへ、呉々宜被仰遣可被申候、此段分而御頼申上候」といい、先述した久米栄左衛門と近い関係にあった高松藩士の矢野束とも知り合いであった[54]。

松本安兵衛

今まで述べてきた商人は大坂の商人に関することであったが、江戸の商人へ調達を働きかけたことを示しているのが、次の松本安兵衛の久米栄左衛門宛の書状である[55]。

一筆啓上仕候、寒冷之趣候得共、愈御勇健ニ被成御座候由、珍重之御義ニ奉存候、当方相替義無御座候、然者此度新浜金談之義、江戸屋七兵衛殿江委細ニ被仰下承知仕、則本家十次郎方へ右之段相談仕候所、度々被仰下候義ニ而、可相成義ニ御座候ハヽ、出金仕度候得共、何分ニも遠国之義ニ而、手元行届兼候ニ付、節角被仰聞候義ニ而、御季(ママ)毒ニ者奉存候へ共、御断申上候様申聞候ニ付、無拠御断申上候、尚委細者右七兵衛殿へ申上候間、よろしく御聞取(カ)可被下候、尚又此度右新浜塩久米屋大通丸へ積入、浦可(賀)迄無事着仕、同所ニ□□六分かへ商内いたし候由、当地も此節諸塩共引(カ)配よく相捌候得者、当地へ乗込候ハヽ、今少々も直段よく相捌可申ニと、残念千万ニ奉存候、尚又此後積入之船着船仕候ハヽ、□□出情可仕、此段宜敷御承引(カ)可被下候、先者右御返事旁申度如此御座候、恐惶謹言

十一月八日

松本安兵衛　〈金受取　久塩問屋　銀不用〉

松本安兵衛は江戸の塩問屋である。江戸屋七兵衛から「新浜金談」について話しがあり、「本家十次郎方」に相談したが、「何分ニも遠国之義ニ而、手元行届兼候ニ付」として、調達を断られている。引用した史料の後半に、新浜塩が引田の久米屋の大通丸で運ばれて、浦賀で売り捌かれていることが記されており、江戸へ送られてくれば協力するといっている。

坂出塩の江戸廻送については、久米栄左衛門は坂出の新浜塩が生産される以前から、塩を江戸へ運び江戸藩邸の費用に充てる江戸廻金とすることを主張しており、坂出塩田か完成すれば、一万両の江戸廻金を見込むことができるといっている[56]。

中村茂兵衛

居所は不明であるが、久米栄左衛門宛の中村茂兵衛の書状に坂出新開に関する記述がある。茂兵衛の意見は、「扨東新開御目論見ニ付、金子調達之趣法之儀御尋被下候処、此儀野生存付候儀ニ而者無之、先達而塩浜一覧仕罷帰り候節、御国御新開多分御物入、尚また是迄出来立候塩浜夫々主附、金子御融通も有之候ハヽ、東新開被成度思召之段相咄し候所、夫者御趣法御次第ニ而、随分金子者相調可申候間、弥思召御座候儀ニ候ハヽ、随分御相談仕可申候様申事」と[50]、新開の築造には多くの経費がかかり、東新開についてはある程度の経費が確保できれば、協力することもあるという。東新開築造時には坂出塩田の成否に懐疑的であったのがわかる。

五　領民からの築造協力

南野村五郎兵衛

高松城下の商人からの塩田関係の経費調達を示す書状は見当たらない。城下以外からの調達を示す断片的なものとして、宇治屋忠左衛門（岡田。志度村庄屋）の書状に「先達而柏野屋へ預ヶ有之金二百両手形、今日為持上申候間、御引替へ被成可被下候」とあるように、[57]東新開塩問屋となる柏野屋五左衛門への金二〇〇両を預けている。また大内郡南野村五郎兵衛が使甚兵衛を久米栄左衛門のもとに遣わして、「此度金七拾両を、此人ニ御渡し可申候、右之金子御請取御こし可被成候、右之段申上候」と伝えており、[58]五郎兵衛の七〇両の調達がある。また差出人不明の書状に「先日御相談御約束之金取合、漸四百五拾指上申候間、御手落可被下候」とあり、[59]金四五〇両の調達が行われている。

五郎兵衛については金三〇両の返済を求める書状を久米栄左衛門へ出している。[60]

（前略）然ハ右御用立申候正金之儀ニ付、段々手つかえ仕候故、何卒御返し可被下候様奉頼上候、若御手元様ニ御廻り合不申候得ハ、右引田清左衛門殿へ申上候通、三十両代銀御渡可被下候、偏ニ奉頼上候

覚

一金拾両

三三かへ　代三貫三百目

一弐拾両

参七かへ　代七貫四百目

〆拾貫七百目

右之通御願申上、此頃銀札入用之時分故、事外さしつかへニ相成候故、残り金も銀札ニ而御引替も被下候様御頼申上度、右様ニ而渡申入候間、近々御かへし可被下候歟、叉ハ銀札ニ而御返し被下候歟、急度奉願候

銀札が入用の時分であり「事外」差し支えているとして、取りあえず三〇両、銀札にして一〇貫七〇〇目の返済を求め、残り分についても銀札での返済を要望している。五郎兵衛が久米栄左衛門へ調達した金額は明らかでない

が、南野村の富裕な農民であったことは間違いない。[61]
なお天保三年に当時西新開塩問屋浜田屋五郎八が金一七〇両、東新開塩問屋柏野屋五右衛門が金五両・銀六貫一五〇匁を調達している。[62]

こうした個人の塩田築造の金銭的な協力とは別に、久米栄左衛門は次のような郷中や城下への経費負担を計画していた。[63]

矢野東

（前略）、無拠此度者人足扶持米と〆、村高百石ニ付当秋出来米之内ニ而、壱石つゝ之割ニ、二ケ年之間借米被成候而、急々御開発被成度由、猶ヲ返済之義者、五ケ年之後右御新開之御利益銀、又ハ御年貢米ニて流用ニ而も、勝手次第ニ返済可致候、（中略）、右之外ニ町方ニ而も郷中同意之御触ニ而、大汐留入用銀ト〆、二ケ年之間三〇〇両宛御借金御済被為下候得ば、西新開塩浜出来残之分モ悉塩浜ニ仕立、（後略）

二年間に郷中には村高一〇〇石につき米一石の「借米」、城下町には三〇〇両の「借金」を行うことを提案している。この「借米」・「借金」が実施されたという史料は見当らない。

「於坂出浦新地開発」が始まった文政九年七月に、阿野郡南の大庄屋片山庄太郎と水原平十郎は「御大荘御様子ニも承知」しており、郡中の百姓を手伝いに出したらどうかと、各庄屋へ提案したところ、庄屋は百姓と話し合った上、同意の旨大庄屋へ返事した。この結果大庄屋は、「人夫凡五千人計ハ出方出来可仕哉ト奉存候、不苦御義ニも御座候へハ、農隙之節御遣方被仰付被為下候ハヽ、一同難有奉存可申義ニ御座候」と、内々に藩へ申し出ている。[64]

また三月十九日付の矢野東の書状に、「一実家ニ而承り申候、阿野郡ゟ坂出御普請所御手伝ニ、人夫五百人指出候由ニ而、村々申合居申候よし、私考ニ而ハ宇足津かとも奉存候」とある。[65]矢野は実父見舞に滝宮に出かけたことを示す書状があり、[66]ここにいう阿野郡とは阿野郡南であろう。先述の大庄屋による人夫五千人動員とは別であろう。

差出人・宛名の記載はないが、久米栄左衛門宛の矢野東と推定される書状に、「然者阿野郡之百姓共ゟ銀札八拾貫目、御普請へ指出者何そ御手伝ニも相成候哉、少々望之者有之申出候間、御考置可被下候、外ニ壱人大庄屋ゟ御目見相望候者御座候、是も八拾貫目指出度由、折々望在之候義ニ御座候間」とあり[67]、阿野郡（南か）の百姓のうちで銀札八〇貫目を塩田普請に提供したいというものがおり、また大庄屋一人がお目見を願って、同じく八〇貫目を拠出したいと願っているという。

こうした郷中や城下町への負担の賦課、農村からの人夫の提供、塩田築造の資金提供が実際にどの程度行われたのかは明らかでないが、坂出周辺の農民が塩田築造への協力姿勢を示していたことには注目しなければならないであろう。

久米栄左衛門は「近年御世帯向キ必死と御指支、是迄百姓始メ町人迄色々過役ヲ掛ケ候得共、御指配り行たり不申、何卒此上者新開等ヲ築立、此御利益銀ヲ加へ指配被成度」と[68]、藩の財政難の解決を農民や町人への「過役」ではなく、「新開等ヲ築立、此御利益銀」つまり新財源の創出によって行うようにいっている。

おわりに

以上、久米栄左衛門宛の坂出塩田の築造経費に関すると思われる書状について検討してきた。これまで坂出塩田については栄左衛門の功績が大きく取り上げられてきているが、栄左衛門を支えた高松藩士がおり、かれらは高松藩からはもとより領外の商人たちから、塩田築造の資金の確保のために尽力しているのが理解できる。そして実際にかれらと交渉をもった、大坂をはじめとする商人たちがいたことも明らかになった。

ただし大坂などの商人たちから具体的にどのような資金協力があったのかまでは書状の検討からは不明である

が、先述した大坂商人の岡三士郎からの書状によれば、砂糖を堺へ廻送するようになれば、堺の惣年寄で諸問屋の支配人である中村（海部屋）市左衛門の尽力で堺の商人からの協力が得られるであろうという。堺へ砂糖を積み送り、堺商人との結びつきによって資金を確保しようとする動きがあったことは注目されよう。

坂出塩田で生産された塩は久米栄左衛門の計画では、江戸へ積み送られて高松藩江戸藩邸の経費の一部として、「江戸廻金」を考えていたのであり、実際に江戸へ積み送られていたことも確認できる。しかし江戸送りだけではなく、塩田築造の資金を大坂商人から得るために、大坂での坂出塩の売り捌きも働きかけていた。

天保三年から五年の間と思われるが、当時西新開仮塩問屋であった浜田屋五郎八と同じく東新開仮問屋の柏野屋五左衛門は、大坂へ出かけて大坂の塩問屋たちと坂出新開塩の大坂積み送りについて交渉しているが、大坂塩問屋の意向を確認することで終わっている[69]。これは大坂へ塩を積み送ってその代金を得るか、或いは積み送り塩を抵当にして大坂商人からの調達を計画していたのかもしれない。いずれにしろ大坂商人との資金交渉を窺わせる背景には、坂出塩の大坂での売り捌きが考えられていたのである。

本稿では坂出塩田の築造資金に限って、久米栄左衛門宛の書状を取り上げたが、坂出塩田築造には工事技術の習得、工事に必要な技術者としての石工の動員、堤防を築造するための石の確保など、これらがどのようにして解決されたのか、坂出塩田築造にはまだ多くの解決すべき問題が残されている。久米栄左衛門宛の書状の中にこれらに関する書状もあると思われ、今後も久米栄左衛門宛の書状の分析が期待されるところである。

なお、最後にこれまで触れてきた久米栄左衛門宛書状の内容等から、栄左衛門を取り巻く人間関係を参考までに図示しておく。

久米栄左衛門宛書状にみる人間関係

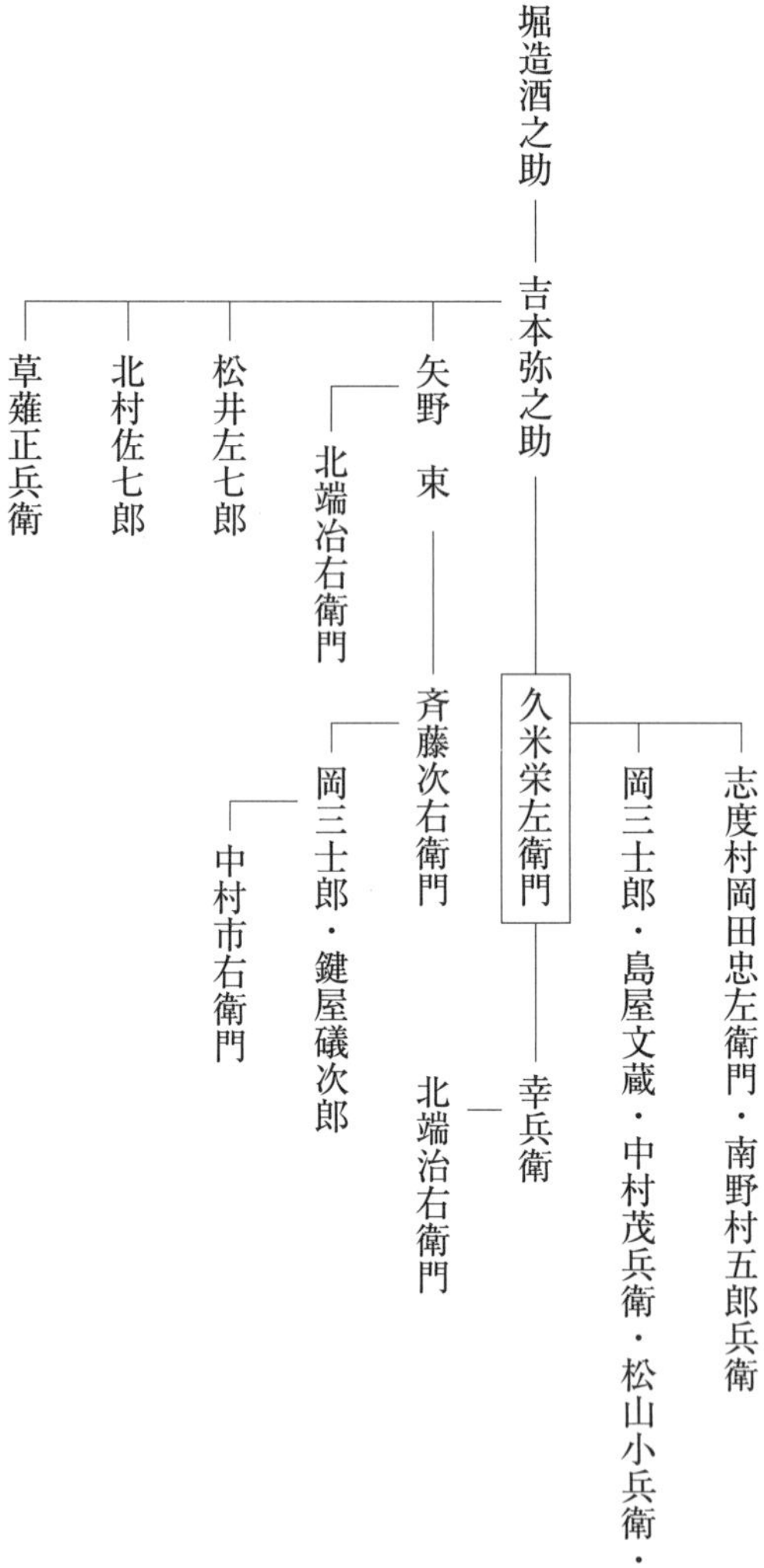

注

（1）資料番号・B—八二。資料番号は『久米通賢に関する基礎的調査・研究成果報告書』（研究代表者松村雅文香川大学教授。二〇〇六年）中の「鎌田博物館文書資料」の番号である。以下番号のみを記す。

（2）拙稿「高松藩と坂出塩田」（拙著『近世後期讃岐の地域と社会』所収。美巧社、二〇一二年）。

(3) 前出の『久米通賢研究成果報告書』では殆どの書状が「資料目録」のDの項目にあり、「目録」で書状としているものだけでも、少なくとも二五〇通余となっている。高松藩士や高松城下の商人、藩内の農民ら、また各地の人々からの書状が含まれている。
(4) 拙稿「高松藩砂糖統制と久米栄左衛門」(拙著『讃岐の藩財政と国産統制』所収。溪水社、二〇〇九年)。なお前掲拙稿「高松藩と坂出塩田」で吉本弥之助の久米栄左衛門宛の書状は三九通と述べたが、本文のように訂正したい。
(5) 前掲拙稿「高松藩と坂出塩田」。
(6) D—九七。
(7) D—九九。
(8) D一二五。
(9) D—一九六。
(10) D—二六四—四五。
(11) 前掲拙稿「高松藩と坂出塩田」。なお、文政七年から木村亘が年寄となり、翌年には「御世帯」とある。同七年に奉行に堀造酒之助の名がある。同九年には「御世帯指加」として筧助左衛門(速水)が年寄となっており、堀造酒之助も「御世帯指加」とされている。そして天保八年まで筧速水、翌九年まで堀造酒之助の名があり、木村亘は嘉永二年までその名がみえる(徳山久夫氏作成「高松藩役人一覧」〈「御用日記」より作成〉『阿野郡北青海村渡邊家文書目録』。瀬戸内海歴史民俗資料館、一九七六年)。
(12) 「高松藩役付」(松浦文庫。瀬戸内海歴史民俗資料館蔵)。
(13) D—四。
(14) D—一一〇—二。
(15) D—四六。
(16) 前出「高松藩役付」。文政一二年から天保三年まで五人の代官の中に名がある(松本左一郎ともあるが、左七郎であろう。前出「高松藩役人一覧」)。
(17) 『増補高松藩記』三八一ページ(永年会、一九三二年)。
(18) 前出「高松藩役付」。

(19) D―一六八。
(20) D―二六四―三九。
(21) 川畑進・津山喜市共著『西光寺支坊と久米通賢翁の墓』（坂出史談会。一九五二年）には、草薙正兵衛について、「調査すれど不明、西光寺支坊建立、又ハ久米翁の遺業を継ぎし藩士と思わる。安政五年八月二十四日没。法号、専誉導居士、西光寺支坊に位牌あり」とある。米屋「御用留」（坂出大橋記念図書館蔵）の天保九年十一月条に、坂出村庄屋阿賀正右衛門の出した書類の宛名に、草薙正兵衛・野上甚二郎とあり、役職は不明だが髙松藩士であるのは間違いない。
(22) D―九八。
(23) 前掲拙稿「高松藩と坂出塩田」。
(24)『増補高松藩記』三五二ページ。
(25) D―二五二―一。
(26) D―二六八―三。
(27) D一九〇。
(28) D一六七。
(29) D―一四二。
(30) D―一九四。
(31) D―二六四―八。
(32) D―一九七。
(33) D―二五二―一。
(34) D―一一〇―二。
(35) D―六七。
(36) D―二六四―六三。
(37) 高松藩では牢人を郷中帯刀人ともいい、近世中期になると郷中住居家来・郷騎馬・他所牢人・代々帯刀・一代帯刀・牢人株などがそれに当たる（拙著『藩政にみる讃岐の近世』一〇四・一〇五ページ。美巧社、二〇〇七年）。斉藤次右衛門がどのような性格の牢人なのかは明らかでない。

(38) D—九〇。
(39) D—九〇。
(40) D—一一〇—二。
(41) D—一六五。
(42) D—一一〇—二。
(43) D—一三一—一。
(44) D—一三一—二。
(45) D—二六四—六三。
(46) D—五一—一。
(47) D—五一—二。
(48) D—二六。
(49) D—五一。
(50) D—一〇四。
(51) D—九四。
(52) D—二六三—二。宇足津の新開については坂出塩田の完成後に着手する予定であったとあるが（『讃岐偉人　久米栄左衛門翁』二〇・二一ページ。鎌田共済会、一九六四年）、坂出塩田の築造と同時期にすでに計画されていたのであろうか。
(53) 宛先の御普請方幸兵衛は久米栄左衛門宛の書状の中によく出てくる人物であるが、どういう立場のものか詳細はわからない。栄左衛門のもとで坂出塩田築造の普請方で実務を担当していたのであろう。塩田築造に重要な役割を果たしていたことに間違いはない。
(54) D—二六三—四。
(55) D—一一。
(56) 前掲拙稿「高松藩と坂出塩田」。文政十一年の「乍恐口上」には、「廻船ニ而江戸積専らトして乍恐追々廻金之補ト相成候へハ、重々難有仕合」とある（「経済元録記」〈『坂出市史　資料編』〉、「東新開諸積心覚」〈『香川県史9・近世史料I』〉）。また「経済元録記」には「江戸塩問屋名前」として「北新堀松本重三郎・永島屋松之助・渡部・秋田」が上げられている。

三新開の完成から間も間もないと思われる頃には、「坂出新開之義者、（中略）、元来江戸積廻之義専ニ致候積ニ而、江戸問屋中江積送り」とあって、江戸問屋との取引が行われていた（同、前掲拙稿）。実際に坂出塩を江戸へ送っていることを示す例として、文政十一年の九月に坂出浦塩問屋米屋佐次右衛門が引田の久米屋六左衛門の船で、江戸仲買衆中へ積み送った証文の写しがある（前出「東新開諸心積覚」）。なお詳細については、本書第四章の「四　久米栄左衛門の新開塩江戸廻送案」・「五　新開塩の江戸取引」を参照していただきたい。

(57) D—三六。

(58) D—二六四—九。

(59) D—一〇三—二。

(60) D—四七。

(61) 文政八年に高松藩では砂糖車の所持者へ「割当金」を課し、銀札と引き替えさせることにしたが、このとき大内郡の引替所の三か所のうちの一つに南野村百姓五郎兵衛の名があり（拙稿「高松藩の砂糖流通統制」〈拙著『近世讃岐の藩財政と国産統制』所収。溪水社、二〇〇九年〉）、当時大内郡の有力な資産家であったと思われる。

(62) 前掲拙稿「高松藩と坂出塩田」。

(63) 前出「東新開諸積心覚」。

(64) 「川東庄屋日帳」（『坂出市史　資料』）。

(65) D—一一〇—二。

(66) D—一六五。

(67) D—一七九。

(68) 「乍恐内存心積之覚」（前出「東新開諸積心覚」）。

(69) 「問屋中江掛合之始末」（D—六五）。

〔本章は平成十六・十七年度科学研究費補助金・特定領域研究Aの「科学技術黎明期資料の体系化に関する調査・研究『江戸のモノづくり』」中の「久米通賢に関する基礎的調査・研究」（研究代表者松村雅文香川大学教授）の研究成果の一部である。〕

第四章　高松藩坂出塩田の収納と新開塩の江戸送り

はじめに

近世の後期に入った文政七年に、当時高松藩の科学技術者として名声を上げていた久米栄左衛門は[1]、寛政元年に向山周慶によって製造に成功し文化の初めには江戸でもよく知られた、特産の砂糖に対する統制策とともに[2]、阿野郡北の坂出浦の沖を埋め立てて、塩田を築造することを高松藩へ建言した[3]。

坂出村は「瀕海に而田地少く人多く、百姓共渡世に難義致男女とも年若き者は、他村に奉公等に出候間弥以土地衰弊致」すという状況であったため、久米栄左衛門の塩田築造の狙いとするところは、「幸海中遠浅に有之候間開墾致候はヽ百姓共も立行村方繁栄に至可申、追々他国より入船も有之候はヽ、上下之利益不少」とあるように[4]、坂出村の経済的な成長、発展にあった。そして坂出塩田の築造によって塩生産が盛んになると、他国船もきて塩の取引が盛んとなり、「上下之利益」、つまり藩にとってもまた坂出村にとっても、利益を得ることができるという。

当時藩では財政難の折であったため、塩田の築造に反対であったが。藩主管轄の「御内証金」から出すことにして、文政九年に久米栄左衛門を普請責任者として工事に着手し、三年後の文政十二年八月に築造に成功したという。[5]

この坂出新開の築造は西新開・中新開（のち東新開）・江尻新開からなっていたが、塩田となったのは西新開と中新開であった。総経費二万両余で築造し、塩田竈家数七十軒、一か年の産塩三〇万俵余、この産塩からの上納金一八〇〇両余、畑九七町八反余で年貢三九七石余で、総収納高平均金三〇〇〇両余で、これから年中経費一〇〇〇両計りを引いた残り二〇〇〇両余が益金であったという。[6]完成した坂出塩田は新浜・新開と呼ばれた。

このように藩の史料ではこの坂出塩田からは漠然と二〇〇〇両余の利益があったというが、その具体的な内容についてはこれまで明らかでなかった。それは史料的な考察が不十分であったからではないかと思われる。したがって、久米栄左衛門関係史料[7]を中心とした限られた範囲内のことではあるが、できるだけ史料に即しながら、坂出塩田から藩へどのような形で収納が行われていたのかという点、また久米栄左衛門が当初から計画していた坂出塩田の新開塩の江戸への廻送、[8]そして坂出塩田で製塩に従事していた天保初年の製塩業者の状態などについて、検討してみようというのが本章の課題である。

一　久米栄左衛門の収納見積もり

坂出塩田の西新開は文政十二年八月に竣工したが、中新開は天保三年にほぼ完成しており、江尻新開は翌四年の末であった。[9]西新開の完成が近づいた文政十一年五月に、久米栄左衛門が完成から「五七ケ年後御国益」として、西・中両新開の収納を見積もった内訳が表1である。

両新開には釜家が六七軒前で、中規模の釜家一軒前の「地場料」（塩年貢）を一貫目とすると、全体では銀六七貫目となる。また「口銀」（塩運上）として、製塩高は一軒前六〇〇〇俵平均にして、一俵につき銀一分五厘を徴

表１　新開出来揃い五、七年後の国益入金

塩浜都合67軒前 　　此の地場料１ケ年分銀67貫目（１軒前ニ付１貫目ツ、下シ料　中用の下シ也） 　　口銀60貫300目（１軒前ニ付6,000俵の定法トして俵ニ１分５厘掛ケ） 　浜方収納銀〆127貫300目
外ニ畑方在畝110町余（高寄480石余、年貢米下シ作徳米共正米1,000石余）
浜方畑方収納辻１ケ年分3,000両計り
新開より出来物入金水揚の寄 　塩浜分1,005貫目（此の金15,400両余。釜家１軒前ニ付１ケ年分水揚ケ15貫目ツ、抨シの積り）
畑方実綿１ケ年分ニ2,000本余（此の金2,000両余） 　　雑穀の類14,500石余（此の金凡そ1,000両余） 　畑方金〆3,000両余
１ケ年分入金高 　浜方畑方合18,400両余
猶又後年ニ至り、溜池等の御普請ニより候得は、御年貢其の外色々御益多キ地面ニて御座候

「御新開出来揃五七ケ年後御国益入金之積り控」（文政11年５月）（「文政十年亥極月上旬　東新開諸積心覚」所収。『香川県史９・近世史料Ｉ』。香川県、1987年２月）より。

収すると、銀六〇貫目余を得ることになる。合計塩浜からは一二七貫三〇〇目余の収納があり、この外に新開にある畑方一一〇町余の年貢米・「下シ作徳米」の米一〇〇〇石余があり、浜方・畑方合わせて一か年金三〇〇〇両余の収納になるという。新開からの収納は地場料・口銀・畑方からの収納であったのがわかる。これらとは別に「出来物入金水揚」として、釜家一軒前の一年間の水揚げ銀一五貫目として六七軒前の銀一〇〇五貫目（金一万五四〇〇両余）、また畑方として実綿が二〇〇〇両余、雑穀類が一〇〇〇両余の計三〇〇〇両余があり、合わせて一万八四〇〇両余が計上されている。

同じ頃に久米栄左衛門が別に試算していたのが表2である。これでは釜家は西新開三五軒前、中新開が三七軒前で計七二軒前となっている。「下穴」は鹹水をつくる沼井である。沼井数が多いほど塩の生産量も多いことになる。両新開で一か年一軒前の製塩高は表1のそれよりほぼ三分一の二二〇〇俵と減っているが、製塩高は合計で一五万八四〇〇俵と

表２　三新開よりの収納辻の見込

西新開塩浜　釜家数35軒前　下穴4,625 中新開塩浜　釜家数37軒前　下穴5,118 　両新開下穴数　9,743
両浜共１ケ年分１軒前ニ付、塩2,200俵拼しヲ定法と見込み 　塩都合158,400俵 　　口銀　47貫520目（１俵ニ付３分ツヽ、両浜１ケ年分） 　　作徳銀　107貫173匁（両浜共下穴一つニ付毎年拼11匁ツヽト見込み。右は両浜ニて１ヶ年分の作徳銀なり）
両浜収納銀の寄せ　154貫693匁（此の金2,370両ト又銀64匁３分）
三新開畑方の寄せ、此の有畝100町余、下シ作徳米800石余見込み、代銀60貫目（石75匁更トして）
新開浜畑方共収納辻　金の寄せ3,294両と又銀４匁３分（銀の計214貫693匁）

「三新開惣出来御収納辻見込書上帳」（文政11年８月カ）前出「東新開諸積心覚」より。

なる。一俵についての口銀は倍の銀三分とされているが、口銀合計は表1の六〇貫目余から銀四七貫余に減っている。

一方「作徳銀」は両新開ともに沼井一台につき銀一一匁とすると、沼井全体で九七四三台で銀一〇七貫余となる。この作徳銀は表1の地場料に相当すると思われ、銀六七貫目から一〇七貫余と増加している。この結果両浜からの口銀・作徳銀の合計は一五四貫六九三匁となり、表1の浜方収納銀一二七貫目余よりも、ほぼ三〇貫目増加することになっている。表2ではこの外三新開の畑方が一〇〇町余あり、この「下シ作徳米」が八〇〇石余で、その代銀六〇貫目が見込まれている。

このように表1・表2の検討から、久米栄左衛門が考えていた新開からの直接の収納は、口銀、作徳銀と畑方収入であったのがわかる。表2によると「新開浜畑方共収納辻」として金三二九四両と銀四匁三分（銀にして二一四貫余）が計上されている。そのうち口銀と作徳銀が多くを占めているのがうかがえる。では坂出塩田完成後の実際の状況はどうであったのだろうか。

二　築造後の坂出塩田

坂出塩田は、「三新開出来上り天保四年巳年十二月」、「万々出来上り惣棟上御規式天保六年未年三月」とあるように[10]、天保四年末にはほぼ竣工し、同六年三月に最終的に完成している。表3は安政元年ころの三新開の収納に関する内容を整理したものである。西新開・中新開・江尻新開の「開発」や「汐留」の時期、堤防の東西南北の長さが記されているが、釜家数は表1・表2と違い、西新開が三三軒前、中新開が三七軒前となっている。

「塩口銀」が製塩高二七、八万俵から銀四九貫余の収納となっている。表2の作徳銀に当たる「冥加銀」が六四貫目余に減少している。作徳銀は両新開の下穴数九七四三を基にしていたが、表3では下穴に当たる「台数」は四八九四と約半分になっており、これが冥加銀が減少した原因となっている。塩口銀・冥加銀合わせて一一三貫目余の収納である。外に年貢米三九七石余があり、これを表2の石七五匁で換算すると銀約三〇貫目となる。

表3にみられる三新開完成後の実際の収納は、計画段階の表1・表2とは大分数字に違いはみられるが、表3による限り久米栄左衛門の見込んでいた収納であった口銀が銀四九貫目余、作徳銀にあたる「冥加銀」が銀六四貫目余の計一一三貫目余、年貢米の銀約三〇貫目の計約一四三貫目余が収納となる。全体では表2の「新開浜畑方共収納辻」銀二一四貫目余よりは少なくなっていると思われる。

「続筐底秘記」によると、三新開築造の総経費は銀一五七〇貫目余であり、完成した三新開からの浜方・畑方からの総収納は一ケ年銀一九〇貫目余であったという。表3から検討した収納金一四三貫目余とは相違があり、その収納金の根拠は明らかでないが、この総収納金から毎年銀六〇貫目を「普請初諸入目」に支払っても、残りの一三〇貫目余が毎年の純益金であったことになる。

表３　安政元年ころの三新開

	西新開	中新開	江尻新開	計
開発 汐留	文政９年５月 文政９年10月	文政12年２月 文政12年９月	文政12年２月 文政12年３月	
沖堤	東西660間余 南北514間余	東西621間余 南北562間半余	東西326間余 南北513間半余	東西惣長1650間余
釜家数	33軒（内28軒・石炭焚、５軒・松葉焚）	37軒（内33軒・石炭焚、４軒・松葉焚）		惣釜家70軒（内61軒・石炭焚、９軒・松葉焚）
台数	2,204台（釜家１軒ニ付60台より78、9台迄）	2,641台半（釜家１軒ニ付67台ヨリ87、8台迄）		4,845台
畑畝数	33町６反６畝15歩（内５町７反18歩　永捨・当引）	37町５反３畝３歩（内10町５反３畝６歩　永引・当引）	26町６反１畝歩（内２畝15歩永引）	97町８反３畝18歩（内15町６反３畝９歩　永引・当引）
年貢米	167石９斗５升（１反ニ付９斗ヨリ１斗６升５合迄　下シ）	68石３斗７升６合（１反ニ付８斗ヨリ３升迄　下シ）	161石８升（１反ニ付７斗５升ヨリ１斗６升５合迄　下シ）	397石４斗６合
出来塩高				27、８万俵（１軒前１ヶ年4,000俵計、１昼夜凡25俵ツヽ）
塩口銀				49貫169匁２分８厘
冥加銀				64貫357匁２分１厘
塩口銀・冥加銀〆				113貫526匁４歩９厘

「続筺底秘記」（香川県立ミュージアム蔵）より。

表４は表３の安政元年から一二年後の慶応二年の坂出塩田の状況を整理したものである。「開発」・「汐留」・「沖堤」・「釜家」・台数ともに表３に一致している。ただし石炭焚が表３の時よりも増えて、松葉焚は西新開の一軒前だけとなっている。「畑畝数」も大きく変わりはないが、年貢米が少し増加している。製塩高は慶応三年九月から翌年九月までが、二六万四二五一俵余と

表4　慶応2年の三新開

	西新開	中新開	江尻新開
開発 汐留	文政9年5月 同　年10月	文政12年2月 同　年9月	文政12年2月 同　年3月
沖堤東西 南北	660間余 514間半余	621間余 562間半余	326間余 513間半余
釜家数	33軒（32軒石炭焚）	37軒（石炭焚）	
台数	2,204台	2,641台半	
畑畝数	34町6反1畝12歩	33町8反7畝27歩	26町6反6畝18歩
年貢米	184石7斗5升8合	70石9斗6升1合	161石5斗9升1合
出来塩高	264,251俵余（但し、慶応3年9月より同4年9月まで出塩平均）		
塩口銀	出塩高7歩通り（1俵につき3分ツヽ）（前項出塩高より銀55貫492匁余）		
冥加銀	塩16,334俵余（但し。其の年々平均相場を以て右俵数だけ相納める）		

慶応2年2月「藤村長茂公用留記」（『坂出市史・資料』（坂出市史編さん委員会、1988年）。瀬戸内海歴史民俗資料館蔵）より。

表3より若干減少しているが、表3に見た安政元年からは、坂出塩田の規模はほとんど変化していないといえる。

但し塩口銀の高の記載はないが、製塩高の七割に一俵につき銀三分とあるので、先述の慶応三年から四年にかけての一年間の製塩高を基にすると、塩口銀は銀五五貫目余となり表3より若干増えている。また冥加銀についても記載はなく、その年の相場で一万六三三四俵余に当たる金高を収めることにしているが、口銀と同じように、冥加銀の徴収高もそれほど大きな変化があったとは思われない。冥加銀については安政元年の賦課の方法とは変わっているが、いつからのことか明らかでない。

以上のように、久米栄左衛門の見積もり以来、坂出塩田からの収納の内容は、浜方からの口銀・冥加銀と畑方からの年貢米であり、とくに口銀と冥加銀がその多くを占めていたのである。

三　口銀と冥加銀

口銀と冥加銀の実態についてはここまで具体的な説明はし

なかったが、久米栄左衛門はこれらに関して次のように述べている。(11)

一竈家壱軒前、二三ケ年之後ハ大俵四五百俵余出来之積リ、其外塩俵出来高ヲ見積候上ニ而、其出来俵ニ七歩通ヲ、毎歳口銀之定数ト御定置、御定法三分ニ御口銀ヲ掛け、此銀後年迄定数究、、然共右定数ニ不拘、其年積物高悉ク御定法通御口銀取立置、過納之分ハ暮節季ニ浜百姓へ夫々江指戻候事、此一条浜子困窮年之節ハ、過納ヲ引当テ、御拝借ニ被仰付候事

一浜壱軒前下作人へ下し付之事

右之者其浜毎下穴桶之数ニ応シ尤も上中下分

　上浜下穴壱ツニ付

　　銀拾二匁也

　中浜下穴壱ツニ付

　　銀拾壱匁也

　下浜下穴壱ツニ付

　　銀拾匁也

右下シ付ニテハ岡古浜ゟ三割方下料ニ御座候、是ヲ三ヶ年之後能々御見定之御定数之事、先夫迄ハ三口丈七匁ト年々下付候事

一御口銀并下作人下シ付銀取立之事

右浜壱軒前御口銀下し銀等ハ、御口塩之俵数割付御口銀等一所ニ、問屋手元ゟ浜子へ売塩算用仕渡之節引落取立置、毎月末ニ出役人始、塩方庄屋立会算用之上ニテ、加印致置壱ケ年之間ニ四度可致御上納候事

第一点は、毎年の製塩高を見積もっておき、その七割に口銀として一俵につき銀三分を取り立てる。もしその年

の見積もり高より口銀が「過納」、つまり納め過ぎの時は、その年の暮れに「浜百姓」へもどすが、「浜子」が困窮の時は「過納」を抵当にして拝借を行うこと。

第二点は、釜屋一軒前の「下作人へ下し付」の冥加銀については、一軒前の塩浜ごとに上・中・下などの位別をつけて、鹹水をつくる「下穴桶」（沼井）の数に応じて掛け、上浜で一穴に銀一二匁、中浜では銀一一匁、下浜では銀一〇匁とすること。この「下シ付」は岡の古浜より三割少ないという。一軒前の塩浜毎に製塩高に応じて位付を行っている。この点については後述する

表5　天保４年１月から６月までの両新開「利益」

口銀	銀26貫692匁２歩３厘
浜方冥加銀	23貫340目
畑方冥加銀	２貫036匁６分４厘
帆別銭	１貫459匁４分９厘
〆56貫528匁３分６厘（此の金869両ト銀１匁８分６厘）	

「心積控」（久米栄左衛門関係史料B－45）より。

第三点は、一軒前の口銀・「下し銀」は問屋より浜子へ売塩代銀を渡すときに徴収し、毎月新開に置かれた塩会所の役人と思われる「出役人」と、新開の庄屋である「塩方庄屋」が立会の上加印して、一ケ年に四回にわたって上納する。ここで注意しておきたいのは、問屋の下で浜子の塩の売買が行われる、つまり坂出塩田で生産された塩は塩問屋を介して、各地の廻船に売り払われることである。

久米栄左衛門の見積もりによると、三新開がほぼ出来上がった天保四年の正月から六月までの半年間の「利益」は表5のようになっている。七月から一二月までも同様な「利益」があったとすると、天保四年の一年間の収益は計銀一一三貫五六匁余となる。そのうち口銀が五三貫三八四匁余、冥加銀が四六貫六八〇匁余で、合わせて一〇〇貫目余程になり、両者の収益が多かったのが確認できる。

久米栄左衛門関係史料の中に、「御口銀元帳」と「御冥加元帳」がある。これらによって口銀と冥加銀の検討を次に行なってみたい。その前に、この両「元帳」が原本なのか写なのかは明らかでないが、その作成の時期について触れておきたい。両「元帳」には

作成時期の記載がない。それぞれ表紙の中央に表題の「御口銀元帳」・「御冥加元帳」と記され、表題の右上に少し小さく「西新開浜方」、左に同じく「中新開浜方」と書かれているが、いずれも字は同筆である。両「元帳」の内容も表紙と同筆である。ただし一軒前の塩浜百姓の右上にたとえば「西一番」、「東一番」などとある書き込みは明らかに後筆である。したがって後述のように釜家一軒前でごく一部であるが、西・東の記載のないものがある。

「御口銀元帳」に記された惣塩は一六万六四八四俵六分であり、この数字は久米栄左衛門が見積もった表2の塩都合一五万八四〇〇俵より八千俵余多いが、そう大きくは変わらない。しかし安政元年ころの出来塩高の二七、八万俵よりも一〇万俵余少ないので、「御口銀元帳」に記された「惣塩高」は、西新開と中新開が完成した天保四年から、間もないころの製塩高ではないかと思われる。先述の慶応二年の「公用覚留」は西新開・中新開・江尻新開とあり、少なくとも慶応二年まで東新開のことを中新開といっており、中新開の名称は明治の近くまで使われていた。中新開をいつから「東新開」というようになったのははっきりしないが、中新開を築き始めたころから東新開ともいっていた(12)。

なお「御口銀元帳」は釜家六九軒前であるが、その内四軒前に西・東何番との記載がない。「御冥加元帳」は七〇軒前となっており、また「無番」と書かれたのが一軒前ある。この点からこの両「元帳」が同時期に作成されたものかどうかとの疑問ももたれる。

このように「御口銀元帳」と「御冥加元帳」の作成過程についてははっきりしない点が多くあるが、その詳細な検討は今後にゆだね、ここでは両「元帳」から口銀と冥加銀の具体的な内容について述べていきたい。

「御口銀元帳」を整理したのが表6である。先述のように口銀は沼井の台数に掛けられるものであり、沼井一台からの塩の生産高によって、「極上上浜」から「下浜」までの九段階に位付《くらいづけ》されている。例えば極上上浜は一〇軒前あり、沼井一台から四〇俵の台数が六九〇台一歩であるので製塩高は二万七六〇四俵余となる。表の下にあるように、惣台数は四八〇五台余でこの生産高は一六万六四八四俵余となり、口銀は一俵につき銀三分掛けられるので、口銀の合計は銀四九貫九四五匁余となる。

天保四年の久米栄左衛門の口銀見積もりでは口銀は一年間で銀五三貫三八四匁余となっているので、口銀が天保

表6　西新開・東新開の口銀内訳

位付	釜家	台数	1台ニ付	塩高
極上上浜	10軒前 西5 東5	690台1歩	40俵	27,604俵
極上ノ上浜	1. 東1	70.	38.	2,660.
極上ノ下浜	19. 西8 東11	1309.　2.	36.	47,131.　2歩
上ノ上浜	6. 西5 東1	421.	35.	14,735.
上ノ中浜	9. 西3 東6	595.　6.	34.	20,250.　4.
上ノ下浜	5. 西2 東2 （無記載）1	325.	33.	10,725.　5
中ノ上浜	11. 西6 東5	777.　5.	32.	24,880.
中ノ中浜	4. 西1 （無記載）3	289.	30.	8,670.
中ノ下浜	3. 西2 東1	193.	29.	5,597.
下浜	1. 東1	58.　7.　5厘	28.	1,645.
（釜家69軒前） （西32） （東33） （無記載4）		惣台数4,805台1歩5厘	惣塩166,484俵6歩 1俵ニ付3分宛 惣代銀49貫945匁3分8厘	

「西新開浜方　中新開浜方　御口銀元帳」（久米栄左衛門関係史料B－84）より。

四年の見積もりより減少しているが、表3の安政元年の塩口銀とほぼ同額である。また位付の内訳をみると「極上」三〇軒前（内西一三・東一七）、「上」二〇軒前（西一〇・東九）で、極上と上で五〇軒前と六九軒前の多くを占めている。うち西新開が二三軒前、東新開が二六軒前で大きな違いはない。

次に「御冥加元帳」をみると、表7はその内容を整理したものである。冥加銀は釜家一軒前の年貢高であるので、その釜家の生産性を基準にして掛けられている。銀四匁がどれだけの塩俵に相当するかによって、一軒前の位付が行われている。たとえば極上の上浜は沼井一台によって、銀四匁に相当する塩四俵一歩五厘が生産されると、沼井一台で銀一六匁六歩となり、極上上浜四軒前の台数は二六七台八歩であるので、その冥加銀は四貫四四五匁四分八厘となる。

位付を見ると「極上」が一三、「上」が一六、「中」が二〇、「下」一五、「下々」が七で、それほど大きな特徴は見られないが、「極上」で東新開がみられず、また「下」では一二、「下々」ではすべて東新開となっており、東新開での生産性が高くない状況がうかがえる。東新開の完成からまだ時期があまり立っていない内容を示しているようである。台数は「御口銀元帳」と同じであり、冥加銀の合計は銀六五貫三三七匁余となっており、表3の安政元年よりほぼ銀一貫目多い。これは塩俵にすると一万六三三四俵余に相当するという。この塩俵数は表4の慶応二年の冥加銀俵数と一致している。慶応二年には年の平均相場によることになっており、この点が「御冥加元帳」とは異なっている。冥加銀の基準の銀四匁がいつから平均相場によることになったかは明らかでない。

「御口銀元帳」と「御冥加元帳」作成時期については今のところ確定できないが、先にも述べたように天保四年に中新開（東新開）が完成して間もない、口銀・冥加銀がある程度安定的に収納として見込まれるようになったころに、作成されたのではないかと考えられる。

表７　西新開・東新開の冥加銀の内訳

位　　付	釜　家	台　　数	１台ニ付	代
極上上浜 ４俵１分５厘 ４匁替（以下同）	４軒前 西４	267台８歩	16匁６分	４貫445匁４分８厘
極上ノ上浜 ４．０．５．	１． 西１	66．５．	16．２．	１．077．３．０．
極上ノ中浜 ３．９．５．	４． 西３ 無番１	204．４．	15．８．４厘	３．229．５．２．
極上ノ下浜 ３．８．５．	４．． 西４	273．６．	15．４．０	４．213．４．４．
上ノ上浜 ３．７．５．	６． 西１ 東５	421．２．	５．０．０（15）	６．318．０．０．
上ノ中浜 ３．６．５．	４． 西３ 東１	274．６．	14．６．０	４．900．１．５．
上ノ下浜 ３．５．５．	６． 西３ 東３	411．７．	14．２．０	５．846．１．４．
中ノ上浜 ３．４．５．	２． 西１ 東１	133．１．	13．８．０	１．836．７．８．
中ノ中浜 ３．３．５．	10． 西７ 東３	658．５．	13．４．０	８．823．９．０．
中ノ下浜 ３．２．５．	８． 西３ 東５	559．０．	13．０．０	７．267．０．０．
下ノ上浜 ３．１．５．	８． 西３ 東５	530．２．	12．６．０	６．680．５．２．
下ノ中浜 ３．０．５．	３． 東３	236．６．	12．２．０	２．886．５．２．
下ノ下浜 ２．９．５．	４． 東４	284．５．	11．８．０	３．357．１．０．
下々ノ上浜 ２．８．５．	１． 東１	72．	11．４．０	820．８．０．
下々ノ中浜 ２．７．５．	６． 東６	411．４．５厘	11．０．０	４．525．９．５．
釜家数〆70軒（西33・東37）（無番１） 台〆　4,805台１歩５厘 代〆　65貫337匁６分１厘 　此塩　16,334俵４歩025　但し１俵ニ付４匁替				

「西新開浜方　中新開浜方　御冥加元帳」（久米栄左衛門関係史料B－85）より

四　新開塩の江戸廻送計画と取引

坂出塩田の築造に取りかかって間もない、文政一〇年八月に新開塩が積み出されている。阿波屋清兵衛が場所は不明だが宝寿丸嘉作へ「讃州新浜塩」二七五俵を代金一貫三匁七分五厘で売り渡し、「右之通売捌、代銀相渡此表無出入相済申候」との「売仕切」が残っている。[13] 阿波屋清兵衛の立場がはっきりしないが、次に述べるように、新開塩の積み出しは塩問屋が当たっており、問屋的な役割を果たしていたのであろうか。

さて、久米栄左衛門は坂出塩田の築造後、生産された塩を江戸へ廻送することを計画していた。それを示しているのが次の史料である。[14]

（前略）、右内西浜者壱ヶ年之内大躰出来、最早弐三ヶ年目ニ者出来塩も弐拾万俵余ニ及可申候、左在時者千石積船ニ三拾艘余ニナル、追々三ヶ所之浜出来候得者、惣出来塩七八拾万ニ及可申候、此塩送廻船千石積ニ凡百弐拾艘ニ及、尤当時御領中江戸行廻船六百石積千石積迄凡弐拾ニ不過、是千石ニ直し見レバ拾五艘分、此船一ヶ年東行往来四上下平し《（ママ）》漸六拾艘分ニ当ル、左有時者右出来塩半数ヲ送ル程之船数ニ御座候、（中略）、右出来塩借渡江戸表積送せ、売払之後其代金御屋鋪へ指為出指《（ママ）》、為廻金と被成候、右大浜出来候得者、如何様之御仕法モ出来候哉ニ奉存候、左候得者御領分浦々迄之繁栄カト奉存候

引用史料の始めに「西浜」（西新開）は一か年のうちにほぼ出来上がるとあるので、大体文政十一年ころの意見と思われる。三新開が完成すると惣出来塩は七、八〇万俵になり、この塩を送り出すには千石積廻船で凡そ一二〇艘が必要であるが、現状では藩領での江戸行の廻船は千石積にして一五艘分であり、一年に四回往復しても六〇艘分にしかならず、その半分しか江戸へ送ることができない。そのため江戸行以外の廻船にも江戸へ運ばせて、売り

払い代金を江戸屋敷へ指し出させて「江戸廻金」つまり江戸藩邸の経費とすること、そうすると廻船のある領内の湊も潤うことになるという。このように坂出塩田の新開塩を江戸へ運んで売り払い、江戸藩邸の費用の一部に当てることが考えられていた。

文政十一年一〇月の次の史料にも久米栄左衛門は新開塩の江戸送りのことを主張している。[15]

（前略）、何卒此度御浜之義ハ、是迄等御仕法違ニ御定被遊候ヘハ、後年之御国益カト奉存候、殊ニ坂出之人気ハ唯慾情満々トシテ、出ル日拝ミ哉覧ノ生ニテ、御国恩之弁も無場所、急ニ人気も難立直候、尤是迄三百石以上之船ニも塩売買も無御座候、右ゆへ不法ニ而も相済候ヘ者、是ゟ追々塩直師拵、随分江戸相場を始メ、世間又者日和之後雨等ヲ見合、猶亦新浜之義ニも候ヘハ、俵升入も念ヲ入、出役人ヲ以テ御改、乱俵無之様仕立候而、廻船ニ而江戸積専トして、乍恐追々御廻金之補ト相成候ヘハ、重々難有仕合ニ奉存候間、御勘考之上ニ而、可然様宜敷奉願上候、以上

坂出村の現状を述べた上で、新開浜については特別の配慮を行って、俵升入れも役人を立ち会わせて厳重にし「乱俵」をなくして、廻船で江戸に積み出すことを主とし、江戸屋敷への「御廻金」の補いにしてはどうかとの提案であった。

先に口銀・冥加銀の徴収は、塩問屋が塩代金の精算時に行うことになっていたことを指摘しておいたが、文政十一年の「塩仕切状之事」写によると、[16]坂出塩問屋が他領廻船と大俵二七五〇俵を、代銀一四貫二五匁に口銭ほかの掛かり物を加えた銀一四貫四三五匁五厘で取引し、「右之通塩積渡シ代銀慥ニ受取、此表無出入相済申候」とあるように、新開塩は問屋を通して積み出されることになっているのが確認できる。したがって塩問屋を通して新開塩を江戸に廻送することは可能だったのである。

江戸廻送については、「経済元録記」の中に江戸の塩問屋の名前や江戸送りなどに関する記述がある。それらを

紹介してみると次のとおりである。(17)

○塩目方之覚

（前略）

一江戸ハ分俵ヲ好

一志水ハ大俵ヲ好　甲州・信州地行十八里、藤川船ニテ登故小俵ハ不勝手、至テ急流右登、大俵弐拾四俵ニ

付金壱両

一関東大躰ハ分俵ヲ好ム

一夏向江戸ニテ斎田塩好、秋ヨリ冬ハ赤穂塩ヲ好ム、赤穂ハ最上

一江戸へ壱ケ年分千石船凡四百艘計リ入津

但し、俵数凡分俵（記載無し）

○江戸塩問屋名前

一　北新堀

松本重三郎

一　永島屋松之助

一　渡部

一　秋田

一　屋号問屋（ママ）　伊勢鳥羽問屋

上村弥三衛門

一沼津清水御能売場所　沼津問屋

一権現様御由緒アリ
阿国屋利兵衛
沼津之入口川江の浦
久炭
浦賀宿
阿波屋六兵衛
加奈川
伊勢屋孫兵衛

○御国ヨリ江戸迄海上里数
御国引田ヨリ
一伊勢鳥羽迄　百里
鳥羽　伊豆下田迄遠江灘渡　七拾五里
下田ヨリ浦賀へ渡　三拾五里
浦賀　江戸へ　十八里
海上
〆二百三十里斗
（中略）
御国ヨリ尾州名古屋へ海上　百十八里
御国ヨリ清水迄海上　百八十里斗
浦賀　江戸へ　十八里

加奈川ヨリ江戸へ　　七里

長い引用になったが、これらのことを書き留めているところに、久米栄左衛門が新開塩の江戸廻送の実現を目指していたのをうかがうことができよう。

時期は明らかでないが、江戸の商人と思われる松本安兵衛からの、久米栄左衛門宛の書状の一節に、次のようにある。[18]

（前略）尚又、此度右新浜塩久米屋大通丸へ積入、浦可《（賀）》迄無事着仕、同所ニ□□六分かへ商内いたし候由、当地も此節諸塩共引《（カ）》配よく相捌候得者、当地へ乗込候ハヽ、今少々も直段よく相捌可申ニと、残念千万ニ奉存候、尚又此後積入之船着船仕候ハヽ、□□出情可仕、此段宜敷御承引《（カ）》可被下候、先者右御返事旁申度如此御座候、

「新浜塩」を積んだ久米屋大通丸が浦賀に着き、取引をしているようであるが、「当地（江戸か）」へ運んでくると、少しは直段もよく売り捌くことができると伝えている。久米屋大通丸は先述した引田の久米屋久左衛門の廻船のことである。

次の史料によって、文政十一年九月に坂出塩問屋から江戸塩仲買へ新開塩を積み送っているのがわかる。[19]

塩判鑑

御改真塩焚

一分俵四千四百拾弐俵

俵焼印　さ　坂出

同焼印番付

右者、引田久米屋久左衛門殿船江、塩積渡申処紛無御座候、已上

文政十一年

子九月十九日

讃州坂出塩問屋
米屋佐次右衛門◯
升改方◯

江戸
御仲買衆中

このとき翌日にこの江戸送り塩の一部と思われるが、塩三〇〇俵が引用史料にある「引田久米屋久左衛門殿船」の大通丸へ積み込まれ、「右之通、塩積渡代銀慥ニ請取、此表無出入相済申候」との塩問屋米屋佐次右衛門の仕切状が出されている。[20]

なおのち天保四年に江戸ではないが、秋田湊の塩方の進藤作左衛門と新開の塩問屋との間で取引が行われていることを示すのが次の史料である。[21]

判書之事

春古積

一本俵五千俵也　二重（カ）升五斗弐升入

目方十四貫目余

五匁三分五厘

代弐拾六貫七百五十目也

内

一拾三貫三百七十五匁

此金弐百八両　外ニ銀六分

内
一金五拾両請取
残　百五十八両　外ニ銀六分　大坂ニて請取
〆
右之通、塩売付代銀半金請取申所実証ニ御座候、然ル上ハ来ル午三月切ニ、塩仕立相渡し可申候、残り半金ハ船々塩積渡し度毎ニ、請取皆済之節惣勘定可致候、為後日仍而如件

讃州坂出新開
柏野屋
五左衛門判
浜田屋
五郎八判

天保四巳年
十二月
秋田湊御塩方
進藤作左衛門様
大坂
紙屋仁蔵殿

坂出新開の柏野屋五左衛門と浜田屋五郎八は、本俵五〇〇〇俵を銀二六貫七五〇目で取引し、代銀の半分は今後送る度ごとに受け取るということになっている。宛先にある「大坂　紙屋仁蔵」は五〇〇〇俵の運送を請け負った末富丸の船頭である。(22)このころ各地との新開塩の取引が盛んになり始めたと思われる。

また天保に入って間もないころ西新開の塩問屋であった浜田屋五郎八と東新開の塩問屋であった柏野屋五左衛門は、連名で大坂の塩問屋らとの交渉の報告書を作成しているが、その中に、「私共ゟ申出候者、坂出新開之義者、

去ル戊年御上思召ニ而、御奉行江御任ニ相成築立、出来塩も殊之外宜御座候、元来江戸積廻之義、専ニ致候積ニ而、江戸塩問屋中江掛合積送り、其余国々下筋迄も、売捌方も宜御座候ニ付、何之指支も無之候」とあるように、江戸問屋中への塩積み送りが順調に行われていることを述べている。[23]

ところで、天保六年三月に江戸商人鴻池義兵衛が高松へきており、金毘羅見物ののち坂出新開と砂糖作りの視察を行っている。その経緯を示しているのが次の史料である。長文の引用になるが知られていない重要な史料と思われるので紹介しておきたい。[24]

一筆申進候、然者堀造酒之助殿明廿三日、坂出新開江被罷越候ニ付、吉本弥之助役所ゟ鎌田多兵衛罷越候、右ニ付御手元へ御訛之義有之候間、明朝迄ニ坂出へ御入込、多兵衛へ御掛合可被成候、御代人ニ而ハ相済不申候間、無間違御出掛可被成候、以上

三月廿二日　徳永宇八郎

杉上加左衛門

渡辺七郎左衛門様

右之通申来候ニ付、坂出村江罷出候処、鎌田多兵衛も罷越居申候而被申聞候者、明廿三日江戸鴻池此間ゟ御城下江罷越居申候所、当村御新開見物被仰付罷越、夫ゟ砂糖〆方製法之仕法、万々見物致度由ニ付、江尻村百姓又八と云者江、此節苗砂糖掘出有之、〆させ候様庄屋川田広助迄申遣置候間、明日鴻池義兵衛右又八方江参見物致候間、七郎左衛門ゟ砂糖製法方万々之義、委敷物語致聞候様、御代官中ゟ指図之由多兵衛ゟ申聞ニ付、則左之通取計候

御奉行
一堀造酒之助殿宿　　宮崎幾三郎
　　　　　　　　　　客座敷
吟味ニ而勘定奉行格
一吉本弥之助
并奥御用所手代　　右同所次
一鴻池屋義兵衛并手代四人
医者壱人画書壱人召連　　表座敷
一右鴻池駕籠之者拾三人　　同人方長屋

三月廿二日金毘羅参詣同所泊り、翌廿三日金毘羅ゟ善通寺、夫ゟ坂出迄参泊、造酒之助殿吉本弥之助ハ同日高松ゟ坂出江参待請、廿四日御新開見物之節、造酒之助殿も義兵衛同道ニ而、一番先へ造酒之助殿、夫ゟ鴻池屋義兵衛、其之次吉本弥之助、七郎左衛門義ハ江尻又八方迄先へ参待合居申所、同日昼時分又八宅迄参候而、砂糖〆方煎方おし船江掛様まて見せ候而、夫々仕方咄聞せ候而、又々同日坂出宮崎方迄罷帰泊り、都合二夜滞留、造酒之助殿廿四日帰宅、但右賄方者万々津軽屋孫兵衛へ被仰付候而、所々江孫兵衛付廻り、郡方ニハ一向賄方講(構)不申候、尤酒器之類膳椀ハ随分宜所寄置候様ニとの事ニ而、取寄し夜着蒲団絹布、義兵衛父子之外ハ手代医者絵書ハつむき之類、下々ハ木めん、廿五日ニハ早朝出立白峰江参詣、夫ゟ高松迄罷帰候、七郎左衛門多兵衛坂出切ニ而引取候事

附、七郎左衛門罷出候挨拶として、浅草苔一箱被相送候、右名前書付ニハ長岡義兵衛と有之候

藩の重臣の奉行堀造酒之助が坂出に出掛けることが、阿野郡北大庄屋渡辺七郎左衛門へ伝えられた。それは江戸

商人鴻池義兵衛が高松へきているが、坂出新開と砂糖〆方製法の見物をするために案内をするということであった。堀造酒之助と吟味役兼勘定奉行格吉本弥之助が鴻池を案内しており、渡辺七郎左衛門は彼らの宿泊所の手配と新開と砂糖〆場の案内をしている。(25)鴻池義兵衛は新開塩の江戸での取引に関わっていた人物なのであろうか。

新開塩の江戸送りの具体的な内容について、また「江戸廻金」としてどのように江戸藩邸での経済的な役割を果たしたのか、などについての詳細は明らかでないが、久米栄左衛門の考案通りに新開塩の江戸送りが実施されたと思われる。こうして新開塩の江戸を始めとして各地への積み出しが盛んになり、その生産も増大していく中で、新開で塩作りに従事していた塩百姓の状況について見ておこう。

五　天保初年の新浜塩百姓

完成した西新開・東新開における釜家の経営状況は、どのような状態であったのであろうか。天保四年十二月に新浜塩百姓は次の願書を出している。(26)

奉願上口上

一私共御新地浜業相勤、年来渡世ニ仕居申候処、昨年已来浜方殊之外、出来塩不出来御座候所、別而当年者隣(霖)雨繁ク、所業潰ニ相成、其上水汐売払之義も、御新地御役所ゟ故障之(由脱カ)申候、甚難渋仕御拝借願上候而も、御取次不被下、御役所ゟ水汐壱万俵売払、則代銀迄請取候様相聞候而も、浜子ヘハ一向御渡不被下、其故度々催促仕候而も、不聞入難渋仕候間、御鑿穿被下候ヘハ、重々難有奉存候、且又、汐浜御年貢并ニ御口銀等も、生島潟本同様御取立ニ被下(候脱)ヘハ、難有仕合奉存候、小懐之私共故、右様凶年ニ行当極難渋之達々、難尽文面ニ之義ニ付、御時節柄之御中、奉恐入候ヘ共右之始末ニ付、不得止事奉願上候間、深キ御慈悲ヲ以、夫食五百石来ル午(五年)

十一月迄、利無御拝借被仰付被下候へハ、一統無事ニ越年仕、浜業相続可仕候、并五百石被仰付候而も、連判之外ニ多人数、懐ニ而配分仕候義ニ付、壱人ニ付而ハ聊ならでハ相当不申候、若限日ニ至連判之中ニ遅滞仕候者御座候得ハ、私共者田畑山林ハ勿論、家財等ニ而も売払、無遅滞上納可仕候間、何卒格別之御憐ミ之上、最早余日も無御座候義ニ御座候間、急々被仰付被下候様、宜被仰上可被下候、奉願上候、以上

天保四巳年　　　阿野郡北坂出浦御新地

十二月　　　浜百姓

連判

本文連判之名前ハ全親壱人つゝ之名前ニ御座候

昨年以来塩が不出来の上、内容が不明であるが「水汐」の売り払い代金が、新地役所から支払われていないので、困窮している。そのため「夫食五百石」の来年十一月までの「利無御拝借」を願い出たもので、「御新地浜百姓」の連名となっている。

次の史料は翌天保五年の新浜塩百姓六三名連名の拝借銀の返済延期願いである。[27]

奉願上口上

一去巳(四年)春浜方困窮ニ而難渋仕候間、御拝借御願申上候処、早速御貸方被仰付、一同難有奉存候、然ル処返納之義ハ、当六月并十一月両度被仰付奉畏、六月分上納仕、残当月納之分色々才覚仕候得共、当年ハ塩直段近頃稀成下落ニ而、難取続奉存候処、八月六日之風雨ニ而破処出来候ニ付、取繕之内浜業手後レニ相成、何角不仕合相重り、難渋仕候ニ付、当月上納方も難出来奉存候間、何とぞ深キ御憐愍ヲ以、来ル未(六年)七月迄年延被仰付被下候様、奉願上候、以上

天保五午年
十一月
阿野郡北坂出村御新浜塩百姓
精蔵判
（以下六二名連名）
庄屋
阿賀平八郎殿

右之通願出申候間、根ニ入取調仕候処、当年向ハ雑穀高立テ、塩直段ハ下直ニ而、浜方百姓懐向大ニ相狭り、難渋之段至極無余義次第と相見候間、格別之御賢慮ヲ以、願之通相済候様、宜被仰上可被下候、以上

午
十一月
阿野郡北坂出村庄屋
阿賀平八郎判
渡辺七郎右衛門殿
本条和太右衛門殿

天保四年春に拝借が許され、翌五年の六月と十一月に返済する予定であったが、十一月返済分がこの年の塩値段の下落、また八月六日の風雨の被害が重なって「難渋」となり、十一月分の返済を翌天保六年の七月まで延期してほしいというものである。これを坂出村庄屋へ願い出、さらに庄屋阿賀平八郎から阿野郡北大庄屋の渡辺・本条へ藩への仲介を申し出ている。六三名の連名というのは、西・東新開の釜家七〇軒前のほとんどである。

この天保六年七月までの返済延期願いに関してと思われるが、天保六年十二月に坂出村庄屋阿河正右衛門はさらに返済の延期を願い出ている。(28)

口上
先達而当村新浜潰浜江拝借御銀之内、是迄納残之分延引ニ相成居申候ニ付、厳敷取立方被仰付、猶各様ニも此度

御入込被下、御取調も被下候処、当年ハ度々之大風雨ニ而、御新開東浜ハ、御存知被為下候通大痛ニ相成、其上出来塩等も莫大流失仕、懐向必至と難渋ニ相成、上納之方便一向無御座候間、来ル申暮迄（七年）元利共御慈悲之上、御指延被為下候様歎出申候、誠ニ歎出之趣無余儀次第ニ奉存候得共、如何様共仕、利銀尺ハ上納可仕旨申聞、精々相働せ御座候間、願之通元銀之所ハ、来ル申暮迄御指延被為下候様、宜被仰上可被下候、且潰浜之分も当年柄之義ニ付、甚難渋御座候間、元延之義歎出候得共、右之分ハ如何様とも仕、少々ハ元銀も上納可仕段、厳敷申聞候処、元利之内金拾両尺ハ、上納可仕段申出候間、元銀ハ来ル申暮迄、御指延被仰付可被下候様、是又宜被仰上可被下候、以上

十二月

庄屋
阿賀正右衛門

渡辺八郎右衛門様
本条和太右衛門様

口上

坂出新浜并潰浜之者共江、先達而拝借被仰付御座候処、右納残之分当暮何分取立相納候様、被仰聞候ニ付、先日ゟ私共坂出村江入込、厳敷申聞取立ニ相掛候得共、当年ハ度々風雨ニ而彼是損出多、浜百姓共懐向大難渋ニ相成居申候ニ付、皆済上納難仕段、別紙歎出之趣、至極無余義相聞申候間、何卒願之通来申暮迄、御指延被為下候様、宜御評議被成可被下候、以上

未（六年）
十二月

本条和太右衛門
渡辺八郎右衛門

新浜については当年は大雨が多くとくに東新開は大被害を受け、その上「出来塩」も大量に流出して困窮してい

るので、拝借銀の返済ができない状態であり、利銀は予定通り返済させるので、元銀については来年の暮までの返済猶予、また「潰浜」も困窮しているので「元利」のうち金一〇両は上納するので、元銀は来年暮までの返済猶予を、阿野郡北両名の大庄屋へ申し出、大庄屋は状況を確認の上、藩へ返済猶予の評議を願い出ている。

このように天保四年から七年にかけては、拝借金の返済猶予願いにみられるように、西新開・東新開での製塩は順調に進んでいない状況がわかる。またこの頃のことと思われるが、新浜塩百姓が城下への直訴を起こそうとしていたのが次の史料からうかがえる。(29)

坂出浦新浜

塩百姓共江

其方共願之筋有之候由候間、旧臘廿三日多人数申合、御城下表江直訴ニ罷出候、途中ニ而役人共押留メ、理解いたし候所、早速帰村いたし候へ共、御城下表江直訴之義ハ、重キ御制禁之所、右之次第不届至極ニ付、中聞方も有之候得共、先此度者格別之宥免ヲ以、急度呵指置候、以後心得違無之様可仕候

昨年の暮に新浜塩百姓が城下へ直訴しようとしたが、途中で役人に止められ帰村したという。その詳細は不明であるが、城下への直訴という非常手段をとろうとしているのは、塩百姓にとっては猶予できない状況がうまれていたのであろう。実は天保五年二月に坂出村で百姓一揆が起こっているが、新開のものたちが天神社に集まって騒動が始まったといわれており、(30)新開塩百姓たちの当時の置かれた状況を示していると思われる。

こうした新開塩百姓の状況は、天保七年七月に坂出村百姓卯平太が、「御新開出来、追々繁栄ニ相成、他所船并日用持等之者、数多出入御座候ニ付、後藤味噌仕込下直ニ小売仕候得者、諸人之為ニ相成候哉と奉存候」とあるように、(31)後藤味噌の小売りを願い出ており、塩百姓の困窮がある程度改善され、新開が「繁栄」に向かっているのをうかがうことができる。

天保九年には新開の諸問屋から荷揚場築造の願いが出されたが、藩は翌年六月に西新開の北東に荷揚場の築造に着手し、七年後の弘化三年に全て完成している。そしてこの荷揚場の北に波止が安政元年に築造されている。[32] こうして新開で生産された塩の取引も盛んとなり、新開塩百姓の経営も安定に向ったと思われる。

おわりに

久米栄左衛門の建言によって築造された坂出塩田は、本文で検討したように、西新開・東新開で生産される塩に対して課す口銀・冥加銀の収納を確保し、藩への収入の増加をもたらすことを直接の目的としていたが、他方それだけではなく、生産した新開塩を江戸へ送り江戸での塩取引によって江戸藩邸の経費に充てる、「江戸廻金」を行おうとしていたことに注目する必要があろう。当時栄左衛門は高松藩の特産品の砂糖についても、この「江戸廻金」の意見をもっていた。[33]

それとともに坂出塩田における塩生産の安定的発展は、「はじめ」にで述べたように坂出塩田を含む坂出村の経済的な成長をもたらすものであった。そして坂出浦のみならず、坂出塩田からの塩の江戸廻送に藩領の浦々から廻船が動員され、その湊も繁栄するようになると、久米栄左衛門がいっていることは本文で指摘したところである。このことは栄左衛門にとって坂出塩田の築造の計画は、藩財政に関することだけではなく、領内全体の経済的な安定を視野に入れて考えていたのではないかと思われる。

また、文政一〇年の末に書かれたと思われるが、「乍恐内存心積之覚」の中で、「近年御世帯向キ必死与御指支、是迄百姓始メ町人迄色々過役ヲ掛ケ候得共、指配り行多ク不《(たりカ)》申、何卒此上者新開等ヲ築立此御利益銀ヲ加ヘ指配被成度」[34]と、これまで領民に「過役」をかけて藩財政難に対処してきたが、克服するまでには至っていないので、新開等の利益銀によって藩財政の運営をするようにという。ここに藩財政難を解決するために、領民に負担をかけるのは「過役」であるとして、それ以外の方法として新開等に拠ることを述べている。

久米栄左衛門が領民への負担に反対している事柄に、砂糖に対する藩の統制の内容に関してもうかがうことができる。詳細は別稿にゆずるが[35]、当時藩が砂糖からの収入を大坂の商人との関係を強めて、大坂で売り捌いて得ようとしていることに対して、砂糖生産者が自由に売り捌いて経営を安定させることが、砂糖からの収入の確保にとって重要であると主張している。

こうしてみると、久米栄左衛門の坂出塩田の築造は、藩財政との関連が強調され評価されているように、藩財政の収入増加策であったが、同時に坂出村という地域の経済的成長、発展が考慮されていたのみならず、さらには廻船による収入増にともなう領内各湊の繁栄や、砂糖生産者の経営重視にみられるように、栄左衛門には領内全体の繁栄への配慮があり、坂出塩田の築造はその一環として考えられていたのではあるまいか。

注

（1）近年の久米栄左衛門の研究については拙稿「久米栄左衛門の経済論と高松城下」（拙著『近世後期讃岐の地域と社会』所収〈美巧社、二〇一二年〉）の注（1）を参照。

（2）拙稿「高松藩砂糖統制と久米栄左衛門」（拙著『近世讃岐の藩財政と国産統制』所収〈溪水社、二〇〇九年〉）。

（3）家老たる年寄の木村亘へ提出したという（『増補高松藩記』三五二ページ）。その建言書は「乍恐奉願上内存之損益心積之口上」といわれ、原本は不明であるが、写真版が鎌田共済会郷土博物館に所蔵されている。これによると塩田築造によって「塩方御口銀之寄」は一四〇貫目であると記されている。

（4）『増補高松藩記』三五一・二ページ。

（5）右同、三五一ページ。

(6) 右同、三五二・三ページ。
(7) 鎌田共済会郷土博物館に所蔵されている。久米栄左衛門関係史料の内容については、『久米通賢に関する基礎的調査・研究成果報告書』(香川大学教授松村雅文編、二〇〇六年）を参照していただきたい。以下の久米栄左衛門関係史料の番号は同報告書による。
(8) 新開塩の江戸廻送については、すでに拙稿「高松藩と坂出塩田」（前掲拙著『近世後期讃岐の地域と社会』所収）で簡略に述べている。
(9) 拙稿「高松藩領坂出村の砂糖と塩」（前掲拙著『近世後期讃岐の地域と社会』所収）
(10) 「続筺底秘記」(香川県立ミュージアム蔵)。この「秘記」の書かれた年は明記されてないが、新開の湛浦北に波戸が嘉永七（安政元）年に完成したとあることから、取り敢えず安政元年の作とした。
(11) 「御口銀定数之事」（「経済元録記」所収〈『坂出市史　資料』。坂出市史編さん委員会、一九八八年〉)。なお「東新開諸積心覚」（『香川県史9・近世史料Ⅰ』所収。香川県、一九八八年）にも当史料は載っているが、ここでは「経済元録記」に拠った。
(12) 〔書状〕（仮）に「東新開築初為御祝儀」の文言がみえる（久米栄左関係史料D—一九二)。
(13) 文政一〇年八月「売仕切状」（右同、B—五二)。
(14) 「心覚控」（右同、D—一四八)。
(15) 「乍恐口上書」（前出「経済元録記」)。
(16) 前出「東新開諸積心覚」。
(17) 前出「経済元録記」。
(18) 久米栄左衛門関係史料D—一一。
(19) 前出「東新開諸積心覚」。
(20) 「塩仕切状之事」（久米栄左衛門関係史料B—五一）
(21) 天保四年「判書之事」（右同、B—五〇)。
(22) 天保五年「塩判鑑」（右同、B—五三)。
(23) 「問屋中江掛合之始末」（写）（右同、D一六五）
(24) 「御用日記」（渡辺家文書。香川県立ミュージアム蔵)。以下「御用日記」は渡辺家文書である。

(25) 奉行堀造酒之助・勘定奉行格吉本弥之助らと久米栄左衛門の関係については、前掲拙稿「高松藩と坂出塩田」で述べているように、両者は久米栄左衛門に助力して、坂出塩田の築造に深く関わっていた人物である。
(26) 天保四年十二月「新地浜百姓願書」（写）（久米栄左衛門関係史料D―一〇七）。
(27) 天保五年十一月「新浜塩百姓願書」（写）（「御用日記」）。
(28) 天保六年十二月「坂出村庄屋阿賀正右衛門口上」（写）（「御用日記」）。
(29) 「新浜塩百姓共へ達」（写）（年不明）（久米栄左衛門関係史料D―一四五）
(30) 沢井静芳『天保五年中讃岐打ちこわし事件とその歴史的背景―坂出村を中心として―』（坂出史談会、一九七二年）。
(31) 「御用日記」。
(32) 前掲拙稿「高松藩領坂出村の砂糖と塩」。
(33) 前掲拙稿「久米栄左衛門の経済論と高松城下」。
(34) 前出「東新開諸積心覚」所収。
(35) 前掲拙稿「高松藩砂糖統制と久米栄左衛門」。

〔本章は平成十六・十七年度科学研究費補助金・特定領域研究Aの「科学技術黎明期資料の体系化に関する調査・研究『江戸のモノづくり』」中の「久米通賢に関する基礎的調査・研究」（研究代表者松村雅文香川大学教授）の研究成果の一部である。〕

Ⅱ部　遍路と札所寺院

第五章　近世讃岐の遍路と城下町・村方・村送り

はじめに

近世における四国遍路は、一般に十七世紀後期に入って、民衆による遍路が盛んになっていくといわれる。讃岐における民衆の遍路に関しては山本秀夫氏による研究があり、遍路の実態について考えるとき、「村社会」との関連を重視することが必要であると指摘している。(1) この指摘は今後の四国遍路の研究に関して、一つの重要な点を示唆しているといえる。

山本氏は論文の中で、幕府領直島の庄屋三宅家の「往来手形」、丸亀藩領の井関村庄屋佐伯家の「四国辺路中万覚日記」・「万覚帳」、同じく生野村庄屋高田家の「四国道中日記」、丸亀城下町の記録「古法便覧」中の「遍路屋」関係記事、高松藩領の百相村庄屋別所家の「東西辺路送り越人別人控帳」、同じく坂出村庄屋阿河家の「遺（遣）辺路并泊辺路控帳」、多度津藩領の羽方村庄屋森家史料等の紹介や分析をされている。このように民衆の遍路について明らかにする研究を進めるためには、現存する史料の発掘、収集とその紹介が必要である。

讃岐の諸藩では藩政史料がほとんど残されていないため、藩の遍路に対する取り締まりなどをうかがう直接の史料は乏しく、御用留などの地方文書等に書き残されている史料によって、遍路の実態を明らかにしていかざるを得ない状況にある。したがって山本氏によって先鞭がつけられているが、讃岐の遍路研究についてはこれからも地方文書等から、史料の発掘を続けていくことが重要であるのはいうまでもない。

このような状況を踏まえて本章では、藩からの通達等が書き留められた地方文書で、活字化された史料や未活字の史料等に収載された遍路関係の記述によって、讃岐における遍路の様子の一端をうかがうことを目的としている。具体的には現在収集し得た史料から、遍路の城下町や村方の往来、これに関連した遍路の村送りなどのありかたなどを通して、藩や村が遍路に対してどのような方針で臨んでいたかについて、史料紹介を兼ねながら検討を試みることにしたい。

一　城下町と遍路

讃岐の札所は西端の第六十六番の雲辺寺にはじまっており、遍路道は雲辺寺から下って丸亀藩領を東へ海岸部を進み、多度津藩領に入るがすぐに丸亀藩領に戻り、もう一度多度津藩領を通って丸亀藩領に入って、丸亀城下町を抜けて高松藩領へ向かっていく。そして高松城下東の八十六番札所の志度寺から内陸へ向かい、長尾寺を経て結願寺の第八十八番札所大窪寺に至っている。このように讃岐の遍路道はほとんどが丸亀・高松両藩の地域を通っているが、両藩の城下町と遍路の往来との拘わりに関してまずみてみよう。

七十七番札所の道隆寺（多度津藩領）から七十八番札所道場寺（現郷照寺。高松藩領）までの遍路道は、一部丸亀城下町を通っているために、城下に「廻国辺路人宿」が置かれていた。よく知られている史料であるが、丸亀町中・三浦に関する寛保元年の「丸亀城下御定目」に、次のようなこの遍路宿に関する箇条がある。(2)

一廻国辺路人宿
　　　　　　　　　　　家守
　　　　　　　　　　　　塩飽屋
　　　　　　　　　　　　　長右衛門
右、往来手形寺手形相改、相違無之候者一夜泊可差置、依勝手逗留頼候共、二夜と指置間敷事
一木賃壱人前宵越三拾銭以下可取事
一米塩味噌等調候ハヽ、外ゟ高直ニ無之様ニ仕売可申事
一廻国之中相煩候歟、又者替儀有之送り来り候共、当宿ニ請不申候間其旨可申聞事
一廻国相済候ハヽ、勝手次第、何方ゟ成とも帰り候様可申聞事
一夜分一切外江出シ申間鋪候、尤暮六つ限門を〆可申事
一辺路人之中病人或者貧賤之者ハ、別而いたはり可申事
一火之用心無沙汰無之、并くわへきせる停止之旨可申聞事
一船ニ而来候ハヽ、河口ニおゐて、往来手形出させ見届相違無之候ハヽ、番所江其段相断船可揚、出船之節も右同様ニ可相心得事
一廻国辺路人名国所書并往来手形寺請名宛等、毎日帳面記置、毎月二日十六日両度町ゟ会所江帳面可差出事
一壱ケ月切国所人名書付、員数〆家守長右衛門名判ニ而、其月之月番惣年寄加判形、判番中宛ニいたし、毎月晦日半部屋迄可指出候

「廻国辺路人」は廻国行者と遍路を指しているものと思われる。要点は、遍路人宿には「家守」の塩飽屋長右衛門がおり、往来手形等に問題がなければ一泊だけさせ木賃は一人三十銭以下とし米なども高く売らない、煩い等によって送られてきたものは宿に泊めないことを伝える、夜分の外出は禁止し、病人や「貧賤」のものは特別に「いたわり」をする、丸亀の港で上陸するときは往来手形を提出させて番所へ届けた後に上陸させる、丸亀の湊から出

船するときも同様である、廻国辺路の「国所書」・往来手形・「寺請名宛」を帳面に記して、毎月二日と一六日の二回に町会所へ提出する、一か月ごとに国別の人名と人数を家守の長右衛門がまとめて、その月の月番年寄へ提出し晦日に藩の役所へ差し出すことをいっている。

この寛保元年の「御定目」は元禄三年の「定目」に「追補」したものであるが、後述のように「遍路屋」が元文五年に城下西平山に建てられており、元禄三年の「定目」には「廻国辺路人宿」に関する項目はなかった。

天明初年頃に町年寄がそれまでの丸亀城下のことを書き記した「古法便覧」の中に、「遍路屋」に関する記事がある。その内容は次のとおりである。(3)

一、安永五（ママ木原）七月、遍路や次助方にて、備前遍路首くゝり果候事、

（中略）

一、明和四亥七月、遍路屋太右衛門不調法有之に付、世話役御取上け、遍路やは町分構ひ也、会所支配也、御奉行様へ野口甚蔵参り、先つ当分西平山辺にて世話役見計に可申付候段御伺申上、西平山沢や九兵衛申付候、追て九兵衛断申出、治助へ申付候、此段以月番年寄を御奉行様へ申上候、

（中略）

三拾五番　遍路屋之事

一、遍路屋事、元文五さる（申）十一月、役中ゟ覚書を以御伺候所被仰付、西平山熊野屋孫兵衛明地所望いたし、弐間・五間之長屋建る　右代銀七百目、入札落に成り申候、宿守居（据）へ候事、

一、遍路屋は町会所持也、

一、遍路・病気等にて本国へ送り戻し候時は、月番之年寄判居（据）へ送り出す、向地へ参り候は丶西平山庄屋方へ送り次き申候、送状半紙切紙に認める　安永元年辰九月、遍路病人本国へ送り候事有之候

一、遍路屋にて遍路死申候時は、宿守より月番年寄宛に出る事も有、
一、遍路家（ママ）は町中三浦より建候事
　　但し安永四未六月廿七日に軒役壱分五厘宛打候事、
一、遍路宿守料は遍路壱人より、（以下空白）
一、毎月晦日、当浜より上り候遍路之人数帳面に記し、月番年寄奥印にて差上け候事、尤切手判也、御判部屋へ
　　宿守より直く差上候也

遍路屋は先述の「廻国辺路人宿」のことと思われるが、元文五年十一月に町年寄らの要望を受けた藩の許可によって、城下の西平山の熊野屋孫兵衛の空き地に、二間・五間の長屋が町人の出資で建てられた。入札で代銀七〇〇目で建て、遍路屋には宿守（先の家守のことであろう）が置かれ、遍路の生国や往来手形などを調査し、町会所への提出が義務づけられていた。遍路屋は「町分構ひ」、「会所支配」とあるように、町年寄が運営し町会所が管理するが、丸亀藩の町奉行の配下にあった。

遍路が病気して国元へ送り帰すときは、月番町年寄の許可を得て西平山庄屋から送り手形を出す、遍路が遍路屋で病死したときは宿守から月番町年寄へ申し出ることもあった。遍路屋は城下町中と三浦（西平山・北平山・御供所）から拠出して建てた。安永四年のときの「軒役」は一軒につき銀一分五厘であり、毎月晦日には丸亀城下に上陸した遍路の人数を、月番年寄の判を押して藩へ提出することになっていた。なおはじめの項の「遍路や次助方」は遍路屋のことと思われ、遍路屋には「首くゝり相果」てるようないわば困窮遍路も泊まることができたようである。また明和四年に不調法により太郎右衛門から沢屋九兵衛へ、さらに治助に代わっている。

こうして丸亀城下では藩の許可のもとに遍路宿が町年寄らによって運営が行われていた。「古法便覧」に「宿守料」を遍路から徴収していたようであるが、先の「定目」では木賃が一晩銭三〇文以下であったように、遍路屋に

泊まるのは有料であった。

なお、寛政七年の「御定目」には「一宿無之廻国躰之者、牢番共江厳敷申付、通り掛之外、一切御城下ニ指置申間鋪事」とあるが、「宿無」とは野宿者のことと思われ、丸亀城下での滞在は厳しく取り締まられていた。

高松城下の遍路に関する史料として、「高松町年寄御用留」の文化十二年八月の次の史料がある。

町年寄共

廻国并四国辺路之類、御城下江入込候儀、兼而停止之事ニ候所、近頃猥ニ町方江入込、就中他所乞食辺路之類多入込、托鉢致候様ニ相聞候、向後右様之類、惣而他国者と見受、物貰之類江、一向手之内之合力ヲも遣申間敷候、畢竟町方ニ而托鉢有之候故、多入込候義と相見江候間、堅相守可申候、若心得違之者も在之、於托鉢遣屹度咎可申付候、尤兼而申渡置候通、右躰之者入込、町方ニ而徘徊致候由見付次第、其町々ゟ丁代ヲ付、町外江送出可申候

右之趣天明五巳年寛政七卯年申渡置候所、近頃端々心得違之者も在之様相聞候ニ付、猶又改申渡候間、弥心得違無之様、其町切本家者不及申、裏家借家之者共迄、入念可申渡候

八十三番札所一宮寺を出た遍路道は高松城下から離れた郊外の東を屋島寺へ向かっていた。したがって高松城下を遍路が原則的に通ることはなかった。当史料は、高松城下へ「廻国」・「四国辺路」が入り込むことを禁止しているが、とくに「乞食辺路之類」が城下の町方へ入り込み、「托鉢」をしているものが近年多くなっているので、これらの托鉢遍路は町方から追い出すことを命じている。すでに天明五年と寛政七年に出されていた藩の町年寄への通達を、文化十二年に改めて出したものである。いつからかは明らかでないが、廻国・四国遍路が高松城下に入ることは高松藩として禁止し、とくに遍路の托鉢行為を城下から排除しようとしていたのがわかる。そして文化十二年にはこれを裏屋・借家にまで通知し、徹底させようとしている。

この遍路が高松城下へ入り込むことを禁じたことに関連して、文化十四年六月に次の通達が出されている。

口達之覚

近頃町方所々江辺路躰之者数多入込居申候様相聞候、先達而合力等之儀不相成段申渡在之候所、近頃みたりニ相成、手之内之合力致候義共相見候、兼々申渡置候通、心得違無之様相心得可申候、尤辻々ニ而右様之者居留候義も在之候ハヽ、早々追払可申候

近年町方へ遍路躰の者が多く入ってきており、以前に「合力」（施し）等をしてはならないことを伝えたが、最近は守られていないようなので、以前の達しの通りに守ることをいっている。「辻々ニ而右様之者」とは托鉢をしている遍路のことであり、かれらは早々に追い払うように指示している。(4)

高松藩では文化二年に国産品取引の場として、城下東北の海を埋めて新湊町を造成し、この新湊町に川口番所と切手番所を設置して、ここからの上陸者の取り締まりに当たらせた。(5)それから一三年後の文政元年一〇月に出された、この川口番所と切手番所に関する次の史料がある。(6)

新湊川口番所并南切手番所共備相立、番人指置在之候所、此度切手番所無用ニ相成候間、以来取扱左之通相心得可申候

（中略）

一金毘羅参詣人又ハ四国辺路等ニ而も、右川口ゟ船上帰之節、并他国川口ゟ出船候様之片切手之分者、右国所人数名前并船頭名前等、委細相認問屋名判ニ、尚又町役人ゟ加印致候一札、川口番所江指出可申候

但し、右片切手之分ハ為切手料、壱人前十二文つヽ問屋江取可申候

下ヶ札ニ

本文四国辺路之分ハ、御城下托鉢不相成段、宿屋共ゟ可申付候

切手番所を廃止して、金毘羅参詣者や四国遍路が新湊町から上陸または出船する場合には（「片切手」の意味は不明）、生国・人数・名前等を詳しく調べ、「問屋」（船問屋か）が判を押して町役人が加印したものを川口番所へ差し出し、また四国遍路は城下での托鉢が禁止されていることを、「宿屋共」から伝えることにした。

川口番所で四国遍路の新湊町からの出入りを確認しようとしているのがわかるが、宿屋から四国遍路に托鉢を禁じていることを伝えるようにとしているのは、城下の新湊町から上陸した遍路が城下の宿屋へ泊まっていることを示している。

先述のように、文化十二年には遍路が城下へ入ることを禁ずる達を出していたが、実際には新湊町から上陸した遍路は、高松城下の宿屋へ泊まることは容認されていたのであろう。したがって文化十二年の時点でも遍路宿が高松城下にあったと思われ、その達の狙いは、城下での托鉢の禁止にあったと思われる。

丸亀城下と高松城下の遍路に対する姿勢については、丸亀城下では遍路屋が町年寄によって運営され、病い遍路や貧賤遍路には特別な配慮がなされていたが、これに対して高松城下では遍路が城下町へ入ること、とくに托鉢を禁じており、両城下の遍路に対する対応の相違をみることができよう。しかし丸亀城下でも「宿無」つまり野宿者には厳しい態度で臨んでいたのは先述したところである。

二　村方の往来

これまで述べてきたなかで、四国遍路に関して往来手形のことを何度か触れたが、一般に当時人々が旅をする場合には、必ず往来手形を持って出かけていた。四国遍路では藩境の番所の通過や宿泊の際には、必ず所持しておかねばならなかった。

讃岐で一番古い往来手形は、丸亀藩領井関村の元禄十七年（宝永元年）の次に示す往来切手である。(7)

一内野々九郎右衛門我死（ママ）仕候ニ付、村居（カ）ニても家職も不得仕候間、四国辺路ニ罷出申度断申ニ付、往来手形遣し
申し候写し

往来手形之事

一讃州豊田郡内野々村九郎右衛門妻子共ニ三人、四国辺路ニ罷出候、国々所々御番所無相違御通し可被下候、尤行暮候節ハ、宿等之儀被仰付被下候様奉頼候

一右九郎右衛門宗旨代々真言宗、同国同郡萩原地蔵院旦那ニて、御法度之宗旨ニてハ無御座、仍而往来手形如此ニ御座候、以上

元禄十七年申三月十六日

讃州豊田郡井関村
太郎右衛門

国々所々御番所御中
并御庄屋衆中様

内野々村の九郎右衛門が死去したので、妻と子三人が四国遍路に出たときのものである。遍路へ出る理由が「村居（カ）ニても家職も不得」というのは、主を亡くして村で生活できなくなったからであるという。よくいわれる生活のために遍路に出る例かと思われる。

往来手形にある「行暮候節ハ、宿等之儀被仰付被下候様」の文言は一般的に往来手形にあるが、後の往来手形には行き倒れた時はその土地の習慣で処置して構わないという、いわゆる「捨往来」の文言は見られない。往来手形を出したのは井関村庄屋の佐伯太郎右衛門であり、内野々村庄屋を兼ねていた。

札所と札所の間の遍路道はほとんどが村々を通っているのであり、遍路宿や接待の一種である善根宿に対して、

藩からの取り締まりが行われていた。高松藩では文政十二年に次の達が出されている(8)。

一廻国之辺路一宿頼候得者、往来手形見届候上、宿可貸遣候、其外旅人者此之度相究宿屋之外ニ而者、止宿為致候義不相成候間、心得違無之様可致候、尤一類続之者等用事有之、他所ゟ罷越逗留致候義、法之通ニ可申出候

遍路が宿泊を希望した場合には往来手形を確認した上で泊め、旅人の場合には今回決められた宿屋以外では宿泊させてはならないとした。遍路の宿泊は善根宿を指していると思われる。往来手形を持参していれば善根宿に泊まることには支障はなかったのがわかる。旅人宿については後述のように、文政一〇年四月に旅人宿の調査をしており、このときに決められたことを指しているのであろう。

また天保十三年七月に、「他所者」と遍路に関しては次の達が出されている(9)。

口達覚

無願ニ而他所者逗留為致候義者、有間敷筈ニ候得共、国本慥成者者流例ニ而、内々逗留為致在之義も難計候間、村々入念相改出立為致、勿論胡乱者ハ別而払可申事

一野宿辺路乞食、此之節丸亀領者稠敷追払せ候由ニ付、多分御領中江立越候哉と存候、目明共江申付、郡々ニ而最寄之阿州御境目迄、相送せ可申事

「無願ニ而他所者逗留」とは、事前に庄屋等へ「他所者逗留」を届けていない場合と思われ、その「逗留」は制限されていたが、「国元慥成者」は認め「胡乱者」は領外へ追い出すこと、また「野宿辺路乞食」つまり困窮遍路については、この頃隣藩の丸亀藩では領外へ追い出す措置をとっているので、多くの者が高松領内へ入ってきていると思われるので、目明に命じて「郡々ニ而」、つまり大庄屋の責任で近くの阿波境まで送るようにといっている。

他所者の領内への立ち入りを厳しくしていたのはどの藩でも同様であったが、とくに困窮遍路については高松藩では厳しい態度で臨み、領外への追い出しを行っていた。

高松藩では文政一〇年四月に諸職人の調査をしているが、その時に旅人宿の調査も行っている。その中に遍路宿の記事がある。(10)

阿野郡北坂出西庄両村旅人宿人別書出帳

坂出村

（中略）

別帳

西庄村

一　政右衛門

一　茂十郎

一　伴蔵

右之者共辺路宿株ニ被仰付候得ハ、一ケ月五分つゝ、御運上銀相納せ可申候

庄屋兼帯

渡辺加兵衛

阿野郡北の坂出村と西庄村の旅人宿人別書上帳の中に、「別帳」が記され西庄村の三人に遍路宿株が与えられ、株運上として一か月に銀五分を納めることになっている。西庄村兼帯庄屋の渡辺加兵衛が提出しているのは、藩として遍路宿を公認したことを物語っている。つまり文政一〇年頃には遍路専用の宿屋も村内に生まれるようになっていたのである。

遍路は往来手形等の必要な書類さえ持参していれば、四国に上陸して札所をめぐることができた。ところが明治維新の四年前の元治元年七月に、高松藩では領内に、「海岸幷陸地御境目、御固番所御建方ニ相成候ニ付」として、

次の通達が出された[11]。

御趣意在之候間向後、御城下者勿論御領分中江他所者廻国辺路たりとも、逗留者素一切入申間敷候、并此節他所者逗留致居申候分、并往来致居申候分共穿鑿之上早々追払可申候、右ニ付別紙之通締方被仰付候間、牢人者始呼出し申渡候、順ニ而申通候様可致候

（別紙略）

（中略）

一左之通り、一村切建札致置、弥々疑敷者ニ候得者留置、其段早々注進申出候得者手当可申付候

建札面左之通り

他所者并廻国辺路たりとも、逗留者勿論為通行共不相成候、尤無拠義ニ而罷越候得者、村役人江可申出候、あやしく躰之者者、屹度可遂穿鑿者也

子七月

何郡何村

元治元年七月十九日に長州藩と尊攘派が京都で幕府軍と戦った禁門の変が起こり、さらに翌月二日には幕府が長州藩の追討を諸藩に命じている。こうした状況の中で、高松藩は他領者が領内へ入ることを警戒する一環として、遍路が城下をはじめ領内を通行することを禁止することになった。そして各村ごとに建札を立てて村で遍路の通行を取り締まり、その徹底を図ろうとした。

遍路の上陸地には、「宇足津村志度村廻国辺路揚切手指留候間、此度御趣意在之、締方被仰付候趣ヲ以、川口揚候方断可申候」と達し[12]、宇足津村と志度村での遍路への揚切手の発行を止めて、「川口」の湊から上陸させないようにして、高松領内への遍路の上陸を認めない措置をとっている。なお高松藩が認めていた遍路の上陸地はここにいう宇足津村と志度村、それと高松城下ではなかったかと思われる。

三　煩い遍路の村送り

長い辺路の途中では体調を崩して、病に倒れる遍路が多くいた。そしてこの先遍路を続けることが困難で、出身地に帰ることを希望したときには、村送りで村から村へと引き継いで送り帰していた。その村送りの例として年代ははっきりしないが、幕末頃と思われる次の史料を提示しよう。(13)

一筆啓上申上候

豊後国府内領大分郷下高村
和太郎

右之者四国巡拝ニ罷出、去八日当村浜免之内江罷越、和太郎義相煩、歩行難相成候間、村役人見聞之上、医師ヲ付服薬等為致候得共、今に聢無之、所詮先々巡拝難相成候様子ニ付、帰国仕度段、別紙之通願書ヲ以、願申出候ニ付、承届ケ送出候間、村順ニ御送可被成候、尤病気指重候節者、服薬等御用、喰い物等江御気ヲ付被成候様、御取計可被遣候、且又、夜ニ入候ハ丶、其御村方ニ而一宿致せ、翌早朝ゟ御送出可被成候、則往来并船揚切手辺路願書都合三通、添居申候間宜奉頼候、右得貴意度如斯ニ御座候、以上

讃州高松領阿野郡北坂出村
庄屋
阿河加藤次　判

五月朔日

宇足津村
庄屋
久住藤兵衛様

豊後国府内藩領の大分郷下高村の和太郎が四国遍路の途中、高松藩領阿野郡北の坂出村の浜免へきたところで煩って歩行困難となり、巡拝を続けられないので帰国したいとの願いを、坂出村庄屋阿河加藤次へ申し出たので、村送りにすることにした。阿河加藤次は和太郎の往来手形・船揚切手・遍路願書ともに、隣村の宇足津村庄屋久住藤兵衛へ村送りしている。

宇足津へ村送りしたのは西隣であるが湊町であるので、宇足津から先は船に乗って豊後へ向かったのであろうか。船を利用しようとすると、ある程度の路銀を持っていなければならないであろう。

村送りについて高松藩は次のような内容を領内へ達している。[14]

一辺路病気ニ而国元へ村送戻之義、已来庄屋手元ニ而聞置、送出可申候、尤村方ニ而厄介ヲきらひ、麁末ニ取扱致、後日ニ相聞候得者、重キ咎ヲ可申付候

但、病死辺路取埋相済候上、村役人共連判一札、指出来候得共、已来無用（以下なし）

文政十亥十二月

近世後期の文政一〇年十二月に出されたものであるが、煩い遍路の村送りについては庄屋が責任をもって行うこと、煩い遍路は村方で丁寧に扱うことを伝えている。このように煩い遍路や村送りの扱いは藩の方針によって行われていたのである。なお病死遍路の埋葬に関する村役人の「一札」は、今後不要であるとしている。

これよりほぼ八〇年前の、十八世紀中頃の延享四年五月に、高松藩においては煩い遍路について次の達が出されていた。[15]

一廻国并辺路等重ク相煩候而、相計も聞不申程之躰ニ候ハヽ、兼而被仰渡候通、薬等用せ可申候、頃日も重ク相煩候辺路、川部村ゟ送出シ、四条村ニ而病死致候、重ク相煩候者送候義ハ無之筈ニ候間、右之段村々江御申渡シ置、重ク相煩候節ハ送不申様ニ可致旨、郡奉行衆ゟ御申聞せニ而御座候間、右之段村々江御申触可被成候

重い煩い遍路については以前から達しているように薬を服用させること、先日も重症の煩い遍路が川部村から送り出され、四条村で死去したというが、重症の遍路は村送りにしないようにと各村々へ触れており、すでに重症遍路の村送りの禁止は郡奉行から伝えられていたという。

一方丸亀藩では村送りそのものの史料は現在見当たらないが、先述の丸亀城下に出された寛保元年の「定目」のなかに、「一廻国道者之内、相煩候歟、又者替儀有之、送り来候ハヽ、帳面ニ引合、西川口ゟ揚り候ニ紛無之候者、先々江送らせ可申、爰許浜ゟ揚り不申者者請申間鋪候」とあるように、「廻国道者」のなかに遍路も含まれると思われるが、煩い者が送られてきたときには、城下の西川口から船揚がりしたものに限って行き先の村送りを認めることにしている。ただし先にも指摘したが、この「定目」の中に「辺路人之中病人或者貧賤之者ハ、別而いたはり可申事」とあり、病気遍路や貧賤遍路について優遇することも達していた。

高松藩では幕末の嘉永六年に、それまでの村送りの手続きを改めて次の案文を大庄屋に示している。具体的な内容を理解する上で必要であると思われるので、長文になるが次に引用しておく[16]。

他所辺路共四国巡拝致候所、相煩歩行等出来不申候ニ付、生国江罷帰り申度、送り戻候義願出、村送りニ相成候節ハ、他所江拘り候義ニ付、安永二巳年案文ヲ以、村々相達候義も有之候所、近頃取扱区々ニ相成、不都合成儀も在之様相聞、且又親子連ニ而四国巡拝罷出、親致病死幼年之子供先々巡拝難出来、国元江罷帰り度趣相歎候節、送り戻し之儀共、此別紙之通相改候間、村々江可申渡候

正月

送り遍路之儀者、御他領江拘り候故、兼而安永二巳年案文ヲ以、村々江達候義も在之候間、近頃取扱区々ニ相成、不都合成儀も在之哉ニ相聞候間、此度左之通相改候

送り辺路之事

一壱人男
　女
何州何郡何村
誰

右者四国巡拝ニ罷出候由之所、去ル何日当村迄罷越煩付候所、早速医師ヲ付療養相加候得共、何分歩行難相成、依之村送り之義別紙之通願出候ニ付、其段役場江申出候処、右願之趣被聞届候間、早々村順ニ御送り戻し可被成候、則辺路願書并往来手形船揚切手共、都合三通相添進申候、以上

讃州何郡何村
庄屋
何右衛門

月　日

何村御役人中

右送り書之趣相違無之候間継立申候、以上

何村庄屋
何兵衛

月　日

何村御役人中

右同断ニ付継立申候、以上

何村庄屋
何之助

月　日

何村御役人中

乍恐願上奉口上

一私義心願御座候ニ付、四国巡拝ニ罷出、去ル何日御当地迄罷越何《(ママ)》相煩難義之所、早速医師等ヲ御付被下、厚ク御世話ニ罷成、色々養生仕候得共、何分歩行難相成候間、国元江罷帰り度奉存候、尚、此上奉掛御厄介候義奉恐入候得共、何卒御慈悲ヲ以、村順ニ御送り戻しも被為下候者、難有仕合奉存候、此段宜奉願上候、以上

何州何郡何村

誰

年号

月　日

讃州何郡何村

御役人中様

右之通取扱可申候、

（下略）

前文で、村送りの手続き書類の案文は十八世紀中ころの安永二年に通達していたが、近年まちまちになっているとして新たに出したものであるといい、煩い遍路や親子連れで親が病死した際の措置なども含んで、改めて通知をするとしている。そして煩い遍路への処置を庄屋が記して送り先の村庄屋へ、さらに同様に送り先の庄屋から次の庄屋への通知、遍路本人の村送り願書の案文が付されている。

はじめの「送り辺路之事」は、先述した府内領の和太郎の送り状とは案文が異なっており、和太郎のケースは嘉永四年より前のことであったと思われる。和太郎の場合と同じように、遍路願書・往来手形・船揚切手が添えられ

ることになっている。

村送りは本人の願い出により「役場江申出」とあるが、この役場というのは庄屋のことであり、庄屋から次の「継立」の庄屋へと伝えられる。村送り遍路本人の願書は事情を説明して村役人へ提出される。史料の引用は省略したが、残された子供の村送りについても案文の終わりに記されている。

このように村送りの書類の案文を藩が示しているということは、庄屋と庄屋との間の村送りそのものが円滑に行われるよう、藩としても書類の案文を示しておく必要があったのである。

そこで次に実際の村送りの経費について検討してみよう。高松藩領の坂出村で送り辺路・泊り遍路に要した経費を書き上げた、嘉永六年から翌安政元年にかけての史料がある。出身地と遍路名を月別に整理したのが表1である。ほとんどが送り遍路の経費であり、遍路一人につき「送り人足二人」として銀札一匁八分がすべて計上されており、数は少ないが「泊り賄」も二人で一匁八分となっている。「泊り賄」は三件であるがその内容ははっきりしない。

史料名には六月からとあるが、記載は五月二四日から始まっている。この表1からうかがえる遍路の特徴をみると、十一月と四月に多いが、八月や正月にもかなり見られる。摂州・大坂からの遍路が多く、山陽・山陰筋からもきている。四国内は伊予が三件みられるだけである。一番遠方からは下総で次いで甲斐である。計銀札六八匁九分七厘が送り遍路・泊遍路の経費として、この一年間に掛かっている。坂出村の組頭六名と庄屋阿河加藤次は、この結果を阿野郡北の大庄屋へ伝えている。

また同じく坂出村の明治二年から三年にかけての泊り・煩い遍路に関する経費がうかがえる史料がある。これを年月順に整理したのが表2である。(17) 村送りの「公人足」は二人に定まっており、記載されてない場合もある。一宿した場合は一人米二合となっている。煩い遍路・病死遍路の経費や、送り遍路の「たこし」代などが記されている。

遠方からの遍路は下総・甲斐が見られるが、煩い遍路や病死遍路への叮嚀な扱いがうかがわれる。
表2の初めの七月十日に宇足津へ送った金助については、翌日坂出へ送り帰され十五日に江尻村から改めて送られてきているが、「巨細書別紙在中」とあるように、その事情については次のように那珂郡土器村から伝えられた。

表1　嘉永6年5月より翌安政元年5月迄の送り遍路・泊り賄い

5月24日	備後福山力松	人足2人・銀札1匁8分（以下人足は2人で、同額につき省く）
6月4日 6日 13日	摂州西成郡市五郎 甲州巨摩郡繁蔵 大坂島ノ内次兵衛	
7月12日 19日 26日	丹後竹ノ郡友五郎 日向国政次郎 予州周布郡佐伝	
8月10日 13日 18日 19日 25日	丹州天内郡与七 予州伊予郡阿八・清次 因州岩井郡金十郎 （人名なし） 播州加古郡友蔵	
10月2日	但州七味郡友三郎	
11月1日 同 12日 22日 同 27日	大坂阿波座文助 和州添上郡善助・りう 京都北川卯助 下総香取郡甚兵衛 大坂谷町まき・あり 大坂松江町無助・万吉	 泊り賄い
正月14 17 同 29日	伊州伊賀郡平三郎 同平三郎（送り戻し） 但州七味郡万助 摂州兎厚郡さよ	
4月12日 15日 17日 25日 27日 同 28日	摂州大坂栄助 備前和気郡やす 京都榎木町幸七 播州揖西郡直八 予州宇和島日雲坊・常楽坊 濃州武礒郡庄兵衛 摂州豊田郡きう	 泊り
5月2日 11日	播州加東郡亀吉 京都西堀川恒次郎	 10日泊り
		〆68匁9分7厘
右者送り辺路人足賃、并泊り賄ニ而御座候間、御見届被仰付可被下候、以上 組頭　甚市（印）（以下五名あり） 庄屋　阿河加籐次（印）		

「阿埜郡北坂出村丑六月ゟ寅五月迄送辺路泊り賄諸入目御見届帳」（阿河家文書。瀬戸内海歴史民俗資料館蔵）より。

表2　明治２年７月より同３年２月迄の送り・泊まり遍路

	遍　路　人	村送り先・泊り	経費等
明治２年			
７月10日	安芸国加茂郡吉行村金助	江尻村→坂出村→宇足津村	公人足２人
７月10日夕より11日朝迄	同	宇足津村送り戻し１泊	米２合 公人足２人
７月15日	同（巨細書別紙在中）	江尻村→坂出村→宇足津村	公人足２人
７月28日	京都蛸薬師猪熊東江入町河内屋甚八弟音吉	江尻村→坂出村→宇足津村	公人足２人
８月朔日晩	摂州大坂幸町太吉	止宿	
８月７日夕	豊後宇佐郡佐田村百姓安五郎	止宿	八幡浜揚がり
８月９日夕	予州浮穴郡久万山日野浦村百姓こいし倅友次郎	江尻村→止宿	男女２人４合
８月17日	高松領山田郡三谷村百姓信蔵・老女	宇足津村→坂出村　止宿→江尻村	米４合
８月21日	丸亀藩豊田郡観音寺村百姓茂吉	止宿	（記載なし）
８月26日より９月２日	青山左京大夫殿領分丹波多紀郡大山村宇助	煩い付き養生、７日後病死	１升４合、桶代銀８匁・莚代２匁・薬代２匁４分、〆右見届帳指出し
９月４日	摂州大坂山本町炭屋	江尻村→坂出村→宇足津村	（記載なし）
９月28日	高松藩領山田郡由佐村横内宇太郎娘とき	坂出村→江尻村	（記載なし）
10月２日	摂州大坂堺筋喜三郎	江尻村→坂出村→宇足津村	（記載なし）
10月11日	肥後国天草郡坂瀬川村助蔵女房さよ娘きを倅辰三郎（女辺路壱人・乳飲子壱人・十四才女壱人、〆三人）	さよ義病人ニて当郡鴨村より、当村より宇足津村へ継ぎ立ての処、同人病躰指重りの段きをより申し出ニ付き、留め置き養生致さす処、10月14日さよ病死仕り、残り両人国元へ掛け合いの上引き渡す筈の処、辰三郎病気、養生致すの処11月５日病死	日数４日３人米２升４合、さよ銀２匁薬用服代・銀６匁取り埋め入用、日数２人20日米８升、辰三郎病死取り埋め莚代銀６匁
10月19日	丸亀藩豊田郡観音寺坂本村馬吉女房たけ妹とみ	江尻村→坂出村→宇足津村	（記載なし）
11月11日	肥後国天草郡坂瀬川村助七娘きを	帰国義ニ付き	銀７匁（仕度金か）
11月17日	丸亀藩中府村住人為吉	江尻村→坂出村→宇足津村	（記載なし）

予州今治揚り之辺路御継立ニ候得共、都而予州路船場揚り之辺ハ、御当国ゟ継立候節者予州路中山越と申者、深山谷々之難所在之由ニ而、たこし仕立方悪敷、并ニ弐間半過ならてハ、先々請取不申由ニ而、是迄当村より柞原村江継立候而も、始終請取不申、以前ゟ全拙宅ニ而たこし棒等仕替施行ニ致来居申候得共、度々之義ニ而際限無之、其上往来掛候内、口合無之様相成、勿論丸亀柞原抔ニハ七つ時過候節ハ、先々送り之口合無之由ニ而、是迄一向請取不申、不憫ニ存当村ニ而過半泊りニ相成来居申候得共、及御聞之通当時御境目之義ニ付、辺路継立ニ不拘諸事当村江拘、実ニ外ニ伝馬所ゟも御用多迷惑仕居申候、尚又是迄揚切手無之辺路、折々者継立参り候得共、村方ゟ丸亀船場江色々引合之上、継立候義も在之候得共、向後者万事厳ニ致度、先今日之所ニ而者、棒たこし等悪敷候ニ付、御継戻し申候、先々御申継可被成候

七月十日　　土器村

要点は、伊予への村送りは難所が多いので、「たこし」の拵え方が悪く舁棒も二間半でないと柞原村へ送っても受け取らない、そのため土器村の庄屋宅で「たこし」・棒を作り替えることもしばしばである、また丸亀や柞原村では七つ過ぎには受け取らないので土器村で泊めることも多く、そのほかいろいろと負担も多くなってきており、今後は厳重な取り扱いをしたい、今回は「たこし」等が十分でないので、送り遍路は宇足津村へ継ぎ戻すことにするというものである。

この史料から村送りは「たこし」（手輿・腰輿）によっていることがわかる。表2の終わりにも出ているように、「たこし調いニ付き入用銀二三匁」とあり、棒一本・莚一枚・竹二本・たる木二本・板三枚・釘三十・縄一包が必要であった。江尻村で「たこし」を作り直して、坂出村へ送られてきて改めて宇足津村へ継ぎ立てたのである。

また十月一一日の肥後国天草郡坂瀬川助蔵女房さよについては、別紙に詳細な点が記されており、それは次のとおりである。

	遍　路　人	村送り先・泊り	経費等
11月22日	高松藩香川郡西檀紙村住人浜蔵	宇足津村→坂出村→江尻村	（記載なし）
明治３年			
１月14日	高松藩香川郡西笠井村鶴市嘉八郎倅吉蔵	宇足津村→坂出村→江尻村	（記載なし）
１月16日	因州八上郡佐貫村百姓母とめ・倅常十郎	江尻村→坂出村→宇足津村	（記載なし）
１月28日	芸州奴賀郡栗田村嘉右衛門妻倅共２人	江尻村→泊り→宇足津村	米５合
２月２日	播州宍粟郡黒土村茂助きの	江尻村→坂出村→宇足津村	（記載なし）
２月５日より10日迄	伊予松山領伊予郡木作村百姓元蔵倅又太郎	当村ニて煩い付き、療治服薬等致せ共聢《しか》と仕らず、何分本国へ送り呉れる様願い出でニ付き、村送りニ仕る	日数７日扶持米１升８合、薬12服代銀14匁２分、莚２枚代銀３匁、辺路送り出したこし調いニ付き入用銀23匁

明治２年５月改「遺（遣カ）辺路并泊辺路控帳」（阿河家文書。瀬戸内海歴史民俗資料館蔵）より。

十月十一日ゟ十一月九日迄

一男女三人辺路　壱人男
　　　　　　　　弐人女

右者肥後国天草郡坂瀬川村助蔵女房さよ、同人娘きを同人倅辰三郎、右三人之内さよ義病人ニ而、当郡鴨村ゟ送り戻し、当村ゟ宇足津村江継立候処、舁棒無御座候ニ付舁戻り候処、同人病躰指重り候段、娘きを申出ニ付、当村方ニ留置養生致せ候所、十月十四日右さよ病死仕候段、御注進申上置、残両人国元へ掛合之上、引渡可申筈之処、尚又倅辰三郎儀病気ニ付、是又養生致せ候得共、十一月九日病死仕候段共、御注進申上候

日数三人四日

一米弐升四合　　右三人扶米

三人之内母壱人者大病、壱人者二才ニ相成候小児、壱人者拾六才之女子ニ而、旅行ニも難出候段、申出候ニ付三人共育置御座候

一銀弐匁　　右病人さよ薬用服代

一同八匁　　桶代
一同六匁　　右之取埋メニ付入用
十月十五日　弐人扶持米廿日
一米八升
一銀六匁　　右辰三郎取埋ニ付莚代
助蔵女房さよは四日後に病死し、また倅辰三郎は一一月九日に病死した。かれらに要した薬代・「取埋メ」料・滞在中の扶持米などが記されている。残されたきをは表2にもあるように、一一月一一日に帰国した。

おわりに

以上、讃岐の四国遍路について城下町・村方・村送りに関して検討してきた。その特徴を指摘しておくと、丸亀城下では遍路道が通っているため、遍路屋が置かれて藩の町会所の管轄下に町年寄たちが運営しており、往来手形さえ所持していれば遍路は一泊の宿泊ができた。病人遍路や困窮遍路には優遇する措置をとっていた。これに対して髙松城下では遍路が城下に入ることは認めず、とくに「乞食辺路」による城下での「托鉢」は厳しく取り締まった。ただし遍路が新湊町から上陸するために遍路宿があり、遍路が城下に入ることが全面的に禁止されていたわけではなかった。

このように丸亀・髙松の両城下では遍路の取り扱いに相違はあるが、藩によって城下で遍路の動向は把握される状況にあったといえよう。

藩では村方で遍路が宿泊を依頼する場合には往来手形の所持を確認するように命じていた。讃岐では古い往来手形として先に触れたように、元禄十七年の丸亀藩井関村庄屋佐伯太郎右衛門から出されていたが、往来手形を所持していないであろう困窮遍路については、村方での行動を厳しく取り締まる方針であった。

高松藩領では幕末の元治元年七月に、廻国・辺路をはじめ逗留者の藩内での往来を認めない措置をとり、宇足津村と志度村には遍路への船揚切手の発行を禁じている。この両村にとくに命じているのは高松藩では、遍路の上陸地として宇足津村・志度村、それに高松城下の新湊町が指定されていたのではないかと思われる。

また村方では遍路の希望により村送りが行われていた。一般的に行旅難民の村送りについては、寺社参詣などが多かった上方地域では、少なくとも十七世紀終わりの元禄はじめには、慣行として成立していたといわれている。(18)遍路の村送りのはじまりは明らかでないが、煩い遍路については高松藩では十八世紀なかごろに近い延享四年に、重症である煩い遍路については村送りしないように伝えており、遍路の村送りはこれ以前から取り上げられていたようである。この村送りは高松藩では該当地の庄屋が責任をもって次の村へ送ること、とくに煩い遍路については丁重な扱いを指示していた。幕末の嘉永六年には、安永二年の村送りの手続きを改めている。

村送りをする場合にはその村で新たに手輿等を作らねばならないがその費用や、また煩いなどで遍路が宿泊したときの経費を庄屋が書き留めた史料が残されているが、その経費はどこから支出されたのであろうか。今後の検討課題である。

いずれにしろ、讃岐の藩内では城下町をはじめ村方においても、領内を往来する遍路に対して、藩は取り締まりの対象としていたことがうかがえよう。

注

（1）「近世期の『へんろ』と村社会～『旅としてのへんろ』の視点で～」（『香川史学』第三一号。香川歴史学会、二〇〇四年）、「遍路と村社会～送りと迎えの論理から～」（『「四国巡礼と世界の巡礼」国際シンポジウム・プロシーディングス』。「四国遍路と世界の巡礼」国際シンポジウム実行委員会事務局、二〇〇五年）。

（2）『香川県史10・近世史料Ⅱ』。香川県、一九八七年。なお当「御定目」には宝暦六年の次の書き込みがある。

　廻国道者之内相煩候歟、又者替儀有之、送り来り候ハ、帳面ニ引合、西川口揚り候ニ紛無之候者、先々江送らせ可申、爰許浜ゟ揚り不申者者請申間鋪候

「道者」には遍路も含まれていた可能性が指摘されているが（内田九州男「近世の巡礼者たち—往来手形と身分—」〈『四国遍路と世界の巡礼』平成十六年度愛媛大学国際シンポジウム報告書〉、本文で述べたように「廻国」は寛保元年では煩い等によって送られてきたときは、宿泊をさせないとしていた。これを改めて丸亀港の西川口から上陸したことが確かであれば、泊まりの措置をとることにしている。これは丸亀からさらに村送りをすることをいっていると思われる。このころには廻国・遍路の「村送り」の措置がとられていたことを物語っているのであろう。遍路の村送りについては後述する。

（3）『新編香川叢書・史料篇㈠』（香川県教育委員会、一九七九年）。この史料はすでに山本秀夫氏が前掲「遍路と村社会」で触れている。

（4）以上、「高松町年寄御用留」（抄）（『香川県史9・近世史料Ⅰ』。香川県、一九八七年）。幕末の文久三年二月の大庄屋への通達の中にも、「乞食辺路等他所ゟ数多入込、不断徘徊之由ニ相聞候、右之類ヲも致吟味早々追払可申候」とあり（渡辺家文書「御用日記」香川県立ミュージアム蔵。以下「御用日記」は渡辺家文書である）、「乞食辺路等」つまり困窮辺路への厳しい姿勢が続いている。なお高松藩の「乞食辺路」については、岡本佑弥氏の「近世後期高松藩領における『乞食辺路』への対処と統制」（『人文学論叢』第十八号。愛媛大学人文学会、二〇一六年）の研究がある。

（5）拙著『讃岐・江戸時代の町、村、島』一九ページ（文芸社、二〇〇八年）。

（6）前出「高松町年寄御用留」（抄）。

（7）佐伯家文書「万覚帳」（瀬戸内海歴史民俗資料館蔵）。元禄十七年のこの往来手形は全国的にも古い例だと思われる。

（8）「高松藩諸達留」（『香川県史9・近世史料Ⅰ』。香川県、一九八七年）。幕末の文久三年五月に領内への申渡しの中にも、「廻国辺路一宿願候へ者、往来手形見届候上、宿ヲかし可申候、其外旅人無断指置申間敷候」とあり、本文引用と同様な方針

がとられている（「御用日記」）。

（9）以上、「御法度被仰出留」（前出『香川県史9・近世史料Ⅰ』）。また同年十二月にも「乞食辺路等他所ゟ数多入込、不断徘徊之由ニ相聞候、右之類ヲも致吟味、早々追払可申候」と、乞食辺路の追い払いを述べている（「御改革一件記」〈同上〉）。

（10）「御用日記」。なお、「往来持之廻国辺路一宿之儀者是迄之通」とあるように、往来切手を持っている辺路は一般の宿屋に止宿することもできた（同上）。

（11）前出「高松藩諸達留」。

（12）右同。

（13）「病気遍路当村ゟ送出控帳」（仮）（阿河家文書、瀬戸内海歴史民俗資料館蔵）。安政二年の「御用日記」に差出人の阿河加藤次の名がみえる。

（14）前出「高松藩諸達留」。

（15）前出「御法度被仰出留」。

（16）嘉永四・五・六年「御用留」（前出阿河家文書）。なお前出「高松藩諸達留」にも同様な案文が収められている。

（17）表2の出典史料名にある「遺」は、送り遍路のことであるから「遣」（つかわす）の書き誤りであろう。当史料は山本秀夫氏が前掲「遍路と村社会」で触れている。

（18）柴田純『江戸のパスポート』三三ページ（吉川弘文館、二〇一六年）

第六章　近世讃岐の病死・煩い遍路と村落

はじめに

近世の十七世紀後半以降の経済的な発展が進んでいくなかで、民衆の生活が向上していくにしたがい、十八世紀後半には全国的に民衆による旅が増大したが、こうした状況の背景には、江戸幕府による明和四年の「行旅難渋者」対策が出されたことが影響しているのではないかという[1]。

その内容は、病人については医者による加療を施して出身地へ連絡し、詳細については支配代官等への届け出を義務づけさせ、加療せずに宿場・村の継送りを厳禁したこと、病死した場合には支配代官等へ連絡の上、出身地へ連絡して親類縁者と相談して、その地に埋葬するか出身地へ引き取るかは希望に任せることなどとなっている[2]。

貞享四年の僧真念による『四国遍路道指南』の刊行以後、民衆による四国遍路が盛んになっていくなかで、途中で病気になった遍路、また病死する遍路が多くなったであろう。こうした遍路の「行旅難渋者」に対して、どのような措置がいつころから行われるようになるのかについては、今のところ明らかでないが、少なくとも明和四年の幕府の法令が出されて後は、その内容に沿った措置が四国の各藩においても行われたと思われる。

讃岐における各藩の四国遍路難渋者に対する措置の時代的な推移は今後の研究課題として、本章の目的は、現段階で確認できる史料によって、讃岐における病死遍路や煩い遍路の取り扱いについて、村落がどのような関わりをもっていたのかについて、史料紹介を兼ねて検討してみようとするものである。

一　病死遍路と無届け埋葬

遍路が巡拝途中に病死した場合について、近世後期の弘化二年九月の丸亀藩領三野郡比地村の幸吉の場合を、比地村庄屋の日記からみてみよう。(3)

九月二日
（前略）、村方下司ノ幸吉と申者、当六月四国巡拝ニ罷出候所、阿州板野郡大寺村ニ而病気ニ付、同所ゟ村送ニ相成候処、東領高篠村ニ而病死致候、即同処庄屋千葉紋蔵と申者方ゟ、紙面ニ而掛合越申候、早々幸吉親類之者呼取、右之趣被申聞、（下略）

同　三日
（前略）、村方幸吉東領ニ而死去候ニ付、昨日ゟ掛合越之趣、并当方ゟ之返書共相認、御役処表江役人ヲ以相伺申候

同　八日
（前略）、下司幸吉東領ニ而病死致ニ付、同所ゟ掛合来候ニ付、返書并取計方之儀、相伺置候所、夜前御達相成、則中遣役人并親類共、当方返答書持参ニ而、挨拶ニ遣申候

同　九日

（前略）、下司幸吉親類役人共参候処、高篠村庄屋高松表江伺ニ罷出、留主中ニ有之候間、役人幸吉倅共、逗留致呉と之事ニ候而、親類壱人罷帰届申出候

同十一日

（前略）、下司幸吉親類之者、高松領江掛合ニ此間行候処、同処庄屋留主中、三、四日逗留致今日罷帰、返書持参ニ而委細申出、阿ノ地ニおゐても万々叮嚀之由、被申聞候段申出候

比地村下司の幸吉が六月に四国巡拝に出た。阿波国板野郡の大地村で病気になり郷里への村送りになったが、高松藩領の那珂郡高篠村で病死したとの連絡が、高篠村庄屋千葉紋蔵から比地村庄屋白井秀太郎に、九月に入ってあった。幸吉の親類へその旨伝えた。翌日に高篠村からの連絡および比地村からの返書について、「御役処表」に伺いをしている。ここにいう「御役処表」というのは丸亀藩の管轄役所であると思われる。八日に藩からの許可が出て、比地村役人と幸吉の親類が高篠村へ出かけている。出身地の庄屋による措置については藩の了解が必要であった。そして最終的には十一日に親類が帰村している。高篠村での扱いは、「万々叮嚀ノ由」であったという。病死した高篠村での処置は、「病死遍路在之節注進申出、村方仕方之通取埋来候」とあるように[4]、高篠村の慣例によって埋葬されたのであろう。

病死遍路については高松藩では寛政十二年八月に、「辺路病死之節、取埋之義も猥相聞候間、建札ハ往還江建、取埋ハ三昧之外不相成義と、相心得可申事」と達しており[5]、病死遍路の埋葬は三昧に限り、往還へ建札を立てさせることにしていた。

高松藩における具体的な病死遍路に対する文政三年の措置の例を紹介しよう[6]。阿野郡北の鴨村庄屋から大庄屋へ提出されたものである。

一筆啓上仕候、

一男辺路壱人
備中浅口郡乙島村
宗左衛門
歳五拾計

着類所持之品
一木綿袷　　壱つ　　一同　　帯壱筋
但、表浅黄麻葉之形付、裏浅キ　　但、浅黄
一掛袋　　壱つ　　一札挟　　壱つ
但、白内ニ籾少々入
一杖壱本
〆

右之辺路四国巡拝ニ罷出、当十月十日暮時分、当村井手西免之内迄罷越打伏居申候由、村内百姓与右衛門と申者ゟ申出ニ付、早速組頭共召連罷越見分仕候処、病躰余程重様子ニ相見、一向言舌等も相分不申候ニ付、医師を付服薬等相用、養生為仕番人付置御座候処、養生ニ相叶不申、今朝六つ時分病死仕候段、右番人共ゟ申出候ニ付、尚又与頭共召連罷越見分仕候処、身中少之疵も無御座、全病死相違無御座候ニ付、猶番人付置往来手形船揚切手写二通相添、御役所へ御注進申上候、此段御聞置被成可被下候、右申上度如此御座候、已上

十月十七日
鴨
次右衛門

渡辺七郎左衛門様
渡辺和兵衛様

内容は、備中の浅口郡の宗左衛門が阿野郡北の鴨村の井手西免で倒れているとの、村内百姓の与右衛門の連絡により、鴨村庄屋次右衛門は組頭と見分に出かけたところ、病状が重かったので医師を呼び服薬させて番人をつけて養生させたが、七日後に病死した。そのため次右衛門は組頭とともにこれを見分して、病死であることを確認したということで、往来手形・船揚切手を添えて役所（高松藩郷会所か）へ申し出たので、同郡大庄屋二人へ通知するとしている。

病死遍路については往来手形・船揚切手を添えて、藩役所への届けた後埋葬の処置が執られたと思われる。宗左衛門の七日間の養生の場所は、おそらく発見者の与右衛門宅であったろう。養生の間の経済的な負担や埋葬の経費はどこから出されたのかは不明である。

また遍路が村送りの途中で病死した場合には、どのような手続きがとられていたのであろうか。同じく文政三年の高松藩の場合を次に紹介しておこう(7)。

一筆啓上仕り候、

京都七条不動堂前芋屋伊兵衛倅
万次郎
歳三十位

着類所持之品

一木綿単物　壱つ　一同　帯壱筋

但、浅黄　但、右同断

一同掛袋　壱つ　一札挟　壱つ

但、白、内ニ物□少入

一杖　　　　壱本　　　一笈　　　壱つ

一納経　　　壱册

〆七品

右之者四国巡拝ニ罷出、予州風早郡土手内村迄罷越候所、病気指発歩行相成不申由ニ而、右村方ゟ順々送参も、去ル廿八日氏部村ゟ当村迄送参候処、病躰至而重ク相見申候ニ付、百姓仁左衛門納屋ニ指置、番人并医師ヲ付、服薬等仕せ置御座候処、養生ニ不相叶夜前四つ時分病死仕候段、番人共ゟ申出候ニ付、早速与頭召連罷越見分仕候処、身中ニ少シ之疵も無御座、全病死ニ相違無御座候間、尚又番人付置、今日注進仕候間、此段御聞置可被成下候、右申上度如斯ニ御座候、以上

八月朔日

鴨政所

次右衛門

渡辺七郎左衛門様

渡辺和兵衛様

京都から四国遍路にきていた三〇才位の万次郎が、伊予の風早郡土手内村で病気になり、村送りで去る十八日に鴨村まできたところで病が重くなったので、鴨村の「政所」(庄屋)次右衛門は百姓仁左衛門の納屋で番人を付けて看病させたが死去した。番人からの申し出により組頭とともに見分に出かけたが、体に傷はなく病死に間違いないので、番人を付けて置き本日申し出たという。送り遍路の病死の場合も先述の倒れ遍路の宗左衛門の時と処理の方法は同じであった。万次郎も宗左衛門も着類が浅黄の木綿袷・単物であったことに注意しよう。

このように病死遍路の処理についても、関係した百姓から村の庄屋、そして庄屋から藩役所の許可を得て郡の大庄屋の了解によって埋葬されることが必要であった。

では正規の手続きをとらず、病死遍路を密かに埋葬した場合にはどのような措置がとられていたのだろうか。安政二年の次の史料を提示しよう。(8)

一筆啓上仕候

阿野郡北坂出村百姓
与兵衛

右之者何申出も不仕、病死辺路取埋致候由、風聞御座候ニ付、昨十一日右与兵衛呼出相尋候所、当三月廿一日暮時分、筑前出生四国巡拝罷出候由ニ而、年頃廿五六計女辺路壱人罷越、一宿致せ呉候様相頼候ニ付、往来手形等所持致居申候哉相尋候所、紛失致候段申ニ付、断申述候内暮ニ及、女儀ニ候得者嘸難渋も可仕と、痛敷存候儘一宿仕せ、翌早朝出立致候様申聞候処、少々相勝レ不申候間、出立難出来段申候ニ付、色々服薬等仕介抱致せ候得共、同廿六日夜四つ時分ニ而も御座候哉病死仕候、尤右辺路存命内遺言仕候ニ者、所詮快気無覚束候間、病死候節者所持之木綿布子壱つ同袷壱つ博多帯壱筋、夫々売払候而成共、葬呉候様申聞候ニ付、右品々質置并売払等仕候処、銀札弐拾五匁出来候ニ付諸入目ニ仕、村内本村免無常場江取埋仕候段申出候ニ付、右様之歩ミニ候得者、村方へ可申出筈之処、如何之心得ニ而一己之了簡等ヲ以、死骸取埋致候哉と押方仕候所、無何心葬候義ニ御座候処、此度御押方預候而者、甚タ不調法何とも御申訳無御座、恐れ入奉候段申出候ニ付、先所蔵江入置番人付置御座候、此段御注進申上度如斯ニ御座候、已上

五月十二日　阿河加藤次

本条和太右衛門様
渡辺五百之助様

右之趣御役所へも申出候間、御承知可被成下候、以上

阿野郡北の坂出村百姓与兵衛は三月二一日に、筑前から四国巡拝にきていた二五、六才の女性遍路一人を、往来手形を所持していないにもかかわらず一宿させたが、翌日病となり出立できなかった。そして五日後の二六日に病死した。生前からの遺言により所持品を売り払った代金銀札二五匁を経費に充てて、本村免の無常場へ埋葬したことを坂出村庄屋阿河加藤次へ申し出た。遍路の病死については、庄屋へ届け出るべきところ勝手に埋葬したということで、番人を付けて「所蔵」へ入れられている。この事を阿河加藤次は阿野郡北の大庄屋へ通知し、大庄屋はこのことを藩へ連絡している。

百姓与兵衛の所蔵入れがどの程度の処分だったのか明らかでないが、往来切手を紛失して遍路をしている一人の女性がおり、しかもこの女性に宿を提供する人たちがいた。一般的には往来切手を遍路はもっていなければならないが、この女性遍路のように往来切手を持たずに、遍路をしている人たちも多くいたのではないかと思われる。

与兵衛のように個人で行った無断の取り埋めではなく、複数人が関わった病死遍路の無届けの取り埋めの場合もあった。長文になるが、鴨村での文政七年の史料を次に紹介しておきたい(9)。

一筆申上候、

作州真島郡藤森村
重六
歳六拾八
同人女房
しゅん
歳四拾八

重六着類所持之品

（省略）

〆

右之遍路四国巡拝ニ罷出候由ニ而、去月廿八日九つ時分、当村井手□免間人金平と申者方江罷越、右両人共相勝レ不申、難渋仕候由ニ而、一宿之義相頼候ニ付、往来手形相見届候上一宿仕、翌日早朝出立可仕筈之所、右重六義病気指重ク、歩行難相成由ニ而、医者頼呉候様申ニ付、村内医師右門江療治相頼、服薬等為仕御座候処養生ニ不相叶、当月朔日八つ時分病死仕候由、然ル所右重六死骸取埋致呉候様、右女房ゟ金平江相頼候ニ付、無何心近辺之者共相頼、同夜五つ時分同免之内無常場江取埋致候処、右様之義者御願申上、御願済之上取埋仕候義ニ御座候由、承候ニ付申出仕候段、昨四日金平申出候ニ付、早速私義組頭共召連、無常場江罷越見分仕候処、申出之通取埋仕御座候ニ付、右右門義呼出相尋候処、金平申出之通療治仕候義、相違無御座候段申出候ニ付、猶右重六女房しゅん義も呼出、病気并取扱之様子吟味仕処、金平申出之通相違無御座、色々介抱仕候得共、養生ニ不相叶病死仕候義ニ付、死骸早々御取埋被下候様、金平江相頼候義相違無御座候由申出候ニ付、猶外取扱仕候者ハ無之哉と相尋候処、村内百姓彦兵衛同加次右衛門同大右衛門間人□刺善吉、右四人之者友々世話仕候由、右金平ゟ申出候ニ付、四人共呼出相尋候処、金平ゟ申出之通相違無御座、尤人別之者共近辺之義ニ付参掛候処、金平并重六女房しゅん友々相頼、全病死ニ相違無御座義ニ付、無何心世話仕候義ニ御座候処、右様病死辺路取埋之義者、御作法も有之候ニ付申出仕、御頼済之上取埋仕、并旅人数日逗留為仕候段、如何之次第ニ候哉と、金平并人別之者共相尋候処、無何心申出不仕、女房頼ニ付死骸取埋、猶又数日逗留為仕置、何之御申出も不仕、右様取扱仕候段御押方ニ付而者、不調法至極奉恐入候段申出候得共、先近平并四人之者共五人組合之者江預置、猶しゅん義者村方ニ而医師ヲ付、服薬等相用養生為仕置御座候、尤右女房義者夫重六死骸ヲ取埋被下候得ハ、早々帰国仕度段、別紙之通願申出候、則往来手形船揚切手写し都合三通相添指出申候、右之段御注進申上度如此ニ御座候

十二月五日

阿野郡北鴨村庄屋

次右衛門

柏原弥六様

中村甚八様

右之通御役所江申出仕候間、此段御聞置被成可被下候、右申上度如此御座候、以上

十二月八日

鴨村庄屋

次右衛門

渡辺七郎左衛門様

渡辺和兵衛様

（中略）

右申出之通相済候段、役所ゟ申来候、十二月晦日村方庄屋次右衛門ゟ申出候

美作の真島郡の重六としゅんの夫婦が四国巡拝に出て、鴨村までできたが体調が悪く近平宅へ泊まり、重六の病が重くなり、医師にもみせたが回復せず死去した。このため妻しゅんは重六の埋葬を、近平に頼み近所の百姓四人とともに無常場へ埋葬した。遍路の病死の埋葬は藩役所へ願い出て許可をうけることが必要であった。このため鴨村庄屋次右衛門は近平、医者右門、妻しゅん、百姓四人らから事情を聞いた上、藩役所へ申し出るとともに、このことを阿野郡北の大庄屋へ連絡している。

この重六の埋葬に関しては二つの問題があった。一つは本文にあるように、「病死辺路取埋之義者、御作法も有之候ニ付申出仕、御頼済之上取埋仕」らねばならないこと、もう一つは「旅人数日逗留為仕候段」、つまり妻のしゅんを重六死後も逗留させたということであった。これらの「不調法」に対して庄屋次右衛門は近平ほか四人を五人

組合へ預ける処置をとっている。近平や四人の行動をみると、先述した与兵衛の場合と同様に、病死遍路の「取埋」や旅人の「一宿」許可の藩の方針が、村人に十分に行きわたっている状態とはいえないと思われる。

妻しゅんは鴨村「役人衆中」へ「奉願上口上」を提出している。その内容は引用した次右衛門の藩への申上書の内容とほぼ同じであるが、丸亀湊から上陸したことがわかる。そして「私義も今以聢と不仕候ニ付、御村方ニ而医師ヲ御付服薬等被仰付、難有仕合ニ奉存候、然ル所夫重六義者前段ニ申上候通、全病死ニ相違無御座候間、不気付ニ而近平江相頼、取埋致貰候段不調法奉恐入候間、何卒早々御作法之通取埋相済候得者、私義者最早巡拝之義無用ニ付、少々ニ而も快方次第、国元江罷帰り候様仕度」とあって、快方次第帰国したいといっており、滞在の期限がいつまでと切られていないのがわかる。後に庄屋次右衛門の処置は藩役所に認められたことが、大庄屋から次右衛門へ伝えられている。

村方における病死遍路についての史料を紹介してきたが、城下における病死遍路の取り扱いについてはどうであったのだろうか。丸亀城下に関して次の史料がある。(10)

一遍路行倒死去候はゝ、町内年寄より往来改可申出事、右往来之写御奉行様へ御案内申上候、尤町内にて番人付置候事、御用番様へ御伺之上、致見分病死に相違も無之候はゝ、取埋いたし候様被仰付、見分に御下役中両人、町役人月番限罷出候、敷地役人不残立会改申候上、町内より右遍路所持之書付、白紙切紙に認、御下役両人宛に敷地年寄より差出す、尤無印《(ママ)》之病死に相違無之候はゝ、取埋候様町内へ申付候て相済む

城下で遍路の「行倒死去」があった場合には、番人を付けておいてその町の町年寄が往来手形を改めて、その写しを藩の奉行へ提出する。そして奉行から家老たる御用番へ伺った上、病死に間違いなければ埋葬する。病死の見分には「下役中両人」、月番の町役人が立ち会う。そして病死遍路が所持していた書付の写しを、病死した場所の町年寄から下役両人へ提出することが義務づけられていた。城下の場合には町年寄の責任のもとに、藩の了解を得

た上で埋葬することになっており、手続き的には城下の場合も村方と同様であったのがわかる。

二　病死・煩い遍路と「村入目」

ここまで病死遍路について述べてきたが、その処置は庄屋が中心になって取り扱っていたのが明らかになったといえよう。では病死遍路や煩い遍路の処置にかかった経費は庄屋の個人的な負担とされていたのであろうか。次にこの問題について考えてみたい。これに関して高松藩の次の二点の史料がある。

・一煩辺路又ハ病死辺路取扱入目、莫太(大)ニ相見申候、旅人之義ニ付可相成尺相労、近辺之者其所之世話ニ而、深切(親)ニ取扱可申候、至極無余儀候得者、村入目可致候、（後略）[11]。

・一煩辺路賄弐合五勺ニ而者、彼是指支候次第も在之候間ニ付、已来五合つゝ相立て、村入目ニ致候義承届候、（後略）[12]。

前者は享和二年の史料で煩い遍路や病死遍路にかかる経費が多くなっており、遍路についてはできるだけ慰労し、その地域の世話で親切に取り扱うことにするが、それが無理な場合は「村入目」、つまり庄屋が管理している村落維持費で処理する。後者は時代は下るか安政四年の史料で、煩い遍路については賄い費が二合五勺では不足しているので、以後は五合の支給で村入目から出す。つまり煩い遍路、病死遍路の経費については村入目から支出するということであった。

このように煩い遍路や病死遍路の世話をするにも個人としては限度があり、年貢以外に百姓たちが拠出して、村の維持の諸経費に当てるために蓄えていた村入目から支出されていた。しかし村入目からの支出についても限られており、当然その支出をできるだけ抑制することが藩から要請されることになる。

高松藩では天保元年八月に村入目削減の方針を出したが、翌二年五月に近年は村入目が増加して農民の困窮を招いているとして、村入目を「半減」にするとの具体策を出した。[13]遍路に関しては次のように大庄屋へ達している。[14]

一煩辺路又ハ病死辺路取扱入目、大荘ニ仕出候村方も相見候、旅人之義ニ付可相成たけハ相いたわり、近辺之者又ハ其所之世話ニ而、深切（ママ）ニ取扱遣し可申候、所持之品等無之長煩い等ニ而、近辺深志も届兼候得者、村入目ニ取扱可申候

　但、別紙申渡候通入目帳ニ、明細記置可申候

本文之趣奉畏候（この行以下は大内郡大庄屋日下家の書き込み）

但、煩辺路村送り之義、多分阿州ゟ送り越候ニ付、坂元村へ請込貰、往来筋付之村々米拾石指出、坂元ゟ田面迄直送りニ相成候様、相究り居申候、右等之義者是迄之通ニ仕度奉存候、尤村々之内ニ而、煩付送り出候節者、村方ゟ相勤申候

　付札、送り辺路引請之義者是迄之通、其外究之通と御心得可被成候

煩い遍路・病死遍路に対しては、前にもあったように近辺の者やその所の者が「深切」に取り扱い、所持品もない長煩いについては村入目の対象とするとしている。村民の個々の負担に拠ることにして、できるだけ村入目の適用を避けようとしているのがわかる。

二つ目の但書の部分は、高松藩領の東端の大内郡のことであり、阿波からの送り遍路については坂元村で引き請け、道筋の村々から一〇石を提供し、隣接する寒川郡の田面まで送ることにし、村内での煩いはその村で送ることにしている。

天保二年から二八年後の安政三年に、再び領内の大庄屋へ村入目削減の指示を出したが、その中で遍路に関しても通知が出された。[15]

郡々
大庄屋

郡村入目之義者毎々御世話も費被下、殊ニ天保二卯年ニも、格段省略向取調被仰付、規定被相定居候処、近年追々入目重高ニ相成、百姓共難渋可致由ニ付、尚又此度格別之御趣意ヲ以、入目減方取調被仰付、一昨年ゟ昨年迄入目帳ヲ取調せ候処、右卯年規定ニ不立候ケ条在之候得共、敢而蟠り候事ニ者在之間敷候、右規定已来追々手更りニ相成、自然と右様成行候義と相見候間、以後別帳之通相心得、右ケ条ニ無之義者聊か之事たり共、内談請取取扱候義不相成候

（以下省略）

五月

郡村入目ケ条左之通

（中略）

一辺路及暮ニ難渋之旨願出候ハヽ、宿計取計遂候共、支度村入目ニ致候義無用、煩辺路小屋取建、余程之入目村ニ寄相見候間、以来者全雨露ヲ凌キ候通之義ニ而、随分手軽ニ小屋掛致、其免場之者共申合、廻りニ世話致遣番人付候ニも及間敷、壱人者煩候節者、壱日黒米弐合五勺之積相賄せ、連在之者者賄方無用、尤薬代等者村入目ニ可仕候、辺路病死致候ハヽ、是迄仕第之通取扱、成尺致省略入目相減候様可仕候、送り戻し辺路之人足、雇人足ニ仕候義無用、公事人足ニ而相済せ可申候、尚又丸亀領之辺路煩付、長ク養生致せ候村も相見候間、以来丸亀多度津金毘羅等之近キ所者、早々所役人江取遣之上、引取せ候様可致候

難渋遍路の宿泊の経費は村入目にしない、煩い遍路小屋の取り建ては手軽な小屋掛けにし番人も置かない、煩い遍路は一人につき一日米二合五勺とし連れのものの賄いは無用とする、但し薬代等は村入目にする、病死遍路はこ

れまでの取り扱いとしその経費はできるだけ省略する、送り遍路の人足は雇うのではなく、村で負担が決められている「公事人足」とするとなっている。また丸亀藩・多度津藩や金毘羅の煩い遍路は、出身地へ引き取らせるとしている。

さらに高松藩では明治維新の四年前の元治元年九月にも次の村入目の削減に関する通達が出されている。(16)

一廻国辺路送之義、已後者品所（ママ木原）認メ候義者勿論、何日何村送越何村江送遣候段、委細ニ認メ指出可申候、且又煩等相発候節者、発病之日立何病相煩候ニ付、何日逗留為致、何村江送候段可申出候

右、夫々送り越候村、送り遣候村申出候ハヽ、引合之上入目承届可申候

　但、右引合不分明之分ハ、入目聞届兼候

（中略）

一殿様奉始方々様御出、并御代拝大検見一件

一郷村普請一件

一諸役人出郷仕度調

一辺路送り并煩辺路一件

一臨時諸入目

右之通省略致候得者、入目向余程減少可致と存候、（後略）

前半の史料では、送り辺路についていつ何村へ送ったかということを詳しく記して提出し、煩い遍路については煩いと逗留の日数と、送った先の村名を届け出、これらの提出書類に基づいて調査して、村入目にするかどうかを藩として決めるとしている。これは送り辺路、煩い遍路に関する経費の増大により、村入目のありかたに問題が起こらないようにとの措置であったといえる。

後半の五か条は村入目の支出を省く項目としてあげられ、「入目向余程減少」するとされたものであるが、藩主をはじめ藩役人の出郷経費と並んで、「遍路送り并煩遍路一件」として遍路関係費の削減が取り上げられている。当時遍路関係の支出が村入目に大きな影響を与えていたことがわかる。

三　「辺路煩中」・「辺路煩中死去」の経費

丸亀藩領の三野郡上勝間村での煩い遍路の逗留経費に関する史料がある。その内容を示すと次のとおりである。[17]

一四匁弐分　小家竹木　　一三匁　藁莚代
一拾三匁　薬礼　　一弐斗弐升八合　辺路煩中扶持方
但し、六月廿八日ゟ九月十五日迄日数七十六日、病人尺ニ日々扶持方遣し申候
札〆拾七匁弐分　米〆弐斗弐升八合
右者去ル九月御注進申上御座候

伊予松山
新（居脱）郡東角之村
良八
小桜
同　西角之村
良平妻ウタ
ヲリエ

サト
〆五人
煩逗留中入目銀ニ而御座候
上勝間村庄屋安藤忠治郎 印
亥十一月
森　林右衛門様（以下四名略）

伊予国松山の新居郡東角村と同西角村の計五人の、六月二八日から九月十五日までの七六日間の「煩逗留中入目銀」として、銀札一七匁二分と米二斗二升八合が上勝間村庄屋の安藤忠治郎から、藩の関係役人である森林右衛門ら五人へ提出されている。丸亀藩では高松藩の村入目に相当するものを「日用銀」と呼んでいたが、おそらくこれらの経費は日用銀から出されるのであろう(19)。ただし五人のうち何人が煩い遍路であったのかは明らかでない。

煩い遍路の死去による取り埋めの経費に関して、同じく丸亀藩領上勝間村の次の史料がある(18)。

一三匁九分三厘　米代　一弐匁壱分　槇代
一四匁　小家竹木代　一壱匁壱分　莚代
一五匁　用桶代　一八匁　取埋日用賃、鍬損料共
一弐匁　薬代　一五匁　布施薬礼（カ）
〆三拾壱匁壱分三厘
右者保科弾正殿御領分、丹州天田郡天野村百姓林伴右衛門倅清助と申者、三月九日ゟ十一日迄煩中死去候、取埋諸入目、其節御注進申上置御座候、以上
一四匁弐分壱厘　米代　一弐匁　槇代

一三匁七分　小家竹木代　一壱匁壱分　莚代
一五匁　用桶代　一七匁五分　取り埋め日用賃、鍬損料共
一弐匁弐分　薬代　一七匁　布施薬礼（カ）
〆三拾壱匁七分壱厘
右者芸州領備後国三谿郡向江田村みよ、七月廿三日ゟ廿六日迄煩中死去取埋諸入目、其節御注進申上置御座候、以上
二口合　六拾弐匁八分四厘
右之通ニ御座候、以上
上勝間村庄屋安藤忠治郎［印］
子八月
森　林右衛門様（以下四名略）

丹波国天田郡天野村百姓伴右衛門倅清助が三月九日より十一日まで煩い死去したので、その「取埋諸入目」として銀（銀札か）三一匁一分三厘、また備後国三谿郡向江田島村のみよが七月二三日から二六日まで煩い死去したので、同じくその経費三一匁七分一厘、合計六二匁八分四厘が安藤忠治郎から森林右衛門らへ提出されている。

丸亀藩の支藩藩多度津藩領の三野郡羽方村に関し、嘉永五年の次の史料がある。[20]

一閏二月廿日頃、瀬丸関蔵方へ四国遍路病死致ニ付、関蔵迷惑ニ相成、色々入用等相掛り、不如意者之義ニ付、少々村方へ余内願出候由、入用銀高御検使賄入用七拾匁計之内、五拾匁尺ケ村辻ヨリ余内遣し可申趣、評議一決之事
但、関蔵手元ニ而之入用相添高、凡百五拾匁位も相掛り候由

羽方村瀬丸の関蔵宅で遍路が病死し、関蔵が負担した入用の七〇匁計りのうち、銀五〇匁を「村辻」、つまり村落維持費から援助することにしている。実際は関蔵が負担した額は一五〇匁位であったという。多度津藩では病死遍路に関する経費について、村落維持費で全額を賄うということになってはいなかったようである。

おわりに

以上、現在収集し得た限られた史料によってではあるが、讃岐における遍路に関することとして、病死遍路と煩い遍路、そして遍路と「村入目」との関係について、史料を紹介しながら述べてきた。史料の多くが藩からの通達類であるために、遍路と藩との関係が主となり、病死・煩い遍路と村落とのありかたを十分に検討することはできなかった。

すでに明らかにされているように、阿波徳島藩では「倒れ遍路」については、詳細な手続きを踏まえることが必要であったとの報告がなされており、村内で遍路が病死した場合には、各村の庄屋・五人組は藩（郡代）に対して届け出ることが義務づけられていた[21]。また接待の一種たる善根宿についても、そこでの宿泊は往来手形類を所持しない者への宿の提供は、厳しく禁じられていた[22]。

四国遍路が各藩領内の通行であるため、藩の強い規制を多岐にわたってうけざるをえなかったのは当然としても[23]、藩とは直接に関係しないところでの遍路と村方とのありかたについて、注目しなければならない点があるのも確かである。たとえば徳島藩領名東郡の村では煩い遍路を一五日間世話し、その子も二か月間半余り養育した後死去していること、また親の死後残された子の養育と出身地への送還の手続き、往来手形をもたずに「乞食体」と判断された遍路についても、医師や服薬を施して一か月余り村が面倒をみているなど、村が責任をもって藩との交渉の上で処理しなければならない事態が多くあったし、またこれらにかかる経費も村で捻出しなければならなかった(24)。

また遍路と一般農民との関わりも無視できないものがあったのではあるまいか。たとえば先に紹介したが、高松藩領坂出村で百姓与兵衛が筑前からきた女遍路一人を、往来手形を持たないことを承知で泊めたところ、翌日体調をくずし服薬を施したが一五日後に病死した。遺言により所持品を処理して埋葬したが、この往来手形をもたないものを泊めたこと、庄屋の許可を得ずに埋葬したことが取り決めに反したとして、「所蔵入」の処分を受けている。こうした与兵衛にみられるような援助をうけながら、経済的に余裕のない一般の遍路は、四国の札所を巡礼していくことができたのではあるまいか。

藩の遍路への対策は重要な検討課題であるが、他方遍路と村や百姓らとの関係を明らかにすることが求められる。これからの四国遍路研究を一層進めていくためには、すでに提言されていることであるが、「近世の遍路については、今後も地域における事例を集めて分析を重ねていくといった、地道で基礎的な作業が必要な段階である(25)」ということを、改めて確認する必要があると思われる。

注

(1) 柴田純氏「行旅難渋者救済システムについて―法的整備を中心に―」(『史窓』五八号。京都女子大学史学会、二〇〇一年)。
(2) 高橋敏氏『家族と子供の江戸時代』一四六ページ(朝日新聞社、一九九七年)。
(3) 弘化二年「諸事日記覚帳」(白井家文書。『高瀬文化史Ⅷ・史料編補遺集』所収)。
(4) 「高松藩諸達留」(『香川県史9・近世史料Ⅰ』。香川県、一九八七年)。
(5) 『高松藩御令條之内書抜・下巻』(香川県立文書館、一九九九年)。

(6) 文政三年「御用日記」(渡辺家文書。香川県立ミュージアム蔵)。以下「御用日記」は渡辺家文書である。
(7) 右同。
(8) 安政二年「御用日記」。
(9) 文政七年「御用日記」。
(10)「遍路行倒死去取計之事」(「古法便覧」〈『新編香川叢書・史料篇㈠』。香川県教育委員会、一九七九年〉所収)。
(11) 前出「高松藩諸達留」。
(12)「村方御用留」(別所家文書、香川県立文書館蔵)。
(13) 拙著『藩政にみる讃岐の近世』一七四ページ(美巧社、二〇〇七年)
(14)「郡村入目一件被仰渡写」(日下家文書。瀬戸内海歴史民俗資料館蔵)。
(15)「郡村入目御規定一件被仰渡留」(右同日下家文書)。
(16) 前出「高松藩諸達留」。
(17) 嘉永四年「辺路煩中入目書上帳」(安藤良夫氏蔵)。
(18) 嘉永五年「辺路煩中死去取埋入目帳」(右同)。
(19) 丸亀藩では当時日用銀は藩へ上納されていた(拙著『藩政にみる讃岐の近世』二四二・三ページ。美巧社、二〇〇七年)。
(20) 山本秀夫氏「遍路と村社会～送りと迎えの論理から～」(『四国巡礼と世界の巡礼」国際シンポジウム・プロシーディングス』。「四国遍路と世界の巡礼」国際シンポジウム実行委員会事務局、二〇〇五年)より引用。
(21) 町田哲氏「近世後期阿波の倒れ遍路と村」(『特別陳列・旅と祈りの道―阿波の巡礼―』。徳島県立博物館、二〇〇七)。
(22) 井馬学氏「徳島藩の遍路対策と村落の対応」(『四国遍路の研究・Ⅱ』。鳴門教育大学、二〇〇五年)。
(23) 藩による遍路に対する対策について述べた論考としては、管見のところ三好昭一郎氏「四国遍路史研究序説―遍路の民衆化と諸藩の遍路政策―」(『史窓』一〇号。徳島地方史研究会、一九八〇年)、井馬学氏「徳島藩の遍路対策と村落の対応」(『四国遍路の研究・Ⅱ』。鳴門教育大学、二〇〇五年)、浅川泰宏氏「『憲章簿』にみる土佐藩の遍路認識」(同氏著『巡礼の文化人類学的研究』所収。古今書院、二〇〇八年)、内田九州男氏「近世における四国諸藩の遍路統制」(『第1回四国地域史研究大会―四国遍路研究前進のために―　公開シンポジウム・研究集会　報告書』。四国地域史研究連絡協議会・愛媛大学「四国遍路と世界の巡礼」研究会、二〇〇九年)、町田哲氏「近世後期徳島城下近郊における『胡乱人』対策と四国遍路」（『お茶の水女子大学比較日本学教育研究センター研究年報』第6号。同センター、二〇一〇年）、井上淳氏「宝暦明和期における宇和島藩の遍路統制について」（『伊豫史談』三六六号。伊予史談会、二〇一二年）などがある。

(24) 前掲町田哲氏「近世後期阿波の倒れ遍路と村」。

(25) 右同。

第七章　讃岐白峯寺にみる高松藩と地域社会

はじめに

瀬戸内海に面する五色台の白峰の山上にある第八十一番札所白峯寺は、「白峯寺縁起[1]」によれば弘法大師空海が開基し、その後貞観二年に智証大師円珍が千手観音を本尊とする仏堂を建てたという。寺蔵の十一面観音像菩薩立像が平安時代中期、不動明王坐像が平安時代後期の作であるといわれており[2]、この点よりも平安時代には創建されていた、古代の山岳仏教系の寺院であったと思われる。

保元の乱で敗れ讃岐に流された崇徳上皇は、長寛二年に生涯を終え、白峯寺の西北の寺域内に墓所崇徳院陵が設けられた。その側に菩提を弔うために廟堂（御影堂・法華堂・頓証寺と呼ばれる）が建てられた。仁安二年頃には歌人西行が崇徳院陵を参拝している。こうして崇徳院陵参詣の広まりのなかで、白峯寺への信仰、参詣も多くの人々の間に高まっていったと考えられる。

白峯寺が史料上確認できるのは鎌倉時代に入った建長元年であり、讃岐に流されていた道範の日記「南海流浪記[3]」に、この年八月に道範が白峯寺へ移った記事があるが、道範が白峯寺と廟堂を同一視していたことがうかがえる。そして鎌倉末期の乾元元年には崇徳院の供養が行われていたことが確認できる。[4]弘安元年と元享四年の銘をもつ二つの十三重塔、文永四年の石燈籠ほか、鎌倉期の石造物が多くあることは、鎌倉時代の白峯寺の繁栄を物語っているといえよう。

永徳二年に白峯寺は落雷による火災で本尊も消失したが、[5]讃岐守護細川頼之の援助により復興に向かい、[6]応永二〇年が崇徳院の二五〇回忌に当たるところから、応永十三年には先述の「白峯寺縁起」が作成され、応永二一年には室町幕府将軍足利義持の執奏によって、後小松天皇が頓証寺の額を揮毫し[7]（現存する「寺号額『頓証寺額』」）、讃岐守護細川満元が勧進して頓証寺法楽和歌会を自邸で催している。[8]

中世の白峰山には、熊野の先達をはじめ廻国する多くの聖や行者らが訪れていたと推測され、白峯寺は古代以来の山岳仏教系の寺院としての側面を受け継ぎ、さらに近世に入ると行者堂が再建されるなど、山岳信仰の拠点として長らく維持されていたといえよう。そして古くは二一の末寺があったといわれるように、多くの子院をもつ大寺院であったと思われる。[9]

このように中世までの白峯寺については、その歴史的な特徴はある程度理解できるが、近世の白峯寺に関してはこれまでまとまった研究はなく、そのありかたについてはほとんど解明されていないといえる。しかし二〇一〇年度より白峯寺の史跡指定に向けての総合調査が実施され、[10]白峯寺所蔵の近世古文書についてもその内容が報告され、近世の白峯寺の動向を明らかにすることが可能となった。このため本章ではこれらの古文書によって、高松藩との関係や崇徳院回忌、寺財政の状況、及び地域社会との関わり等について検討してみることを目的としている。

なお、白峯寺は四国遍路八十八か所の八十一番札所であるので、それに関係したことも述べておかねばならないのであるが、白峯寺には札所に関する史料はほとんど残っていない。数少ない史料によって、すでに上野進氏によって検討されているので、[11]それを参照していただきたい。

なお、渡辺家文書（香川県立ミュージアム蔵）の中に、白峯寺に関する近世史料があるが、本章では検討しなかったことを断っておきたい。

一　白峯寺と高松藩

高松藩が成立する以前における近世初期の讃岐の領主であった、生駒氏との関係についてまず述べておきたい。天正十三年七月に豊臣秀吉は、四国を制覇していた長宗我部元親の軍勢を破り、これまで長宗我部軍と戦っていた千石秀久を讃岐の領主とした。この千石秀久が白峯寺へ翌十四年二月に一〇〇石（場所不明）、八月に青海の内に一〇〇石の計二〇〇石を寄進している[12]。千石秀久はそれから約一年半後、秀吉による九州の島津氏攻撃に失敗し、讃岐を取り上げられた。そして天正十五年六月に秀吉配下の武将生駒親正が讃岐の領主となった。

生駒親正は襲封直後の一〇月に白峯寺へ綾郡の青海村に五〇石を寄進しており、関ヶ原合戦後に新藩主となった親正の子一正は、慶長六年に改めて寺領五〇石を寄進し、山林竹木の「進退」を認めている[13]。そして白峯寺院主別名をこれまでどおり院主として了承し、寺領の知行、寺物の管理を行うよう、一正の有力家臣の佐藤掃部助を通して伝えている。また白峰山中の林中の「大門」から内の「谷中」での、竹木の伐り取りの停止、白峯寺領の百姓に一切の「公事」の禁止を命じている[14]。

慶長九年に、天文八年に罹災した本堂・千手院が[15]、生駒一正の命を受けて佐藤掃部助によって再興され、御厨子が納められている[16]。さらに慶長十二年八月には井上若狭・入谷外記の名で観音堂造立のために、讃岐の一一の郡から計五三石の勧進を行うことが白峯寺へ伝えられ、翌月には上坂勘解由以下郡の責任者に対し、「郡々山分加子分請所共」に高一〇〇石につき米五斗を割り付けている[17]。

慶長十五年に生駒一正の後を継いだ生駒正俊は、同年十二月に白峰の岩谷の竹の伐採を、一正と同様に禁ずることを浅田右京に伝えさせている。[18]そして正俊の子生駒高俊は寛永八年に相伝の「真宝目録」を作成させ、奉行の西島八兵衛・三野四郎左衛門・浅田右京らから、白峯寺の洞林院増眞上人へ渡している。[19]これらの文書のほかに高俊の書状が三通残っているが、その内容は祈祷札の礼状が二通で、一通は高俊の祝言に御札を送ったことへの礼状である。[20]

生駒家による讃岐の支配は、四代の生駒高俊の寛永一七年に家臣の対立による御家騒動が起って、幕府から所領を没収されて五〇年余で終わった。その後讃岐は東の一二万石が高松藩（松平氏）、西の五万石余が丸亀藩（山崎氏。のち京極氏）に分かれた。

綾郡青海村にあった白峯寺は高松藩領に属したが、寛永一九年に入部した初代藩主松平頼重は、翌二〇年に寺域の西北にあった崇徳上皇陵の廟堂で当時荒廃していた頓証寺を再興した。[21]万治四年（寛文元）には千躰阿弥陀堂を建立寄進し、その仏餉料として北条郡（綾郡が北条郡と南条郡にわかれる）青海村のうち北代新田免の高一〇石を寄付している。[22]延宝七年に御本地堂を再建立、翌年には当時藩主の松平頼常とともに崇徳天皇社・相模坊御社・拝殿を再建立した。[23]そして晩年の元禄二年には白峯寺に隣接する崇徳院陵の前に、一対の石燈籠を献納している。[24]このように松平頼重は襲封直後から白峯寺への保護を行っていたのがわかる。

白峯寺に残されている棟札を整理したのが表1である。、松平頼重に関するもの以外に、五代藩主松平頼恭の棟札が多い。頼恭は十八世紀中期の藩主で、高松藩の財政難を克服し藩政改革を行った中興の英主といわれている。寛延三年の年号をもつものが多いがその理由は不明である。賀茂社ほか八社の再建立、御滝蔵王社・華表善女竜王社の再興、十王堂・鐘楼堂の再上葺、諸伽藍の繕、崇徳院社幣殿・本地堂廊下・相模坊社幣殿・御供所廊下・惣拝殿陵門の再上葺、さらに宝暦十二年に客殿上門の再葺を行っている。また歴代藩主である松平頼豊・松平頼真・松

表1　白峯寺の棟札

年　号	建　物　等	願　主	寄進者	内　容
生駒藩				
慶長9年（1604）	千手院	別名尊師	生駒一正	再興
高松藩				
寛永20年（1643）	頓証寺	増真	松平頼重	再興
延宝7年（1679）	本地堂	松平頼重 住持圭典	松平頼重	再建立
延宝8年（1680）	崇徳天皇社・本地堂・相模坊社・拝殿	住持圭典	松平頼重 松平頼常	再建立
享保8年（1723）	御本地堂・幣殿・崇徳天皇社・幣殿・相模坊社・幣殿三社拝殿	現住等空	松平頼豊	再上葺
寛延3年（1750）	（一宇、賀茂社他八社）	現住剛吽	松平頼恭	再建立
寛延3年（1750）	滝蔵王社・華表善女竜王社	現住剛吽	松平頼恭	再興
寛延3年（1750）	十王堂・鐘楼堂・諸伽藍繕	現住剛吽	松平頼恭	再上葺
寛延3年（1750）	崇徳院社幣殿・本地堂廊下・相模坊社幣殿・御供所廊下・惣拝殿・陵門	現住剛吽	松平頼恭	再上葺
宝暦12年（1762）	客殿上門	監護剛吽	松平頼恭	再葺替
安永6年（1777）	善如竜王社	寺務体成	松平頼真	再造立
安永6年（1777）	蔵王権現小社・鳥井	寺務体成	松平頼真	再造立
安永8年（1779）	行者堂	体成	松平頼真	再建立
天明5年（1785）	水天之小社	寺主増明	松平頼起	造立 請雨の時、此神を勧請して、此の小社を建立す
天明7年（1787）	玄関	院住増明	松平頼起	再葺替
天明7年（1787）	御成門・仲門	監護増明	松平頼起	再葺替
天明7年（1787）	崇徳天皇・相模坊権現両社箱棟	増明	松平頼起	新替・葺繕
寛政6年（1794）	下馬石・下乗石、五本	現住増明	松平頼儀	再建
寛政7年（1795）	崇徳院社・諸伽藍	現住増明	松平頼儀	葺更・繕
文化2年（1805）	官庫宝前石階		松平頼儀	築 世話人西浜嘉助（他五名）
文化8年（1811）	大師堂	増明	松平頼儀	建立
弘化2年（1845）	十王堂	当住剛善	松平頼胤	再建
その他				
享保3年（1718）	地蔵十王堂	現住等空		建立
享保9年（1724）	客殿上門	現住等空		建立
天明7年（1778）	大般若六百巻安置			転読
文政8年（1825）	般若理趣経一万部			読
天保3年（1832）	理趣経一万部			読誦
天保12年（1841）	白峯大権現本社	剛善		再建 世話人橋本権蔵・安藤庄兵衛

「白峯寺の棟札」（前出『白峯寺調査報告書・第2分冊第6部第2章』）より。

平頼起・松平頼儀・松平頼胤らの名の棟札もあり、高松藩が白峯寺に対して時代を通して保護をしていたのを理解できる。

幕末の天保四年に編纂された「寺社記」[25]によると、高松藩から与えられた白峯寺の寺領高は一二〇石である。将軍朱印地の法然寺とともに、寺院ではもっとも寺領が高い城下の高松藩主の菩提寺である、浄願寺の三〇〇石の次であり、高松藩で重視されていた寺院であることがわかる。

白峯寺へは高松藩主の参詣が行われていたが、その例として確認できるのは、崇徳院六〇〇年回忌にあたる宝暦十三年の二月の場合で、藩主は先述の五代藩主の松平頼恭である。林田村から登山し、霊宝所・頓証寺・大権現を参拝している。帰りは国分遍路坂を下り国分寺へ立ち寄っている。一昨年にも参詣したといい、頼恭は何度か白峯寺を訪れたようである。[26]文化三年にも八代藩主頼儀の参詣が確認できる。[27]また藩主の「代拝」が幕末の文久三年に確認でき、[28]代参も行われていた。

このように白峯寺は高松藩との関係が深く、初代藩主松平頼重以来、正月・五月・九月に高松城で高松藩主に対する「御意願成就」・「御武運長久」の祈祷を行っていた。[29]高松藩の祈祷所として、白峯寺のほかに阿弥陀院（石清尾八幡宮別当）があり、ともに高松城で大般若経の読誦を行っていた。[30]幕末の文久三年写の「御上并檀那御祈祷帳」によると、[31]江戸幕府将軍家、水戸藩、高松藩主、その他の大名たちや藩主一族、家臣たちの祈祷も実施していた。また藩主の厄年や、幕府から命じられた藩主の京都への使者の際にも、「安全之御祈祷」が行われていた。[32]

文化二年六月に「官庫」の造営を行うことになり、「安鎮御祈祷修行」を寺社役所へ届けている。官庫の規模等については、京都の禁裏文庫を参考にして、三間半の梁と桁行五間ほどであれば、現在所持している宝物は十分に納めることができ、窓は左右後ろ三方、一面板張り、白土壁、惣檜木として提出している。[33]翌三年の五月には官庫家堅め祈祷修行が行われており、このころ竣工したと思われる。[34]

讃岐は古代以来雨の少ないところであったが、近世では約五年に一回の割合で干魃が起こっていたといい、とくに寛永三年・明和七年・寛政二年・文政六年が大干魃の年であったという[35]。白峯寺蔵の「白峯寺大留」・「白峯寺諸願留」の中に、高松藩が干魃に際して白峯寺に雨乞祈祷を行なわせている記事が多く出てくるが、その中から宝暦十二年、文化三年、文化五年、文化十四年の内容を紹介しておきたい。

最初に確認できる雨乞いの記事は宝暦十二年である。いつ頃から雨が降らなくなったのかわからないが、五月十一日に藩からの書状が届き、「干ニ付郷中致難渋候間雨乞被仰付、依之米五俵被下置候旨、只今於会所年寄中被仰渡候間、早々御修法可被成候」と、雨が降らず「郷中難儀」しているとして、会所（郷会所か）で年寄（家老に当たる）から白峯寺に雨乞祈祷が命じられ、米五俵が支給されている。この雨乞いの通知は白峯寺から阿野郡北の支配代官と両大政所（大庄屋）へ伝えられている。雨乞い中に少々の降雨はあつたが、結局雨乞祈祷は二七日まで行われ、翌日「能潤申候」とあるように、幸いにも本格的な降雨があった[36]。

文化三年の場合は五月七日に白峯寺に雨乞いが命じられた。この時は翌日の八日から一〇日朝までまず勤め、一〇日に城下へ出て十一日に奥大般若祈祷を勤めて、十二日より再び雨乞祈祷を行うことになった。雨乞祈祷を行うのは白峯寺とされていた。十五日に降雨があったが「潤沢」ではなかったとして、二二日に五智院（阿弥陀院か）・地蔵寺・国分寺・聖通寺・金蔵寺・屋島寺・八栗寺・志度寺・虚空蔵院・白峯寺の一〇か寺で、雨乞祈祷を執行することになり、翌日郡奉行から二三日晩から降雨があるまでの修法が伝えられた[37]。このように白峯寺での雨乞祈祷で効果がなければ、一〇か寺で行っていたのがわかる。この時はいつまで一〇か寺での雨乞が続けられたのか明らかでない。なおこの一〇か寺は各郡に一か寺ずつ置かれ、「五穀成就之御祈祷」が命じられていた[38]。

そして二五日に降雨があったが、「潤沢」でなかったため、白峯寺は二七日に六月朔日までの降雨祈祷修法を寺社役所と郷会所へ伝えている。さらに六月朔日には引き続き修法を行うことにしている。その後も降雨はなく、六月十九日には再び一〇か寺へ十九日晩から二六日までの雨乞修法を行うことになった。この一〇か寺の修法は五智院へ他の九か寺が集まって実施されている。この時の干魃がいつまで続いたかは明らかでないが、一〇か寺の五智院での雨乞修法に対しては、白峯寺へは奉行（年寄に次ぐ重職）より金百疋が与えられた。

二年後の文化五年にも六月二二日に雨乞執行が命じられ、翌二三日晩から行われているが、この時は二八日晩から翌二九日にかけて大風雨となったため、雨乞執行は期限通りに九日で終わっている。[39]

文化十四年の干損に際しては、五月二二日に郡奉行よりはじめから一〇か寺での雨乞祈祷が命じられている。二七日から二八日に降雨があったので、一〇か寺雨乞祈祷は中止されたが、白峯寺では引き続いて行われた。六月に入り五日から七日にかけて降雨があったため、六月八日に祈祷を止めている。しかしその後降雨がなかったので、六月三〇日に五智院の発案で、七月九日から一〇か寺の雨乞祈祷を実施することにした。白峯寺では属する阿野郡北の大政所からの雨乞祈祷の依頼があったため、五智院へは代僧真蔵院を派遣することにした。この五智院での祈祷は一六日で終わっているが、各寺で祈祷を続けることにした。その後二一日に「余程降雨」により、白峯寺では予定通り二三日に雨乞祈祷を中止した。[40]

白峯寺の境内の西北隅に崇徳上皇の陵が設けられており、崇徳院回忌の法要が古くから行われていた。その際に奉納された和歌・連歌・俳諧・漢詩などの文芸が多く白峯寺に残されている。[41]

近世に入ってからの崇徳院回忌と白峯寺との関係は中期までは明らかでないが、宝暦十三年が崇徳院六〇〇年回忌に当たっていたが、この三月に当時の高松藩主松平頼恭が石燈籠両基を寄付することになり、その場所について高松藩と白峯寺の間で交渉している。その結果これまであった初代藩主松平頼重が陵外の玉垣の内に寄付していた石燈籠を、陵内へ移してその後に新しい石燈籠を立てることにした。[42]

崇徳院回忌六五〇年が文化一〇年（一八一三）に当たっていたが、その前年の三月に白峯寺は本尊・霊宝の「開帳」

と曼荼羅供執行を、京都本山の御室御所仁和寺へ伝え、また以前の回忌の時と同様に京都の「堂上方」からの「献備」の品等の掛け合いのため、隠居増明が京都へ出かけることを高松藩の寺社役所へ願い出た。[43]そして文化九年六月に仁和寺から了承した旨の通知が出されている。[44]

七〇〇年回忌は文久三年八月二六日に曼荼羅供執行が行われている。この回忌に関連して、これまで述べてきたような高松藩と直接関係するものではない事柄が確認できる。七〇〇年回忌の三年前の万延元年六月に、阿野郡北の西庄村・江尻村・福江村・坂出村の百姓たち一七名が、七〇〇年回忌が近づいてきたが「氏神」である崇徳天皇社が大破のままであるとして、その修覆を各村の政所（庄屋）へ願い出ており、これが政所から大政所へ提出されている。修覆内容は崇徳天皇本社屋根葺替（梁行二間、桁行三間、桧皮葺）、同拝殿屋根壁損所繕、同宝蔵堂并びに伽藍土壁繕、同拝殿天井張替であった。[46]どのような結果になったか明らかでないが、これは百姓たちの崇徳院に対する関心の高まりを示しているものといえよう。

崇徳院の旧地として鼓岡と雲井御所があった。宝暦十三年に鼓岡の村方からの申し出の書付をみて白峯寺は、鼓岡と雲井御所が「御廟所同前之古跡」であるとして、村方支配ではなく白峯寺の進退支配が望ましいとの意見を高松藩寺社役所へ申し出ている。[46]これから約七〇年後の天保五年に「府中鼓岡雲井御所由緒内存」を白峯寺は提出し、その中で「何分時節到来不仕」といっており、宝暦十三年の白峯寺による支配の申し出は認められなかった。このため「由緒内存」で、再び「当山支配」とすることを願い出ている。[47]この時は翌六年に雲井御所の地は免租となって番人を置くことになり、当時の九代藩主松平頼恕は自ら碑文を書き、「雲井御所碑」を建てている。[48]鼓岡にもこの時藩から何らかの措置がとられたものと思われる。なお「雲井御所碑」は文久三年に修覆が計画されている。[49]こうした鼓岡と雲井御所の保護のきっかけが、村方からの申し出にあったことに注目する必要があろう。

文化一〇年が崇徳院の六五〇年回忌に当たっていたが、この時白峯寺へ「奉加」たる寄付が行われていることを示す史料が宝蔵庫に残されている。この「奉加」関係史料はほとんどが六月付となっており、また「奉加銭　中年半年分」とあるので、中年＝文化九年、つまり回忌の前年に納めた半年分であったのがわかる。この「奉加」は「先達而被仰付」、「兼而御触御座候」と記されており、高松藩として命じたものであった。

実は文化九年の二月に高松藩は、次の二通の通達を領内に出していた(50)。

・来酉年崇徳院御国忌ニ付、先例之通音楽大曼荼羅供執行仕度候処、諸失却多難及自力由、白峯寺願申出候、右御年忌之儀ハ、格別之事ニ付無余議相聞、且先例も有之候ニ付、御家中町郷中半年分、人別奉加被仰付候間、其段夫々支配方江可被申渡候

・白峯寺奉加之儀、御家中町郷中共、上下男女召仕共、壱ケ月壱人壱銭宛、半年分奉加被仰付候ニ付、当六月迄ニ相納候様、夫々江可申渡候、尤町郷中之分者、宗門改之人数高ヲ以、無滞取集可被申候、御家中分者直ニ相納候様ニ可被申渡候

崇徳院六五〇年回忌に際して白峯寺の願いを容れて、「先例も有之」として家中・町・郷中に「半年分人別奉加」を命じている。奉加の内容は「御家中町郷中共、上下男女召仕共」に、一か月一人銭一文ずつ、六月までに納めるようになっていた。町・郷中は宗門改めの人数高によることにした。

そしてこれらの「奉加」は「御家中并下々男女共」は高松城下西新通町の白峯寺旅宿へ差し出すことにし、家中の組中・与力中・手代・足軽以下については、支配の方から申し渡すことにしている(51)。「町」は町奉行所へ納められたが、「郷中」は明らかでない。

白峯寺に残されている「奉加」の内容は家臣関係、高松城下町、寺院に大きく分けることができるが、郷中関係は見当たらない。家臣関係は連名で納められたことを示すものがほとんどであるが、その場合でも「吟味方」、「拙者共并支配役人中」、「支配役所役人并小使共」、「御船作事方」、「川口出口番人共」、「御鉄炮蔵役所人別」、「塩屋方

手筋之分」、「御奥目付支配面々」、「御作事方」、「御船手」、「拙者支配之分」、「岡野金大夫支配九人分」、「拙者并支配之分」、「拙者并支配手代小使」、「寺社方」などと書かれているものがあり、藩内の役所や配下の役人毎に納められている。

これらの家臣の「奉加」の中で、連名ではない形式の史料が一通だけある。それによると、「大須賀郷右衛門家内上下拾四人、壱ケ月壱人ニ付銭壱銭充、当申年半年分御触面之通相納候ニ付」とあり、先述の「奉加」の基準により、一か月に一人につき銭「一銭（文）」宛で、大須賀家一四人の奉加銭半年分として、「鳥目」八四文が白峯寺へ納められているのがわかる。

城下町については「町中奉加銭」が町奉行所から白峯寺へ納められている。その内訳を示したのが表2である。文化九年の高松城下の町数は四一町となっており、「町中奉加銭」は合計銭一〇〇貫九八文（銭一〇二文を銀一匁

表２　高松城下町別の奉加銭と人数

町　名	奉加銭	人　数
鶴屋町	２貫016文	336人
工町	492.	82.
本町	１．944.	324.
上横町	882.	147.
魚屋町	１．068.	178.
下横町	１．968.	328.
内磨屋町	１．512.	252.
北浜材木町	２．586.	431.
通町１丁目	972.	162.
新材木町	１．590.	265.
東浜町	３．894.	649.
瓦町（同支配）	１．950.	325.
新湊町	876.	146.
通町２丁目	１．668.	278.
新通町	１．260.	210.
塩屋町１丁目	１．008.	168.
新塩屋町	２．004.	334.
塩屋町２丁目	２．610.	435.
七拾間町	306.	51.
福田町	４．956.	826.
古馬場町	４．566.	761.
野方町	１．466.	239.
桶屋町	１．506.	173.
西百間町	１．506.	251.
東百間町	１．074.	179.
片原町	954.	159.
丸亀町	２．166.	361.
今新町	１．668.	278.
大工町	１．464.	244.
南新町１丁目	１．548.	258.
南新町２丁目	１．890.	315.
田町	５．556.	926.
旅篭町	１．008.	168.
中新町	４．464.	744.
瓦町	２．178.	363.
亀井町	４．554.	759.
南鍛冶屋町	２．496.	416.
南紺屋町	３．354.	559.
外磨屋町	２．028.	338.
古新町	２．172.	362.
兵庫町	１．488.	248.
西新通町	３．096.	516.
西通町	５．532.	922.
西浜町	７．302.	1217.
〆惣銭高100貫098文、此人数16,683人 銀ニ〆981匁１分７厘、但１匁ニ102文替		
右之通町中奉加銭相納申候 六月廿八日　町奉行所 白峯寺		

「高松城下町中奉加銭覚書」より。

替えと換算して銀九八一匁一分七厘）となっている。これは町中の総人数一一万六六八三人分であった。一番多いのは西浜町七貫三〇二文（人数一二一七人）、次いで田町五貫五五六文（九二六人）、西通町五貫五三二文（九二二人）、福田町四貫九五六文（八二六人）となっており、もっとも少ないのは七拾間町の三〇六文（五一人）であった。いずれも「奉加」の基準により一人につき銭六文宛となっている。

寺関係では残されている史料によれば見性寺、覚善寺、正覚寺、無量寿院（末寺六か寺を含む）、可納院、福善寺（末寺一か寺・寺中一か寺を含む）から納められているが、おそらく他の寺からの「奉加」もあったことと思われる。

これらの「奉加」にみられるように、崇徳院回忌に際しては高松藩の命により、領内全体からの援助を受けて法要が実施されている。「奉加」による領内の人々との結びつきを持ちながら、白峯寺による崇徳院回忌の法要が、維持されていることに注意しておかねばならない。

二　白峯寺の財政事情

白峯寺の寺領は一二〇石で、高松藩内で一番多い高松藩主菩提寺の浄願寺の三〇〇石に次いでいることは先述したところである。一二〇石の内訳は六〇石が生駒藩初代藩主生駒親正より寄付、一〇石は高松藩初代藩主松平頼重より千躰仏堂領として寄付、五〇石は林田村の海岸での白峯寺の「自分開発」であった[52]。但し「寺社記」によると生駒親正より六〇石とあるが、残っている親正の寄進状は五〇石である。また同じく寛文六年と延宝四年に「殿様御証文」が出されたというが現存しない。千躰仏堂領は青海村にあり、面積は一町二反一畝二三歩であった[53]。

高松藩では寛文五年から領内の検地を実施し、七年後の寛文十一年に終わった。これを「亥ノ内検地」という。

その結果青海村での寛文十二年の白峯寺領は一〇石増えて七〇石となっており、これから取り立てる年貢は四五石八斗一升一合であった[54]。林田村分については寛文十一年は五〇石であり、新田開発地であった。五〇石のうち田方が四二石二斗五升二合、残りは畑方で、面積は五町二反四畝一五歩であった[55]。

寛文十一年の青海村の白峯寺領では、計一三名の農民により耕作されており、一番耕作高が多いのは三吉の一二石九斗八升、もっとも少ないのは彦兵衛の七斗一合であった[56]。元禄十六年まで高は七〇石であったが[57]、のち元文五年の高は七二石八斗四升四合となっており、二石八斗四升四合増えている。内訳は田方が四二石二斗一升九合（うち古田が三九石六斗九合、新興しが二石六斗一升）、畑方が三〇石六斗二升五合（うち古畑が三〇石三斗九升一合、新興しが二斗三升四合）であった[58]。これから約一三〇年後の明治四年には上代上所免のうち検地畝八町六反四畝一八歩、高は七三石一斗六升六合で、そのうち「白峯寺新興し」が三石一斗六升六合となっている[59]。

林田村の白峯寺領については、貞享四年に新開のうちで面積三反六畝六歩、石高にして二石八斗八升八合の興し改めの検地が行われているが、のち元文五年には面積は五町六反七畝一二歩、高五三石八升九合となり増加している[60]。

寛延二年に林田村の寺領を耕作しているものは二四名おり、そのうち勘四郎が二四石六斗七升八合と半分近くを占めている[61]。このため他のものは多くが小規模な面積を耕作している状況であった。青海村の耕作農民は先述のように一三名であったが、寺領は林田村が青海村より狭いのに耕作者が多いのは、農民一人当たりの耕作面積が狭かったことを示しているが、そのうちとくに勘四郎の耕作高が多いのが特徴である。

なお白峯寺の新田開発の意向に対して、緒方伝兵衛書状に「塩入あれ地之所、新田ニ可為仕と被仰出候」、鈴木伊兵衛の書状に「塩入所新田ニ被成度由申上候へハ、御勝手次第新田ニ可被成由」とある[62]。時代は不明であるが白峯寺が新田開発に積極的であったことを示しているのであろう。

表3　享和2年5月の白峯寺収納内訳

高120石	青海村・林田村寺領高
米82石９斗９升５合	納米
米８石	郡方正五九月五穀御祈祷御初尾（穂）米
米２石	郡方恒例護摩御初尾米
米７斗	郡方正五九月御祈祷御神酒料
米16石８斗	正五九月公方様殿様方々様并びに御城大般若御初尾米
米〆110石４斗９升５合	
右の外散物等相束ね、年分抨120石計余り収納御座候	

「白峯寺諸願留」（７－５）より。

白峯寺の財政状況を窺わせる史料はほとんどなく、その実状は明らかでないが、高松藩へ拝借銀を度々願い出ており（このことは後述する）、寺財政の運営に差し支えることが多かったようである。

享和二年五月に記された白峯寺の収納状況を示した史料がある。それを整理したのが表3である。青海村・林田村の白峯寺領高一二〇石からは、米八四石九斗九升五合が「納米」、つまり白峯寺の実際の米収入となっていた。

このほか「郡方五穀御祈祷御初尾（穂）米」、「郡方恒例護摩御初尾米」、「郡方御祈祷御神酒料」、「公方様殿様方々様并びに御城大般若御初尾米」などを加えると一一〇石四斗九升五合となる。そして「散物等相束」、つまり各種の寄附物等があり、これを加えると一年間に一二〇石余りの収入となっていた。

なお天保五年に、高松藩は年貢を免除されて除地となっている寺院の調査を行ったが、そのとき白峯寺領として青海村で高七二石八斗四升四合、林田村で高五〇石が「龍雲院様（初代藩主松平頼重）御寄付ニ相成」ると、大庄屋は書き上げている。[63]

白峯寺領に関連して子院について触れておこう。近世以前の白峯寺には多くの子院があったと思われるが、慶長九年の棟札には一乗坊・華厳坊・円福寺・西光寺・円乗坊、寛永二〇年に「当山衆徒中」として一乗坊・円福寺・宝積院・玄真房・空尊房・秀海房・良識房、延宝八年には「寺中」として真蔵院・宝積院・円福寺・一乗坊・高屋村遍照院とある。[64]その後元禄八年の「国中末寺之荒地御改」に際して、白峯寺は「白峯寺山中衆徒廿一ケ寺」のうち十八か寺は「寺地山畠」になっており、残っているのは三か寺であるといっている。[65]しかし享保八年の棟札には延宝八年と同様に、「寺中」として真蔵院・宝積院・円福寺・一乗坊・遍照院の五か寺が記されており、以後の棟札にもこの五か寺が「寺中」として出てきている。元禄八年には「寺中」つまり子院は三か寺に減っていたが、その後五か寺に復したのであろう。なおこの五か寺のほかに白峯寺には洞林院があり、白峯寺内での中心的役割を果たしていた。[66]

この寺中五か寺のうち、遍照院は白峯寺の青海村に隣接する高屋村にあり、毎年三月二〇・二一日に「高屋大師市」として「百姓農具市立」が行われていた。文化八年には当時遍照院の本堂は大破し修覆が必要であった。檀家は一〇〇軒ほどあるが「貧家」で費用を確保できないので、修覆のため本尊厄除大師の「開帳」を二月二五日より三月二五日まで行うこと、その際には城下町口々、郷中とくに寒川郡志度村、香川郡仏生山、鵜足郡宇足津村の寺門前に建札を立てることを願い出ている。[67]幕末の文久二年には庫裏の修覆のため、本尊弘法大師と霊室等の「開帳」を三月一〇日から四月一〇日まで行うことになり、城下・郷・町・寺門前へ建札を立てることが許されている。[68]

真蔵院には宝永六年以後の住職を記した「当山寺中真蔵院先住」が残っている。[69]真蔵院では文化十四年に建物が古くなっている上に、この年九月の風雨によって破損がひどくなったので修復したいが、檀家もない「貧寺」であるので、少々の寺の持高で再建することにした。しかしこれまでの寺地では陰地で水が不自由であるので、伽藍入り口塀重門の西手に空地があるのでそこに再建することを、白峯寺へ願い出ている。白峯寺ではこの「寺地更」の願いを寺社奉行に提出した。[70]そして堂塔はすべてこれまでのとおりということで認められた。[71]

また円福寺にも天和三年以後の住職が「当山寺中円福寺先住」によって確認できる。[72]文化九年から文政三年まで八年間、無住となっていた時期があるが、文政四年に白峯寺の弟子宜聞を住職にすることが許可されている。[73]

白峯寺の財政基盤は寺領などからの一二〇石余の収入によって成り立っていたが、白峯寺の財政事情はどのよう

表４　宝暦11年暮の不足銀高内訳

銀３貫500目計 銀６貫目計 銀８貫500目計 銀４貫目計	諸本尊再興残り 諸宝物御寄付物等再興積もり 御成門玄関并びに客殿玄関境露次門見切垣屏等の積もり 御上段并びに二ノ間客殿張り付け唐紙等諸造作入目積もり
銀〆22貫目計	

「白峯寺大留」（７－２）より。

なものだったのであろうか。最初に知ることができるのは、崇徳院六〇〇年回忌を翌年に控えた宝暦十二年についてである。本尊・諸宝物・寺修覆等の費用が不足するためとして、高松藩へ拝借銀を願い出た。不足費用の内訳は前年暮れの段階で表４のようになっていた。銀三貫五〇〇目計りの諸本尊再興残りほかで、合計銀二二貫目計りが必要な経費であった。そのため銀二〇貫目の拝借とその返済として毎年二五石の「上米」を行うことを申し出ている。

高松藩はこれを認めなかったが、借銀も多くなっており自力ではこれらの費用が確保できないとして、再度白峯寺は寺社奉行へ願い出た結果、高松藩では拝借銀として銀八貫六〇〇目を渡し、毎年二五石の上米を行わせることにした。これに対し白峯寺は銀二〇貫目の拝借をさらに願い出たが、結局最終的には拝借は銀一三貫五〇〇目で、上米は三五石に上げられた。拝借銀の利子は一か年一割三歩、返済の上米は寺領米の中から三五石を代官所へ毎年暮れに納めるということになった。

翌宝暦十三年八月が崇徳院六〇〇年回忌の時であったが、その年四月には諸伽藍修覆の願いが白峯寺から提出されており、十分な諸堂等の修覆が進んでいないのが窺える。(74)

のち享和元年に上米三〇石が一〇石減らされており、宝暦十三年の後も高松藩と拝借銀をめぐっての交渉があったようであるが、詳細は明らかでない。またこの年に民間から銀札四貫五〇〇目を借用した証文の写しがあり、それには拝借人白峯寺、加判（保証人）高屋村百姓佐一郎とある。高屋村の百姓が保証人となっていることは注目される。

享和二年ころ、白峯寺では借銀の高利返済に追われ、また干魃や風雨によって寺領米の収納も減少して、借銀高が銀四〇貫目にも及んでいた。当時の寺領米その外の白峯寺の収入は先の表3にみられるように、寺領米約八五石に御初尾米、御神酒料、「散物」（寄付）等を加えて一年間ほぼ一二〇石余であった。倹約してこのうち六〇石で寺の運営を行い、残りを借銀の返済に廻しているが、簡単には借銀は減らないという状態であった。そのため高利の借銀の皆済にあてるため銀四〇貫目を拝借し、寺領米の中から年六〇石を返済の財源とすることを高松藩へ願い出て、これが認められている。この時願いが許されたら「去々年（寛政十二）御金蔵ニ而、拝借仕元銀十貫目」の未納銀をも皆済するといっており、これより以前にも拝借しているのがわかる。

二年後の文化元年には早くも返済に廻した残りの六〇石では、寺運営の財政が成り立たないので、返済米の「半減」と利子の減少を願い出ているが、これは認められなかった。そして四年後の文化五年に再度六〇石返納の半減の願いが出され、同年暮れより二〇石減らされて四〇石の上米となっている。崇徳院回忌六五〇年に当たる文化一〇年の十一月には回忌に要した諸経費をはじめ、本寺の御室御所や京都の公家衆の奉納物に対するお礼の上京などの費用のために、銀四〇貫目の拝借を願っている。これは認められて拝借銀四〇貫目の内から、納め残りの二二貫目余りを差し引いた一七貫目余りが白峯寺へ渡されている(75)。

四年後の文政元年には拝借銀の上納の五年間免除を願い出ている。これは城下西新通町にある白峯寺の旅宿の普請に充てるためであった。白峯寺は初代藩主松平頼重以来、藩主祈祷執行のため正月・五月・九月に、住職はじめ多数の僧が高松城下へ出かけてきていた。拝借銀の免除期間は三年間に短縮されて認められている。さらに三年後の同四年に、大師堂は仮堂であったが寛政のはじめに造営が許可されて一〇年ほど前に上棟したが、外回り囲い板、唐戸厨子が出来上がっておらず諸国参詣者の印象も悪いので、この大師堂造作と城下旅宿の入目払方にあてるため、さらに拝借銀上納の三か年免除を願い出たが、二か年間免除に変更して認められた。

大師堂は天保五年春に完成したが、西新通町の白峯寺旅宿の修覆には意外と経費がかかり、一五貫目ほどの借財となっているため、この一五貫目の拝借を願い出、返済は寺領米の中から行うことにしている。当時白峯寺では「諸初穂賽銭ニ至迄減少」しており、「御寺内暮方難立行」と、寺の財政がゆきずまっていることを訴えている。銀一五貫目の拝借は認められ、一〇貫目は寺領米の中から来年の暮れより毎年三〇石、五貫目は扶持林の伐取代金から上納することになった。

この時高松藩は郡方より阿野郡北の大政所渡辺七郎左衛門・本条和太右衛門へ白峯寺の財政状況について問い合わせているが、両大政所は白峯寺の寺領からの収納は三五、六〇石で、近年は減少しているように聞いているが、近いうちには借銀も皆済することができると返答している。しかし天保七には長雨による寺領収納の減少のため、拝借銀一〇貫目に当てる返済米三〇石の免除を願っている。また翌八年にも免除を申し出ている。[76]

白峯寺の宝暦から天保にかけての財政事情の推移について史料的にわかる範囲で述べてみた。財政内容の詳細なことは明らかでないが、高松藩からの拝借銀による財政援助を受けながら、寺財政の維持を図ってきているのが理解出来よう。

白峯寺は明暦四年以来仁和寺の末寺となっていたが、[77]崇徳院回忌六〇〇年に当たっていた宝暦十三年正月に本寺の仁和寺から、二月二六日より本尊・霊宝等の「開帳」、八月二六日の法楽曼供執行が認められている。[78]開帳によって参詣者が多く集まり、白峯寺の収入の増大をもたらすことはいうまでもない。

前年の宝暦十二年一〇月に白峯寺は、寺社奉行へ翌年の二月二六日から四月一八日までの五〇日間の開帳を願い出ていた。そして開帳の建札を城下では西通町・常磐橋・塩屋町・田町・土橋の五か所、郷中では鵜足郡宇足津、那珂郡四条村・郡家村、三木郡平木村、寒川郡志度村の各往還に立てることにしており、開帳に際しては城下のみならず、郷中の各地にまでその通知が行われるようにしていた。開帳は高松藩に認められ、「閉帳」前の四月一四日には高松藩主からの奉納物が届いており、崇徳院の御宝前へ供えられている。

宝暦十三年より以前の開帳に関する史料として、元文元年十一月に白峯寺から高松藩寺社役所へ提出した開帳願書の次の控がある。

一去ル子年頓証寺御修覆被仰付、今年御銀拝借仕、客殿庫裏大破之分修覆仕候ニ付、前々之通一山諸堂本尊并宝物開帳仕度奉存候、願之通被仰付候ハヽ、来巳二月十八日ゟ六月十八日迄、開帳仕度奉存候、依之御城下口々、郷中鵜足郡宇足津那珂郡四条村郡家村三木郡平木村寒川郡志度村往還、建札仕度奉存候、右之段宜御相談相済候様奉頼候、以上

「去ル子」、つまり享保十七年に頓証寺の修覆があり、今年は客殿・庫裏の修覆が終わったので、来年の元文二年二月から六月にかけての開帳と、その建札の設置場所を願い出ている。建札の場所は宝暦十三年の時と同じであり、固定化していたようである。[79]

宝暦十三年の正月に白峯寺は次の口上書を高松藩へ提出した。

口上

一丸亀表当山信仰ニ付講中共御座候而、当山開帳札丸亀多度津舟着へ建申候候ハヽ、他国者金毘羅参詣之者共見及、当山参詣可有御座候へ者、結縁ニも相成可申候間、張札ニ而も致度由申候ニ付、他領之儀此方ゟ取遣も難成段申候へ者、私共相計可申旨、講中共町年寄へ願候へ者、寺社奉行中へ届入申候間、爰元寺院ゟ申出有之候へ者、聞置相済可申由ニ而、誕生院旅宿丸亀之御城下御座候里坊へ、講中共頼申候へ者、白峯寺之儀成程取計可申由、則右之段誕生院へ申出置、去暮里坊役人中へ申出置候所、先頃誕生院丸亀へ出府之節、御役人中へ内談内証相済申由、則右里坊ゟ申越候、右講中共段々世話仕候儀御座候間、札をも為建申度奉存候、此段宜奉頼候、以上

その要旨は、白峯寺の「丸亀講中」が、丸亀と多度津の船着場へ開帳の建札を立てると、他国者や金毘羅参詣者

たちが白峯寺参詣へ出かけるだろうと申し出た。しかし高松藩領のことではないので、丸亀講中は丸亀町年寄へ頼み、丸亀藩寺社奉行へ願い出たところ、領内の寺院からの申出であれば構わないということなので、誕生院（善通寺）と城下のその旅宿里坊へ申し出た。そして誕生院が丸亀へ出府の折に寺社奉行からの了解を得たので、開帳の建札を立てることにしたい、ということであった。

この白峯寺の高松藩への申し入れは許可され、開帳の建札は丸亀城下が新京橋・船入橋・中部（府）の三か所に、多度津は米屋七右衛門が持参して立てることになった。この件に関して白峯寺は丸亀城下の丸亀通町大年寄能登屋、松屋町大年寄竜野屋、阿波屋甚蔵、三倉屋茂右衛門、阿波屋伊兵衛、南条町虎屋長右衛門らへ礼物を持参している。[80]

崇徳院六〇〇年回忌に当たっての開帳にみられるように、開帳に当たっては高松領内のみならず、丸亀城下や多度津などの多くの人々の支援を受けていたのである。

白峯寺の開帳に関しては「当山開帳之義者、年限ニ不拘、諸堂御造営之砌ハ、前々ゟ諸宝物開帳仕来り居申候」とあり、「諸堂御造営」の時に行っていた。文化四年十月には「近年結構御修覆向追々被仰付、別而ハ官庫御造営も被為有候ニ付、旁以任旧例諸人為結縁、来春諸宝物等開帳仕度奉存候」と、近年境内が修覆され、とくに「官庫」も造営されたということで、開帳の願書を寺社奉行へ提出した。これはおそらく認められたと思われる。また文化一〇年の崇徳院六五〇年回忌の際にも開帳の願いが出されている。[81]

三　白峯寺と地域社会

高松藩から雨乞祈祷が命じられることがあったのは先述したが、白峯寺が高松藩領の大政所の依頼によって、祈祷を行うことがあった。文化二年に領分中の大政所からの、「国家安全、御武運御長久、五穀豊穣」の祈祷願いを受け、五月から行うことにしている(82)。

二年後の文化四年二月には、金毘羅大権現・白鳥宮・白峯寺に大政所たちから、「五穀成就雨乞」の祈祷願いが出され、藩はこれを了承した。このため白峯寺へ領内大政所全員連名の次の書状が届けられた。

（前略）、然者去秋以来降雨少ク、池々水溜無甲斐、殊更先日以来風立申候而、場所ニゔ麦菜種子生立悪敷、日痛有之様相見江、其上先歳寅卯両年、干損打続申次第を百姓共承伝、一統不案内之様子ニ相聞申候、依之五穀成就雨乞御祈祷御修行、被下候様ニ御頼申上度段奉伺候処、申出尤ニ候間、早々御頼申上候との儀ニ御座候、近頃乍御苦労御修行被下候様ニ、宜奉頼上候、（後略）

去年の秋から降雨が少なく溜池の水も十分でなく、先日来強風があり場所によっては畑の麦・菜種子の生育が良くない、その上一〇年ほど前に干損が続いたことを農民たちは承知していて不安な様子なので、「五穀成就雨乞」の祈祷の願いを申し出たところ、藩から許可が下りたので祈祷修行を願いたいという内容である。白峯寺ではこの要請を受けて、二月十六日から二一日までの間の修行を行うことになった。祈祷の間、阿野郡北の村々をはじめ各地の郡からも参詣することにしている。

領内全体からではなく、白峯寺のある阿野郡北の大政所らからも独自の祈祷依頼が行われていた。文化七年十一月に阿野郡北の青海村政所嘉左衛門が登山し、「当秋已来雨天相続、此節麦作所仕付甚指支難渋仕候」として、大・小政所が「評定」し「二夜三日之間、五穀成就祈祷修行」を依頼し、白峯寺は十四日から十六日までとして了承している。そして十五日の祈祷中日には、阿野郡北の大・小政所、組頭ら八、九人が参詣している。領内全体に限らず、白峯寺のある阿野郡北の依頼により「五穀成就」の祈祷も行っていたのである。

また文政三年六月には阿野郡北の青海村政所（兼大政所）渡辺良左衛門が登山して、「此節御領分之内、所ニより稲作虫損之場所も有之、且当郡者格別之義ニ無御座候へ共、猶虫除之御祈祷、乍御苦労御修法被下候様」と、阿野郡北はそれほどでもないが、領内では所により「稲作虫指」であるとして、「虫除五穀成就」を依頼している。これに対して白峯寺では「明九日初夜より御祈祷執行仕候間、此段大政所中へ宜敷御通達被下候様」と、渡辺良左衛門へ伝えている。[83]また文政十二年六月には阿野郡北の依頼により、「虫除五穀成就」の祈祷を行っている。[84]

なお、以上の「五穀成就」の祈祷とは別に、宝暦十二年九月に、「恒例五穀御祈祷、大小政所登山」とあり、[85]年に一度恒常的に阿野郡北の「五穀御祈祷」が行われていたようである。

雨乞いの祈祷が阿野郡北の大政所の依頼によっても行われていた。いくつか例を挙げて説明しておきたい。文化六年六月末に「青海村嘉左衛門登山被致、毎度御苦労ニ者奉存候得共、雨乞御祈祷被下候様御頼申上度、大政所被申候間、乍御苦労御頼申候と被申候、依之朔日晩方ゟ開白修行、二日少々降雨」とあるように、青海村政所の嘉左衛門が登山して、阿野郡北大政所の雨乞の依頼を伝えており、白峯寺では七月一日の晩から祈祷を始めている。そして二日の晩に阿野郡北の大・小政所が六、七人が登山して雨乞祈祷を拝聴し、翌日も拝聴して下山している。

五日にはさらに隣接する阿野郡南の大政所水原半十郎・片山佐兵衛が、阿野郡北の大政所渡辺和兵衛とともに登山して、雨乞修行の依頼をしており、白峯寺ではこれを受け入れている。そして府中村政所をはじめ阿野郡南の村々の組頭らが登山している。この時阿野郡北大政所の富家長三郎が、「雨乞御修行中、念仏踊為踊度様、以書状及相談」んでおり、十日に雨乞念仏踊が白峯寺で行われ、阿野郡北の高屋村・神谷村・木沢村の政所が付き添って白峯寺へ登山している。

文化一〇年の暮れには阿野郡北の大政所から、「当秋已来天気打続候而、降雨少候故、池々水溜等無甲斐、殊ニ麦菜種子等生立悪ク候ニ付、為五穀成就雨乞御修行被下候様」と、この秋から降雨が少なく、溜池の水が減って麦・菜種子の生育がよくないとして、「為五穀成就雨乞」の祈祷を依頼している。白峯寺は七日間の修法を行う旨伝えている。この時の「御祈祷勤方」は、先述した文化四年二月の領分中の大政所からの「雨乞御祈祷」のとおりとしている。

翌文化十一年の四月にも雨が少なかったらしく、阿野郡北大政所富家長三郎は降雨祈祷を願い出ており、この祈祷に続いて郡奉行からも引き続き祈祷を続けるよう命じられている。(86)

幕末の安政六年には阿野郡北の大政所渡辺槙之助は「照続ニ付用水不自由ニ相成、村々既及難渋ニ付、郡中自願（マヽ）之雨乞白峯寺へ相頼」んでおり、「有徳者」の白峯寺への参詣を促している。(87)

また雨乞祈祷ではないが、文久三年には同じく阿野郡北の大政所渡辺槙之助・本条勇七は、「此節当郡内悪病流行ニ付、白峯寺并林田村社人富家淡路へ、右悪病除祈祷為致呉候様、村々ゟ申出候ニ付」として、「悪病除祈祷」も白峯寺へ依頼があった。(88)

このような具体例からも理解出来るように、白峯寺の属する阿野郡北の地域では降雨の状況により、大政所が地域の意向を受けて、郡独自に雨乞祈祷を白峯寺へ依頼することがしばしば行われており、隣接する阿野郡南も含めて、これらの地域との結びつきの深さを理解することができよう。

冒頭で近世初期に讃岐を支配した生駒家について触れた折に、慶長九年に白峯寺の本堂が生駒家によって再興されたことを述べたが、このことを記している棟札には青海・高屋・林田・鴨・神谷など、白峯寺周辺の各村の人々の名前も書かれており、(89)すでに近世初期の頃に、白峯寺のある阿野郡北の地域の一般の民衆の信仰を、集めていたことが推測される。

先に触れた幕末の文久三年写の「御上并檀那御祈祷帳」の中にあるように、「五穀御祈祷御札守」を正・五・九月の十五日に寺社役所へ差し出しており、領内の農業の安定の祈祷を定期的に行っていたのがわかる。また毎年正月十五日には「長日護摩切札」と「五穀御札」を、阿野郡北の村一三か村へ一一二五枚を配っており、各村の政所には「五穀大札」を渡している。

これらのほかに瀬居島太郎兵衛、積浦三〇軒、宮浦二五軒などへも「札」を渡しており、そして「護摩御札守」を京都諏訪加兵衛・大坂鴻池市兵衛へ送っている。終わりの箇所には下津井大黒屋三次郎・三好屋祐十郎を介して、備前下津井講組の紀ノ国屋利右衛門をはじめ一八人へ「守」を渡している記述がある。高松藩内や阿野郡北との関係だけでなく、対岸の備前をはじめ関西地域の人々とも結びついて祈祷が行われていたことがわかる。

寛政四年の「大師堂再建勧進」（仮）の版木によると、「大師堂のミ仮堂のままにして、いまた経営ならされは、もろ人に助力を乞て、今や建立なさん事を希のミ」とあり、(90)大師堂の再建のために、「もろ人に助力を乞」うことが述べられている。

享和三年八月には御成御門西手入口の塀重門を修覆すること、同所の石垣際東西二〇間、同所東打迫より勅額門までの間を石の玉垣にすることを阿野郡北の氏子が願い出ている。とくに玉垣についてはこれまで「参詣人群集之節者危キ義」となっていたのが解消されるし、また「他所者等罷候節、見込も宜相成」ると、他所者の評価も高くなるとして白峯寺も歓迎している。これらは一〇月に寺社役所から許可された。しかし玉垣の工事は「土地片下り」の所もあるので、東西六間、南北一二間ほど「土地上并土留」をすることになり、これも阿野郡北の氏子が寄進することになっている。(91)

文化二年には、西浜の嘉助らを世話人として、官庫宝前の石階の築造が行われており、(92)翌三年十月に頓証寺の境内が狭いため、「別而近年参詣人等多、混雑仕」るとして、拝殿の西の御供所裏通りから南の番所にかけての約四〇間のところに、農業の手隙におよそ五、六間の谷筋を埋めることを行いたいとの、阿野郡北の氏子たちの願いを受けて、白峯寺は「参詣人群衆之節、混雑も不仕」と、寺社奉行へ申し出ている。しかしこれは認められなかったため、翌四年十一月に築いた後の道の修覆も自力で行うとして、再度願い出ている。この道の修覆については「修覆留」が作成されており、この時道が造られたと思われる。(93)

その後文政五年十月に頓証寺の勅額門の外手にある燈籠の前に、石燈籠を二基建立したいとの「施主共」がいるとしてその建立願いが、文政十二年六月には「当山講中共」から伽藍本堂南の空地に、後々も講中が修覆するので、高さ一丈ほどの宝塔を建てたいとの願いが白峯寺へ出されている。そして天保四年には同じく勅額門の外の獅子一対の建立願いが「心願之施主共」から出され、いずれも白峯寺は寺社役所へ願い出て許可されている。因みに宝塔は三年後の天保三年一〇月に完成している。[94]また天保十二年の橋本権蔵・安藤庄兵衛による、白峯大権現本社と十王堂の再建などがある。[95]

近世後期におけるこれらの氏子、「当山講中共」、「施主共」などの一般の人々による、白峯寺の境内の諸堂再建、門・石垣の修築や頓証寺の整備に関する民衆の協力は、白峯寺への信仰が民衆へ浸透していっていることを物語るものであろう。

おわりに

以上、近世の白峯寺に関して、史料的に明らかにし得る注目すべき事項について検討してきた。重要と思われる点についてはその都度指摘したが、最後にいままで述べてきたことの要点をまとめて結びにかえたい。

白峯寺は戦国時代には本堂が兵火に罹ったりしたが、近世に入ると讃岐の領主の保護により、復興を進めていくことになる。生駒藩主、次いで高松藩主の歴代の援助を受けて伽藍配置が整備されていった。とくに高松藩初代藩主松平頼重は、襲封直後の寛永二〇年に頓証寺を再興、崇徳院陵に石燈籠を献納しており、寛文六年には高松藩内では二番目となる寺領一二〇石を与えている。また十八世紀中頃の五代藩主松平頼恭も諸堂の整備に尽力するところ大であった。

白峯寺は石清尾八幡宮別当の阿弥陀院とともに高松藩の祈祷所であり、正月・五月・九月に高松城で大般若経の読誦を行っていた。そのため藩主の白峯寺への参詣も行われており、崇徳院六〇〇年回忌にあたる宝暦十三年に、当時の藩主松平頼恭が参詣しているのが確認できる。また代参も行われていた。

高松藩の祈祷所であったということから、白峯寺では干魃に際して高松藩の命により雨乞祈祷を行っている。讃岐では近世には多くの干魃が起こっていた。干魃の事態になると高松藩は白峯寺に雨乞祈祷を命じているが、ある程度の降雨がみられない場合には、白峯寺も含む領内各郡の一〇か寺に雨乞祈祷を行わせている。また高松藩からの命だけでなく、領内の大政所たちの依頼によって、または白峯寺のある阿野郡北の大・小政所らの願いを受けて実施することもあった。

古くから崇徳院の回忌が行われていたが、近世に入って確認できるのは宝暦十三年の六〇〇年回忌、文化一〇年の六五〇年回忌、文久三年の七〇〇年回忌である。宝暦十三年の六〇〇年回忌では、高松藩寺社奉行や本寺の御室御所仁和寺の許可のもとに、二月から四月にかけて開帳、八月に法楽曼供執行を行っている。

また崇徳院回忌の法要に際しては、文化一〇年の六五〇年回忌の時に、高松藩は領内の家中・城下町人・郷中へ、一人一か月銭一文で半年分の「奉加」を納めさせているが、この六五〇回忌の年だけではなく、それまでも崇徳院回忌に際しては「奉加」を納めており、崇徳院回忌には高松藩の家臣をはじめ、城下の人々や領内農民などからの経済的援助があった。

白峯寺の財政基盤は寺領の一二〇石からの収入であった。しかし近世中期以降には白峯寺は何度も財政的に行き詰まっていた。崇徳院回忌六〇〇年を翌年に控えた宝暦十二年に、崇徳院回忌の準備のための、本尊・宝物・諸堂の修覆の費用が不足するとして、高松藩から拝借銀として銀一三貫五〇〇目を貸与されており、返済用の上米は毎年三五石を暮れに納めることになった。以後も拝借銀は何度か行われているように、高松藩からの援助を受けながら白峯寺の運営、維持が図られていたことが理解できる。

一方、白峯寺は高松藩からの援助だけでなく、丸亀藩を含めて民間の人々からも多くの協力を得ていた。たとえば崇徳院六〇〇年回忌の開帳に当たって参詣者を増やすため、白峯寺の「丸亀講中」が丸亀城下の町年寄をとおして丸亀藩へ働きかけ、当時金毘羅参詣の上陸地として賑わっていた丸亀湊に三か所、支藩多度津藩の多度津湊にも開帳の建札を設置することになっている。また享和三年には御成門の近くの石垣工事の一部の経費を、阿野郡北の氏子たちが負担した。文政十二年には本堂南の地に「当山講中」から高さ一丈の宝塔を建てたいとの願いが出され、三年後の天保三年に完成している。

白峯寺は高松藩の祈祷寺であったため、その保護、財政的援助を受けることが多く、両者の関係は緊密であった。と同時に崇徳院回忌に際しての「奉加」にみられるように、家臣や領民の経済的な支援を得ていた。また領内全体の大政所や白峯寺が属する阿野郡北の大政所からの依頼による、「五穀成就」や雨乞いの祈祷の執行など、地域社会との強い結びつきをもって民衆生活の安定に貢献していた。そして境内の整備に関しては、阿野郡北の村々や氏子、「丸亀講中」、「当山講中」など、白峯寺と関係をもつ民衆の協力に拠っている側面もあった。こうした地域の人々とのかかわりの上に、白峯寺が存在し、その運営が行われていたことを見落とすことはできないであろう。[96]

注
（1）『香川叢書・第二』（香川県、一九三九年）。
（2）『四国八十八ケ所霊場第八十一番札所　白峯寺調査報告書』第1分冊第3部第4章第1節「彫刻」（香川県・香川県教育委員会、二〇一二年）。

(3) 前出『香川叢書・第二』(一九四一年)。
(4) 「とはずがたり・巻五」(『新古典文学大系・50』。岩波書店、一九九四年)。
(5) 前出「白峯寺縁起」。
(6) 「讃州細川記」(前出『香川叢書・第二』)。
(7) 「白峯寺文書」(『新編香川叢書・史料篇(二)』。香川県教育委員会、一九八一年)。
(8) 「頓証寺法楽詠六十首和歌」(『草根集』所収。『大日本史料・第七編―二〇。東京大学史料編纂所、一九八五年)。
(9) 以上の記述は、上野進氏「白峯寺の歴史」(前掲『白峯寺調査報告書』第2部第3章)に拠っていることをお断りしておきたい。
(10) 白峯寺の総合調査の成果は前掲の『白峯寺調査報告書』第1分冊・第2分冊(二〇一三年)にまとめられている。
(11) 「白峯寺と遍路」(前掲『白峯寺調査報告書』第1分冊第2部第2章第6節)。
(12) 「白峯寺文書」(前出『新編香川叢書・史料篇(二)』)。
(13) 右同。
(14) 「白峯寺文書」(東京大学史料編纂所架蔵影写本。前掲『白峯寺調査報告書』第2分冊第4部第2章「中世における白峯寺の構造」参照)。
(15) 「白峯寺開基由来帳」(鎌田共済会郷土博物館蔵)。
(16) 「白峯寺の棟札」(前掲『白峯寺調査報告書』第2分冊第6部第2章)。
(17) 「白峯寺文書」(前出『新編香川叢書・史料篇(二)』)。
(18) 「白峯寺の古文書」(前掲『白峯寺調査報告書』第2分冊第6部第1章)。
(19) 「白峯寺文書」(前出『新編香川叢書・史料篇(二)』)。
(20) 前出「白峯寺の古文書」。
(21) 前出「白峯寺の棟札」。
(22) 「白峯寺文書」(前出『新編香川叢書・史料篇(二)』)。
(23) 前出「白峯寺の棟札」。
(24) 松浦正一氏『松平頼重伝』二七二ページ(財団法人松平公益会、二〇〇二年改訂)。

(25) 前出『新編香川叢書・史料篇㈠』(一九七九年)。
(26)「白峯寺大留」(整理番号7―2。白峯寺蔵。以下、整理番号・白峯寺蔵の表示は省く)。
(27)「白峯寺諸願留」(7―5)。
(28) 文久三年「御用日記」(渡辺家文書、瀬戸内海歴史民俗資料館蔵。以下「御用日記」は渡辺家文書である)。
(29)「白峯寺諸願留」(7―9)。
(30)「穆公遺訓諸役書記」(『香川県史9・近世史料Ⅰ』。香川県、一九八七年)。
(31) 前出「白峯寺の古文書」。
(32)「白峯寺諸願留」(7―7)。
(33) 右同、(7―5)。
(34)「白峯寺大留」(7―6)。
(35)『香川県の歴史』一五六ページ(山川出版社、一九九七年)。
(36)「白峯寺大留」(7―2)。
(37) 以下、文化三年の雨乞祈祷関係は「白峯寺大留」(7―6)と「白峯寺諸願留」(7―7)に拠っている。
(38) 前出「穆公遺訓諸役書記」。
(39)「白峯寺大留」(7―6)。
(40)「白峯寺諸願留」(7―7)。
(41) 詳細は佐藤恒雄氏「崇徳上皇と法楽文芸」(前掲『白峯寺調査報告書』第2分冊第4部第1章)参照。
(42)「白峯寺大留」(7―2)。
(43)「白峯寺諸願留」(7―5)。
(44)「御室御所沙汰書」。
(45) 文久三年「御用日記」。
(46)「白峯寺大留」(7―2)。
(47)「白峯寺諸願留」(7―9)。
(48)『増補高松藩記』三七九〜三八一ページ(永年会、一九三二年)。

(49)文久三年「御用日記」。
(50)文化九年「御用留」（別所家文書、香川県立文書館蔵）。なおこの「御用留」は『香川県立文書館紀要・第16号』（二〇一二年）に翻刻されている。
(51)右同。
(52)前出「寺社記」。
(53)万治四年四月「北条郡青海村之内白峯寺千躰仏堂領高帳」。
(54)寛文十二年九月「白峯寺領分子之年米盛帳」。
(55)寛文十一年九月「北条郡林田村内白峯寺領新開検地帳」。
(56)寛文十一年四月「白峯寺領分御検地田畑名寄帳」。
(57)元禄十六年十一月「青海村白峯寺領順道畝帳」。
(58)元文五年「阿野郡北青海村之内白峯寺領順道帳」。
(59)明治四年三月「阿野郡北青海村白峯寺領米盛帳」。
(60)元文五年七月「阿野郡北林田村之内白峯寺領順道帳」。
(61)寛延二年九月「阿野郡北林田村之内白峯寺領米盛帳」。
(62)宝蔵庫蔵。
(63)天保五年「御用日記」。
(64)前出「白峯寺の棟札」。
(65)「白峯寺末寺荒地書上」（前出「白峯寺文書」）。
(66)「白峯寺所蔵『恒例八講人数帳』について」（『白峯寺―国庫補助による白峯寺確認調査概報―』。香川県、二〇〇一年）。
(67)以上、「白峯寺諸願留」（7―5）。
(68)文久二年「御用日記」。
(69)前出「白峯寺の古文書」。
(70)「白峯寺諸願留」（7―9）。
(71)文政元年「御用日記」。

(72) 前出「白峯寺の古文書」。
(73)「白峯寺諸願留」(7—9)。
(74) 以上、「白峯寺大留」(7—2)。
(75) 以上、「白峯寺諸願留」(7—5)。
(76) 以上、右同、(7—9)。
(77) 前出「白峯寺開基由来帳」。
(78)「崇徳院御忌開帳御室御所下文」。
(79) 以上、「白峯寺大留」(7—2)。なお元文二年の開帳については、六月に「当時観音開帳之義、当月十一日迄ニ御座候、先頃御触も有之、開帳相止、其上雨天打続、高山之義故参詣人少御座候、依之七月廿六被迄開帳仕度」と、雨天が続いたこと、高山のため参詣人が少ないことを理由に、開帳延長の願書が出されている。
(80) 以上、右同。
(81)「白峯寺諸願留」(7—5)。
(82)「白峯寺大留」(7—6)。
(83) 以上、「白峯寺諸願留」(7—7)。
(84) 文政十二年「御用日記」。
(85)「白峯寺大留」(7—2)。
(86) 以上、「白峯寺諸願留」(7—7)。
(87) 安政六年「御用日記」。
(88) 文久三年「御用日記」。
(89) 前出「白峯寺の棟札」。
(90)「版木」(前掲『白峯寺調査報告書』第3部第7章第1節。読点木原)。
(91)「白峯寺諸願留」(7—5)。
(92) 前出「白峯寺の棟札」。
(93)「白峯寺諸願留」(7—5)。

(94) 右同、(7―9)。
(95) 前出「白峯寺の棟札」。
(96) 八十一番札所白峯寺の次の八十二番札所根香寺においても、根香寺の属する香川郡西の大・小政所や五色台の北東山麓の村々など、地域社会の支援を受けていたことが指摘されている(上野進氏「近世における根香寺の展開と地域社会」〈『四国八十八ケ所霊場第八十二番札所　根香寺調査報告書』香川県・香川県教育委員会、二〇一二年〉)。

〔本章の作成にあたり、白峯寺にご配慮をいただいた。感謝を申し上げる。〕

第八章　近世の讃岐弥谷寺と地域社会

はじめに

讃岐三野郡の大見村にある第七十一番札所弥谷寺は、室町時代以来西讃岐の守護代として勢力をもち、多度郡・那珂郡・三野郡にまたがっていた、天霧山の天霧城に拠っていた香川氏の保護を受けていたが、戦国時代の終わりに長宗我部元親の攻撃を受けて、天正七年に香川氏は滅びた。一説にはこの時住職は香川氏に従って備後へ逃れ、のち本山の「符牃は尾道の西國寺に蔵在」したという。[1] この時弥谷寺も兵火に掛かり、「仏閣僧坊空礎石を残、本尊及鎮守之神躰等、僅に灰燼の中ニ存在」するのみになったという。[2]

弥谷寺の境内に香川氏関係の墓といわれる五輪塔が多数あるが、現在は宝篋印塔四基が香川氏の墓とされている。その中の一つには、「香川山城景澄」とあって、香川氏の筆頭家老で山城守を名乗り、高谷城主であった香川元春に比定されるという。[3]

戦国時代までの弥谷寺については不明な点が多いが、近世に関しては弥谷寺に文書が残っているので、弥谷寺が周辺の地域社会とどのような関わりをもって存続したのかということを課題にしながら、近世の弥谷寺の注目すべき事柄について以下検討を試みたい。

一　弥谷寺と多度津京極藩

天正十三年に豊臣秀吉は四国を攻めて長宗我部元親を破り、讃岐は千石秀久、次いで尾藤知宣が領主となったが、天正十五年八月に秀吉の武将生駒親正が入部してきた。親正は弥谷寺に対して、まず焼失を免れた本尊千手観音・釈迦・弥陀等の像を仮堂を建てて納め、次いで僧坊を構えて伽藍の再興を進め、住職に阿野郡北の青海村の白峯寺の住職別名を兼帯させ、弥谷寺の興隆を図ったという。

生駒親正の子一正は弥谷寺へ参詣しており、慶長十五年三月十八日付の一正の墓石塔が建立されている。生駒一正の孫高俊も参詣しており、高俊の母円智院からも多くの寄附を受けている。[4] このように弥谷寺は生駒氏の保護を受けて、白峯寺住職別名のもとで再興に努めたといわれる。

寛永十七年に生駒家は家臣の対立に端を発した御家騒動により、徳川幕府より讃岐一七万一七〇〇石余を没収されて、出羽の矢島一万石に移封された。そのあと讃岐の西地域五万石余は、肥後天草にいた山崎家治が丸亀城に拠って支配することになり、丸亀山崎藩が成立した。

山崎家も家治、その子俊家と弥谷寺に参詣しており、慶安四年の一〇月二六日付の山崎俊家、寛永十四年六月二五日付の俊家の祖母の墓石塔がある。[5] 山崎家は三代で絶え一族は備中の成羽へ移ったが、その後も弥谷寺と山崎家との交渉は続き、十九世紀に入った文政六年一〇月に山崎家の家臣中島剛兵衛が「代香」として弥谷寺へきている。[6]

山崎家の所領は播磨の竜野にいた京極高和が万治元年に引き継いで、丸亀京極藩となった。京極高和は入封まもなく弥谷寺へ参詣しており、二代の高豊、三代の高或も参詣したといい、高豊からは「堂塔修理の沙汰」があった

という。また高或が病になった時には弥谷寺の住職宥沢が丸亀城内で一七日間の護摩供を行い、御札を献上したという。(7)

元禄七年に丸亀藩から多度津藩一万石が分かれて支藩となったが、弥谷寺は多度津藩に属した。初代多度津藩主京極高通、二代の高慶、本藩丸亀藩四代藩主京極高矩も弥谷寺に参詣したという。(8) また丸亀藩五代藩主京極高中が明和九年（安永元）に、参詣したことを記録している史料が残っている。(9)

多度津藩の支配地域は多度郡の沿岸地域の多度津と一四か村、それと三野郡の五か村で、農村の行政支配は多度郡に三井組、三野郡の上ノ村組に大庄屋が置かれた。弥谷寺のある大見村は上ノ村組に属したが、上ノ村組には大見村のほかに、松崎村・原村・神田村・財田上ノ村があった。大見村の中は寺地組・竹田組・久保谷組・西組・原組の五つに分けられていた。

先述した生駒近親の子一正は、弥谷寺へ慶長五年十二月に「山林十八町四方竹木進退」の証文を与えた。この山林一八町四方が弥谷寺の境内に相当すると思われる。これに関しては同年十二月の生駒家奉行土屋与右衛門・佐々彦左衛門から白峯寺との兼任住職別名への証文があり、また年は不明であるが山林・竹木についてと思われる、同じく奉行三野四郎左衛門の正月二三日付の弥谷寺宛の添状があるという。(10) 幕末の嘉永元年には「山林御証文」として三通と写一通が残されていたという。(11)

この弥谷寺の境内については、十八世紀に入った頃には、「於当山境内諸殺生仕義、古来禁断ニ而御高札被成下之由、則札之辻と申伝場所御座候所、中絶仕居申候」とあって、享保十四年に「禁札」を再び建てることを、弥谷寺と大見村庄屋平左衛門が上ノ組大庄屋宇野与三兵衛へ願い出ており、このことが宇野与三兵衛から当時の多度津藩の代官三重武右衛門・奈良井藤右衛門へ伝えられている。(12)

その後これから一世紀ほど経った天保八年に、「御高札及零落」として寺社取次の石井兵平(カ)へ申し出、翌九年に寺社取次の浅見為八より大見村寺地組の組頭理祐への連絡により、弥谷寺は村役人を連れて出頭している。この時「一往村役人之手江相渡候間、村方役人ゟ当山江相納可申候、是ハ御上ゟ御高札相改之趣、村方一統へ為御披露、ケ様御計らひ之様子ニ相聞候」とあるように[13]、弥谷寺の「禁札」を効果あるものにするために、村役人を通すことにしている。享保十四年の場合と同様に村役人が介在しているのがわかる。

弥谷寺の住職は藩主が在国の時には、年頭に丸亀城で丸亀藩主・多度津藩主にお目見えをし（多度津藩主は十九世紀はじめまで丸亀城内に居所があった）、また毎年正・五・九月には丸亀城内で、大般若経の転読や臨時の祈祷を行っており、弥谷寺は丸亀藩・多度津藩の祈祷寺であった[14]。

ところで明和七年は不作のため丸亀藩では農民に対し、「夫喰」（食料米）の貸与を実施しており、また隣藩の高松藩では米五万二千石が枯れたという[15]。この年五月に多度津藩の寺社取次の小池式右衛門・田中清七から弥谷寺へ、寺社奉行よりの用件のため御用所への出頭が伝えられた。これは多度郡北鴨村の道隆寺にも伝えられていた。寺社奉行の長浜作左衛門・畑与左衛門・河口数蔵から、藩主京極高文が「別シテ近年御領内不幸ニ而、百姓貧殺イタセシ事を深悲」しんで、この正月に「五穀豊熟民安全」を祈って、自ら大般若経の「御札」を書き、その版木を弥谷寺と道隆寺へ奉納することが伝えられた。そして両寺で大般若経の転読が命じられた。祈祷料として銀五枚、領内へ配る御札用の料紙として杉原一束が御用所から渡された。この祈祷料と御札紙のことは「上之村組中」へも伝えられている。

弥谷寺の大般若経の転読には代拝使として寺社奉行畑与左衛門、それに寺社取次小池式右衛門、代官奈良井藤右衛門らが派遣された。そして上ノ村組大庄屋宇野十蔵、それに大見村はもとより他の四か村の庄屋、及び村々の長百姓や組頭らが弥谷寺へ出勤している。上ノ村組の大庄屋・庄屋・村役人らの協力のもとに行われていることは、弥谷寺と上ノ村組の地域社会との結びつきを示すものであろう。この般若転読には弥谷寺のほか宝城院・長寿院・

牛額寺・万福寺・吉祥寺ら十一人の僧が参加した[16]。

これから五〇年近く経った文化十二年に、弥谷寺と道隆寺へ御紋幕が寄附されている。その理由は「去秋旱損ニ而、御領分中一統困窮之趣」であったので、今年の夏に「五穀成就民安全之御祈祷」を命じたところ、秋には領内全体に「作方宜敷、村々ゟ追々冥加米等」が献上されている。このため紋幕一対を寄附するので今後も、「五穀成就民安全之旨祈念」をするようにということであった[17]。幕末には「菱四目幕一対御寄附書付一通」が残されていた[18]。のち天保二年には、「秋御領分作方虫付候ニ付、五穀成就民安全之御祈祷」が藩から命じられている。そして八月六日には祈祷結願のため、金子一〇〇匹が与えられた[19]。

幕末の頃と思われるが、「雨乞執行」が実施されている。多度津藩は「此節照続、潤雨も無之、郷中一統可為難儀」として、弥谷寺へ雨乞い祈祷が命じられ、祈祷料として銀二枚が与えられた。この祈祷は多度津藩から上ノ村組大庄屋近藤彦左衛門へ、さらに大見村庄屋大井又太夫へ伝えられた。

そして上ノ村組の五か村へこのことを通知し、一村から役人総代と百姓二人ずつを、弥谷寺へ参詣するように伝えた。これは弥谷寺での雨乞い祈祷が、上ノ村組という地域全体の事柄として捉えられていたといえよう[20]。これ以外に弥谷寺での雨乞いの例は見当たらないが、おそらく近世を通して雨乞い祈祷は頻繁に行われていたことと思われる。

寺院にとって「開帳」は重要な行事であったが、弥谷寺では定期的には行われていなかったようである。史料で確認できるはじめは寛政九年である。前年の一〇月に弥谷寺と大見村庄屋大井弥源太は、「本尊千手観音弘法大師直作之霊像、并ニ霊仏霊宝等来巳従三月上旬四月上旬迄、諸人為結縁開帳仕度奉願候」として、寛政九年三月上旬から四月下旬までの開帳を上ノ村組の大庄屋宇野兵蔵へ願い出ている。同時に弥谷寺から本寺の善通寺誕生院へも願いが出されている[21]。大庄屋家への願い出だけでなく、本寺誕生院の許可を得なければならなかった。

これからのちは寛政九年と同趣旨の開帳は史料的には安政七年（万延元年）に確認できる。[22]また年は不明であるが、「御本尊御開扉可被成候之処、御本堂先年御焼失後、御仮普請未御造作等御半途ニ付、御修復被成度」として、弥谷寺は本尊開帳のため焼失した本堂の建立を図ろうとし、その資金の調達を境内に墓所のある人物らへ依頼している。[23]本堂の焼失は享保五年に確認できるが、[24]もしかするとこの頃のことかもしれない。

なおこのほかに年は不明であるが、「鎮守権現開帳」が行われている。四月一〇日で終わる予定であったが、「諸方参詣人等今少延引仕候様ニと、頼申者多御座候」として、二一日までの延期の願いを代官奈良井藤右衛門・富山安兵衛へ出している。[25]鎮守堂は正徳四年頃には「弐間四方　蔵王権現尊像并弁才天女尊像　修理彩色」とある。[26]

二　「御免許地」と寄進地

山崎家治の代に麓での田地開発の許可が、郡奉行の谷田兵助から大見村庄屋又大夫に伝えられ、漸くにして畑六反三畝の土地を開発し、伽藍の修理料としての「御免許」を得ることになった。これが「御免許地」、つまり田畑の税を免除された最初の寺領であった。

のち山崎家の跡を継いだ京極高和の代に、郡奉行小川惣左衛門へ新開地一町五反を、大庄屋の上高瀬村新八・下高瀬村宇左衛門と大見村庄屋七左衛門を通して願い出、「開地漸く七反余開発仕り、用水小池を構え」た。しかし元禄七年に京極家の分家として丸亀藩の支藩多度津京極藩が成立した。このため土地開発は中断していた。

多度津藩の成立後に改めて一町五反の開発を、大見村庄屋善兵衛から大庄屋三井村の須藤猪兵衛、同じく上ノ村の宇野与三兵衛へ申し出て、この二人から代官庄野治郎右衛門まで願い出た。そして多度津藩領の成立から間もない正徳四年三月に、「弥谷寺ハ格別之儀被思召、永代為堂塔修理料、田畑壱町五反御免許」とするとの証文を与えられ、五月には正式にこの田畑一町五反（田・二反九畝、畑一町二反一畝）が御免許地とされている。山崎家時代の六反三畝と合わせて御免許地は二町一反三畝となったことになる。

またこの年四月には大見村の鳥坂原で、新開畑五反五畝が弥谷寺分として認められているが、この土地には「当夏成ゟ定之通上納可仕者也」、つまり「夏成」（夏年貢）を納めることになっており、この新開畑には年貢が課されていた(27)。

弥谷寺に田畑等を寄進した証文が残されているが、それらを年代順に整理したのが表1である。一番古いのは元禄十二年の三野郡上高瀬村の田中清兵衛によるもので、精進供料として田畑五畝（高二斗五升）が寄進されている。以後十八世紀中頃にかけてのものが多く、大見村寺地組の深谷家、三野郡の上ノ村組大庄屋宇野家、大見村土井家、大見村庄屋大井家などが散見される。その他の寄進者も大見村内や近くの有力な農民らであったと思われる。特異なのは正徳三年五月と翌四年三月に、「作州」（美作）の久米南条郡金間村平尾次郎兵衛が、岩谷奥院灯明料を寄進していることであるが、その理由は明らかでない。

寄進地の多くは面積は少ないが、一番多いのは田畑五反三畝二五歩の享保十二年九月の上ノ村の大庄屋宇野浄智（与三兵衛）であり、次いで寛延三年六月の田畑三反二畝二七歩の宇野清蔵（宇野浄智の一族と思われる）となっている。寄進目的としては精進供料、本尊仏餉備、観音堂修理料、岩屋奥院三尊前常灯明料、石躰地蔵尊仏餉備、観音堂供灯明料、常灯明料・護摩供支具料・地蔵尊敷地・寺地普請などである。宇野浄智の場合は常摂待料・接待堂・常摂待石碑となっており、遍路を含む参詣者の接待や接待堂建設のための寄進として注目される。（接待堂についてば後述する）

これらの寄進地はその土地からの収入がすべて弥谷寺の収入となるのではなかった。表1の享保十二年九月の宇野浄智、寛延三年六月の宇野清蔵に、それぞれ作徳米六石一斗一合、作徳米四石弐斗三升一合とあるように、作徳

表１　弥谷寺への田畑等の寄進証文

年　　月	寄　進　者	寄　進　内　容	寄　進　目　的
1．元禄12年２月(1699)	三野郡上高瀬村施主田中清兵衛	田畑５畝 高２斗５升	精進供料
2．宝永２年６月(1705)	大見村寺地深谷文左衛門	田７畝13歩 高５斗１合	本尊仏餉備
3．正徳３年４月(1713)	財田上ノ村宇野与惣兵衛	田５畝 高３斗７升５合	観音堂修理料
4．正徳３年４月	当国財田村宇野与三兵衛	田７畝28歩 高８斗３升３合	観音堂修理料
5．正徳３年４月	当国三野郡財田上ノ村宇野与三兵衛	田１反２畝28歩 高１石２斗８合	観音堂修理料
6．正徳３年５月	作州久米南条郡金間村平尾次郎兵衛	白銀１貫目・銀55匁	岩屋奥院三尊前常灯明料・灯明代分
7．正徳４年３月(1714)	同上	田１反１畝18歩 高１石１斗８升５合 銀55匁	奥院宝前灯明料
8．享保12年９月(1727)	三野郡財田上ノ村宇野浄智	田畑５反３畝25歩 高２石９斗５升８合	常摂待料・摂待堂・常摂待石碑 作徳米６石１斗１合
9．元文３年８月(1738)	大見村土井善五郎	田３畝11歩 高２斗２合	石躰地蔵尊仏餉料
10．延享３年12月(1746)	三好文八	田１反２畝４歩 高７斗２升８合	観音堂供灯明料
11．寛延２年４月(1749)	施主弥右衛門	田４畝16歩 高２斗５升２合	(記載なし)
12．寛延３年６月(1750)	宇野清蔵	田畑３反２畝27歩 高１石７斗７升６合	常灯明料 作徳米４石２斗３升１合
13．宝暦６年12月(1756)	庄屋大井平左衛門	田畑６畝５歩 高３斗４升４合	円照智観信女菩提
14．宝暦11年１月(1761)	施主武兵衛	田１畝８歩 高１斗３升３合	石地蔵尊仏餉料
15．宝暦12年２月(1762)	長尾弥五平	３畝10歩 高４斗５升	護摩供支具料
16．寛政２年２月(1790)	碑殿村施主片山半左衛門	上池の北山下畑畝の分残らず	地蔵尊敷地
17．天保15年３月(1844)	霊漂	白銀２貫目	本堂常灯明料
18．慶応３年10月(1867)	寺地組彦兵衛・国蔵	田２坪	寺地普請ニ付

米つまり藩へ年貢を納めた後の収納米が弥谷寺の収入になるというものであった。

たとえば最も時代の古い元禄十二年の田中清兵衛の寄進状は次のとおりである。(28)

一大見村小原ニ而田畑五畝、此高弐斗五升之田畑買求、弥谷寺弘法大師之御精進供料ニ寄進仕処也、尤御年貢諸役等其方ニ而御勤、以其余慶御精進供御備奉願者也、右之意趣者為両親現世安穏後生善所也

「御年貢諸役等其方ニて御勤」とあるように、年貢やその他の藩への負担である諸役は弥谷寺から納め、「以其余慶」つまり残った分を「御精進供」に充てるという。この「余慶」が作徳米に相当するのである。したがって田畑の寄進を受けたとはいっても、それが「御免許地」のように藩への年貢等の税が免除された寺領というものではなかった。

寄進地証文とは別に「寄附田地証文目録」類があり、それらから寄進地証文にない田地等を抜き出したのが表2である。寄進地では「寄進田地証文」と「三十三番修理料田地手形」の二通である。田地手形の高瀬村の三好氏は丸亀藩上高瀬組の大庄屋であり、田地証文の奥白方村清五郎、大見村弥右衛門・大屋源六も村の有力者であったと思われる。「永代日供料」の長崎の品川作左衛門はどのような人物か不明である。文殊像寄進の奈良井藤右衛門は多度津藩の代官である。

文殊像の寄進以外にも、正徳四年頃に諸堂の仏具・像などの寄進内容がわかるが、それらは竹田組観音講中、丸亀奉公人衆、寒川郡志度町寒河正員、大見村庄屋大井善兵衛、大見村長四郎、讃岐以外では大坂の寺島の在誉浄専、京の寺町林

表2　寄進証文にない「寄附田地証文目録」等の寄進者

一石碑供養料支《（ママ）》証	壱包	施主本村土井善五郎
一寄進田地証文	壱包	施主奥白方村清五郎
		施主本村弥右衛門
		施主本村大屋源六
一文殊之像寄進状（掛物）	壱通	施主丸亀奈良井藤右衛門
一蔵米寄附契約状	一通	施主丸亀林氏
一三十三番修理料田地手形	一裹	施主高瀬村三好氏
一永代日供料	一通	施主長崎品川作左衛門
一永代仏供□証文	一通	施主向原武兵衛

治左衛門、備前の和気郡伊座村中務長右衛門、先述の美作の久米南条郡金間村平尾次郎兵衛らによる寄進であり、大見村を始めとして讃岐以外も含めて民衆によるものが多い[29]。

田畑の寄進証文の外に弥谷寺への売り渡し・質入れ証文が残っている。売り渡しの一番古いのは貞享二年で、以後宝暦十一年まで五通ある。質入れの宝暦十三年から寛政五年までの一六通は、いずれも五年期の質入れである。宝暦十三年からすべて質入れになっている理由は明らかでない。売り渡しの三番目に古い正徳四年三月の六右衛門の証文には、田一反一畝一八歩で「代銀一貫目、常灯明料田、作州平尾治郎兵衛寄進」とある[30]。これは寄進地の表1の七番目に相当しており、平尾治郎兵衛が六右衛門から買い入れて、弥谷寺に寄進しているのである。

このように弥谷寺への売り渡し・質入れの証文となっているが、実際は買い取り主・質取り主から弥谷寺へ寄進されたものであるために、直接に弥谷寺への売り渡し・質入れが行われた証文となっているのである。

また個人への売り渡し・質入れ証文もある。享保十一年が初見で、幕末の嘉永元年までの二〇通である。個人の証文が弥谷寺に残っていることは理解に苦しむ感じがするが、享保十一年と同十二年の宇野浄智の売り渡し証文は計田五反三畝二五歩である。これは寄進地の表1の八番目の三野郡財田上ノ村宇野浄智と一致する。また宝暦六年二月の「利助取次」が宛名になっている畑四畝一二歩は、さらに大見村庄屋の大井平左衛門宛となっている。これは寄進地の同じく一三番目の宝暦六年十二月の、大井平左衛門の田畑六畝五歩と関係しているのではないかと思われる。

また個人への証文も明和四年のものを除いて、宝暦十三年以降は、弥谷寺宛名の場合と同じように五年期の質入れである。そして寛延二年から明和初年までの一一通の証文は、先述の「利助取次」を除き、いずれも宛名は「弥兵衛取次」となっている。近世後期の史料によると、利助は大見村の組頭、弥兵衛は大見村の庄屋代とある[31]。「取次」の意味が明らかでないが、個人への証文も売り渡しや質流れで所有した土地を、弥谷寺へ寄進したことを示しているのであろう。[32]

「御免許地」や弥谷寺への寄進証文、およびその他の弥谷寺に残る土地証文について検討してきた。近世の弥谷寺の重要な経済的基盤となったであろう田畑が、無税地としての御免許地二町一反三畝のほかに、寄進地等でどの程度あったのかは現段階では明らかでないが、その多くは周辺村落の有力者を中心とする農民たちからの寄進された土地であったのはいうまでもなかろう。

三　周辺村落と接待所・大師堂

元禄七年に丸亀藩の支藩として成立した多度津藩の石高一万石は、多度郡が七一三〇石余（一五か村）、三野郡が二八六九石余（五か村）であった。三野郡五か村は大見村・松崎村・原村・神田村・財田上ノ村で、そのうち財田上ノ村、神田村は飛び地であった。弥谷寺のある大見村は、三野郡五か村を束ねる上ノ村組の大庄屋の管轄下にあった。

上ノ村組の大庄屋は古くから宇野家であり、正徳三年四月に宇野与三兵衛が観音堂修理料として田五畝を寄進している（表1参照）。以後宇野家の大庄屋としての役割は、近世後期の天保七年三月まで宇野弥三左衛門を確認できるが、天保九年には大庄屋として神田村の近藤権九郎の名が出てきている。[33] この上ノ村組に属する大見村の庄屋は、近世初期の元和六年以降明治五年まで大井家が継承している。[34]

こうした多度津藩の上ノ村組の農村支配の要をなす大庄屋宇野家さらに近藤家、そして大見村庄屋大井家等との深い関係のもとで、弥谷寺は如何なる状態にあったのであろうか。享保十九年に弥谷寺住職智等は隠居願いを本寺の善通寺誕生院へ出すとともに、庄屋大井平左衛門と連名で大庄屋の宇野与三兵衛へも提出しているが、これは認められなかった。[35]三年後の元文二年に智等は有馬入湯願いを同様に出している。このように住職の隠居や入湯願いについて庄屋・大庄屋の了解が必要であった。[36]このほか住職の高野山への登山、本山善通寺の造塔のための大坂行についても同様であった。[37]

これは藩の許可を得るための手続きであり、大庄屋から藩へ願いが届けられ、そして藩の許可が大庄屋、庄屋へ伝えられ、弥谷寺住職の隠居等が許されていた。弥谷寺の願書は直接に多度津藩の寺社奉行へ提出され、その結果が弥谷寺へ伝えられるという形式ではなく、庄屋・大庄屋の仲介が必要な仕組みになっていた。このことは弥谷寺の維持、運営に大庄屋・庄屋が深く関わっていたことを物語っている。

では弥谷寺の住職の決定にはどのような手続きが取られていたのであろうか。寛政十一年暮に住職蜜範が病死し、後住を決めるに当たって、「法眷并村役人共、打寄評議仕候」とあるように（「法眷」とは同一宗門を修行する仲間のことをいう）、弥谷寺の住職の決定には村役人の賛同が必要であった。蜜範の後住には松崎村の長寿院が転住して無縛と称した。この時は大見村宝城院と大見村庄屋大井弥源太連名で、大庄屋宇野四郎右衛門へ願い出ている。[38]

のち文政九年には無縛の次ぎの住職霊凞が病気隠居し、後住に大見村の宝城院が兼帯することを願い出たが、この時も弥谷寺と大見村後見大井勇蔵の連名で大庄屋宇野四郎右衛門へ願書を提出している。このことは善通寺誕生院へも伝えられ、藩では「願書ニ誕生院ゟ之以添翰願出」としてこれを認め、このことを宇野四郎右衛門へ伝え、宇野四郎右衛門から大井勇蔵に通知している。先述した享保十九年の智等の隠居願いと同じ手続きとなっている。[39]

幕末の嘉永五年に弥谷寺では住職智量が隠居したため、後住を決めなければならなかったが、この時も寛政十一年の時と同様の文言が確認できる。決められた書類の形式とはいえ、これを継承しているところに、弥谷寺と村役人たちとの関係の強さをうかがうことができよう。

天保九年の四代藩主京極高賢の法事に際して、弥谷寺をはじめ多度津領内の一〇か寺が「納経御焼香」を願い出たが、この許可が大庄屋の須藤利吉・近藤権九郎を通して関係村へ伝えられ、各庄屋から願い出た寺々へ通知されていることは、(40)多度津藩の寺院統制のありかたを示しているといえよう。

次に弥谷寺の境内の堂社の整備状況をみてみよう。表3は明和六年の「弥谷寺故事譚」と、時代は新しいが昭和六年の「諸堂建立年鑑(41)」から年代順に整理したものである。一番古いものは寛文十一年の千手観音堂である。(42)大見村庄屋大井善兵衛をはじめ三野郡三か村、多度郡二か村、那珂郡一か村の、おそらく庄屋クラスの村役人であろう人たちの尽力によって建てられている。

もともと仁王像を安置していた大門が南麓にあったが、十七世紀前半の寛永年中に大破したため、仁王像は納涼坊へ移していた。その後延宝九年に中門を再建してここに仁王像を安置して本尊としたという。(43)その後中門は「零落に及」んでいたが、近世後期に入った文政十一年に中門の地に再建して仁王門といい、これに続いて法雲橋を少し過ぎた所にある「金仏の前に横四間通り二間半」の門を建て、これを中門と称したという。(44)そして翌十二年に金剛拳菩薩前に新たに中門が再建されている。(45)

延宝九年の奥院（求聞持窟の側にありのちの大師堂）の「前殿」（詳細は不明）と御影堂との関係は明らかでない。貞享五年の奥院鎮守堂の神体は蔵王権現であった。(46)天和二ないし三年に鐘楼社が建っている。宝永六年に本堂（千手観音堂）が建てられているが、(47)これは再建ではないかと思われる。こうしてみると弥谷寺の境内堂社は、ほぼ十七世紀の後半頃には整備されたようである。

先述の千手観音堂は建立から一一年後の享保五年の春に焼失しているが、この時弥谷寺は、「貧寺殊ニ無縁地ニ御座候得者、再興可仕方便無御座迷惑仕候、依之御領御表方様御領分共ニ村々廻り、相対ニ而少々之勧化仕り度奉存候」として、多度津藩のみならず本藩丸亀藩も含めて、村々を回って寄附を募ることを、大庄屋上ノ村の宇野与

表３　境内堂社の建築変遷

明和６年８月「讃州三野郡剣五山弥谷寺故事譚」（前出）。	
中門	延宝９年（天和元・1681）６月
奥院（岩窟也）前殿	延宝９年９月
鐘楼	天和２年（1682）
奥院　鎮守社	貞享５年（元禄元・1688）９月
十王堂 施主木村清太郎則綱	享保７年（1722）11月
接待所 施主宇野浄智	享保10年（1725）
大悲心院 （本尊千手観音）	享保12年（1727）
止観院 （本尊観音三十三体） 施主三好文八郎	延享３年（1746）５月
弁天社	宝暦２年（1753）９月
天神社	宝暦２年
寂光院（岩屋也）前殿 （本尊不動明王石体）	明和元年（1764）５月
泰山附君社	明和５年（1768）９月
愛宕社	明和６年（1769）６月
青木堂	明和６年
納涼坊	（年月記載なし・宥沢代）
与手院	（同）

昭和6年8月「諸堂建立年鑑」。	
千手観音堂	寛文11年（1671）9月
肺僎　上高瀬　新兵衛	
下高瀬　三郎左衛門	
浅《（麻カ）》村　　仁左衛門	
弘田　　与左衛門	
三井　　九兵衛	
今津　　治郎平	
大見村庄屋　善兵衛	
建立　二《（仁カ）》王門	延宝9年（天和元・1681）6月
建立　御影堂	延宝9年9月
鐘楼堂	天和3年（1683）9月
蔵王権現	貞享5年（1688）9月
本堂	宝永6年（1709）11月
十王堂	享保7年（1722）11月
尊像殿堂悉皆	
那珂郡松尾住	
木村清太夫則綱	
観音堂	享保14年（1729）2月
護持　京極高澄	
観音堂	延享3年（1746）5月
尊像殿堂資財悉皆	
大施主三豊郡上高瀬村	
好又太郎	
再建　薬医門	文化6年（1809）3月
愛宕大権現	文政6年（1823）6月
施主　長尾弥三平	
三谷作兵衛	
再建　仁王門	文政11年（1828）初冬
再建　中門	文政12年（1829）3月
奉建立多宝塔　勧進所	文政12年4月　霊苗
土蔵	天保15年（弘化元・1844）3月
再建　本堂	弘化5年（嘉永元・1848）正月
再建　山神宮	安政4年（1857）8月

三兵衛へ願い出ている。[48] しかしこれは認められなかったらしく、享保十二年に大見村庄屋大井善兵衛とともに、享保五年の「勧化」の文言は見られないが、「本尊観音堂」の建立を宇野与三兵衛へ願い出て藩から認められている。[49] 享本尊が千手観音の大悲心院が再建されているのを確認できる。[50] 本尊観音堂の建立を「本堂建立」といっており、千手観音堂は本堂のことである。本堂は近世後期にも焼失し、[51] 弘化五年（嘉永元）に再建されている。[52]

本堂焼失の後、享保七年に十王堂が那珂郡松尾住の木村清太夫、[53] 同一〇年に接待所が上ノ村組大庄屋宇野浄智、[54] 延享三年に三十三観音堂が三豊郡上高瀬組の大庄屋三好又太郎[55]によって建立されている。「松尾住」というのは金毘羅のことを指していると思われ、木村清太夫はそこの富裕者であろう。いずれもその地域の有力者によって建立されていたことに注目すべきである。文政六年の愛宕大権現の施主の長尾弥三平・三谷作兵衛も、村役人層ではなかったろうか。その他の建物についても記載はないが、村落の有力者が関係している場合が多かったと思われる。

年代不明の納涼坊は明和六年頃には「亦籠所と云う」とあるが、[56] 明和六年から半世紀前の正徳四年当時には、「弐間三間之籠所、諸人之参詣接待所兼之」とある。[57] つまり正徳四年頃には納涼坊は籠所といい、遍路等参詣者の接待所を兼ねていたのがわかる。

納涼坊が兼ねていたという接待所については、正徳四年から一〇年後の享保一〇年五月の上ノ組村大庄屋宇野浄智願文には、「去享保甲辰（九年）夏登嶺礼仏之刻、儻《タマタマ》観衆人渇悩、愍傷深心思心之、極救、遂而捨墾田許多、永為施茶料、尚施茶堂一宇建立、今辰（ママ）開施会、遠及三会暁、願徳因繁茂シテ五十億日、開覚花龍樹」とあり、[58] 参詣者のための「施茶堂」の本格的な建設を行おうとし、この施茶堂の維持のため「墾田許多」をこれに充てるという。表3の享保一〇年に「接待所　施主宇野浄智」とあり、この年に施茶堂が建てられていた。現在本堂に向かう階段を上がった横に、享保一〇年二月の「剱五山永代常接待」と刻まれた永代接待碑が残っており、これによると宇野浄智は「宇野与三兵衛尉惟春」とある。

表1にあった宇野浄智の寄進地五反三畝二五歩は、「接待田地」として大見村の九郎三郎から買い入れた土地で、宇野浄智宛の享保十一年正月付五反二畝二五歩の質物手形、翌十二年四月付の一畝の永代売渡証文が残っている。弥谷寺住職宥雄への宇野浄智からの享保十二年九月の寄進状は、接待関係の史料として貴重であるので全文を紹介しておきたい。(59)

奉寄進永代常摂待料田畑之事

三野郡之内
大見村

一田畑畝数五反三畝弐拾五歩

高弐石九斗五升八合　　但証文畝帳弐通宛別紙有

作徳米六石壱斗壱合

一接待堂　　壱宇

一常接待石碑　　壱基

右田畑、於御山為永代常接待開弁之料、奉寄附畢、志者為□修善提御座候間、於御宝前滅罪生善意願、満足之御祈願被成、右田畑之徳米、以永代不断接待無退転、且田畑質物売買等之妨無之、施主大願成就仕候様ニ、記文代々御伝置可被下候、為後代寄進証文如件

「永代常接待料」として田畑を寄進し、この「徳米」をもって接待を続けるよう伝えている。この享保十二年六月に「当山接待堂守」であった城誉円入法師が没しているが、「当山茶屋堂始住」とあって、(60)宇野浄智の寄進状より以前に接待堂が建てられていたのは確かである。その後接待堂については明和七年に存在していることが確認できるが、(61)近世後期の弘化四年の『金毘羅参詣名所図会』に、奥院に向かう門の側に「茶堂」と記された建物が描かれている。

この接待堂は参詣者のためであったが、その中には多くの遍路も当然含まれていたであろう。しかし弥谷寺には遍路に関する史料は多くはみあたらない。ここでは文政七年の山城国八幡の泉屋新七娘の遍路墓、文化六年に建立された大見村の滝口重太郎の四国八十八ケ所の巡拝記念碑があり、また数多くの過去帳の中に遍路中に亡くなった者、遍路の先祖回向の依頼記載が見られることを指摘するに留めておく。(62)

ところで遍路に関連して、大師堂がいつ頃から存在していたのであろうか。大師堂はかつては奥院といわれていた。(63) 表3によると奥院は「岩窟なり」といい、近世前期の延宝九年頃には整備されていたようである。「岩場に穿たれ築かれた岩屋求聞持窟の間に建てられて」いる。(64) 大師堂と称されるようになった時期はあきらかでないが、近世後期の天保十三年三月に大師堂再建を、弥谷寺と大見村庄屋大井節之助は大庄屋近藤権九郎に願い出たが、その中に次のようにある。(65)

一拙寺大師堂及大破候ニ付き、梁行四間半桁行五間半、至而手軽ニ建替仕度、去ル天保八酉年施主講中共申合居申候、其砌御願可申上筈之処、先年本堂焼失ニ付、享保十三（二カ）未年再建之砌、御願申上候処、其儀ニ不及旨ニ而、願書御返却御座候儀旧記有之、旁延引ニ相成候、然ルニ此度興隆之儀ニ付、他国ゟ寄附等も可有之哉、自然大造ニ及御聞も御座候而者、奉恐入候ニ付、此度改而奉願上候

大破している大師堂の建て換えを、天保八年に「施主講中共」が計画し願い出ようとした。すでに享保十三年（実は十二年）の本堂再建の時に大師堂の再建も願ったが、認められなかったという。したがってこれによると享保十二年頃に大師堂が存在したことになる。この弥谷寺の願いをうけて、当時の上ノ村組の大庄屋近藤権九郎は藩へ申し出てこれが許可され、藩から近藤権九郎、さらに大井節之助、そして弥谷寺へ伝えられている。(66)

これを受けて弥谷寺では、翌天保十四年正月に大庄屋近藤権九郎へ、大見村庄屋大井節之助とともに、次ぎの願書を提出した。

（前略）、祖師堂の儀ニ御座候得者、早々建替不仕而者難相済候得共、貧寺殊ニ無縁地ニ御座候得者、迚も自力ニ難相調嘆ケ敷奉存候、依之先例も御座候ニ付、御時合柄奉恐入申上兼候得共、両御領分在町相対勧化之義奉願上候、且亦御本家様御領分之義者、本寺誕生院ヲ以御願申上置候、（後略）

弥谷寺の自力では建て替えの経費が確保できないとして、本藩丸亀藩と多度津藩の「御領分」、つまり三井組と上之村組での「在」（村）や町での「相対勧化」による寄附を募ることを願い出ている。そして丸亀藩領内については、同様のことを本寺の誕生院から願い出ることにしているという。

多度津藩からは九月に近藤権九郎と大井節之助を通して「相対勧化」の許可が弥谷寺へ通知され、本寺誕生院へは同趣旨の願書が弥谷寺から二月に差し出されていたが(67)、丸亀藩からは八月に誕生院へ、「前格も有之趣ニ付、御家老中江も及御噂承置候段、郡町両奉行中へ申達置候、勿論相対勧化ニ候得者、人々志次第決而押付ケ間敷義無之様」と伝えられた(68)。

この大師堂の建て替えに関係していると思われる史料として、年代不明の「両御殿御免勧進大師堂再建壱千人講帳序(69)」がある。その中に、「古形之通両御領分御免勧進被仰付候ニ付、十方国家の信男信女を勧めて、壱千人の講中を調へ、入講の寄附銀を以て再建の願心（カ）を成就せん事乞願ふ、然ハ則信心の輩、再建元施主壱千人講中の列門に加わハり、此永代帳に先祖の法名幷ニ氏名前歳書写を相記し置て」とあって、大師堂の再建の経費を千人講によって賄おうとしたようである。

また弥谷寺に残された版木の中に、大師堂再建奇進関係が四点あるが、江戸期のものではないかといわれる。のち明治に入っても大師堂の再建が進められている(70)。このように大師堂の建て替えは多度津藩はもとより、本藩丸亀藩の領民の協力を得て行われていた。この大師堂の建て替えがいつ行われたのかは明らかでない。

文化四年五月に住職無縛が没し、その後を霊明（霊苗）が継いだが、この時新住職を知らせた「入院吹聴(71)」によれば、多度津藩および丸亀藩の重臣、玄要寺・弘聖寺・誕生院がまず上げられている。そして各郡・村や寺々へ伝えられているが、寺は省いて村ごとの人数をみると、多度津藩領では三野郡の財田上ノ村一、大見村四四、松崎村三三、多度郡の碑殿村九、多度津二、丸亀藩領では三野郡の上高瀬二、本ノ大村一、下高野二、多度郡の吉原村七、弘田村二、善通寺村三、仲村一、那珂郡の今津村一、豊田郡の観音寺村一となっており、大見村と隣接する松崎村が多いのがわかる。

また入院の祝儀として大見村からは寺地組一三六人・銀一〇七匁、竹田組六八人・銀四六匁五分、久保谷組五二人・銀三一匁、西組一二二人・銀八七匁二分、原組七一人・銀四八匁三分が収められているが(72)、大見村以外からは人数は略すが、多度津藩領の三野郡松崎村、多度郡碑殿村・多度津、丸亀藩領の三野郡上高瀬村・比地大村・詫間村、多度郡吉原村・弘田村・善通寺村・仲村・青木村、豊田郡室本村などがうかがえる(73)。これら「入院吹聴」などにみられるように、弥谷寺は大見村をはじめ西讃岐各地の村人との関係をもっていたのが理解できる。

四　碑殿村地蔵菩薩と金剛拳菩薩

大見村に隣接する三井組の碑殿村の地蔵菩薩について次に述べると、弥谷寺には四方から道が通っていたといい、「東、以碑殿坂当十地之位、今所安置此盤石上之石仏、則初地歓喜之像」とあり、東から弥谷寺へ向かう碑殿村上池堤北隅に「石造地蔵菩薩一駆」、つまり初地歓喜像が造立されている(74)。また「前住菩堤林及び法嗣霊苗、嘗《かつ》つて行基の意を原《たず》ね、碑殿歓喜池の上の石像地蔵より、法雲橋頭に至るまで、離垢発光等の諸位の仏像を路傍に安んじ、十地の階級に擬えんと欲す、(中略)、僅かに第十地に金剛拳菩薩を建て、以て其の梗概を示すのみ、二天門内丈六の鋳像、即ち此れなり」とあり(75)、菩堤林以後の住職によって、碑殿の石像菩薩から弥谷寺境内の法雲橋までの間の道に、一〇の仏像を安置しようとした。しかし「剣五山弥谷寺記」の書かれた弘化三年には、二天門に「丈六の鋳像」が残されているだけだという。丈六の鋳像とは後述する大日如来（金剛拳菩薩）のことである。

碑殿村上池に石地蔵が造られたのはいつかということであるが、寛政二年二月に碑殿村の片山半左衛門は、「上池之北山下畑之分、有畝不残右（石ヵ）地蔵尊御敷地、永代差上ケ申候」と、[76] 地蔵尊の敷地を寄進しており、このころに地蔵尊建立の準備が進んでいた。そして三年後の寛政五年に弥谷寺へ、「永代譲渡田地」として、常住寺から「上池尻石樋の西東」にある田一畝二七歩（高三斗一升三合）が、「此度地蔵田ニ被成度思召ニ而、御所望之由被仰聞、至極御尤之御儀ニ付、早速御譲申」とあるように、弥谷寺の要望によって「地蔵田」が寄附されている。この地蔵田に懸かる藩からの「諸役掛り物」は、弥谷寺より納めるということであった。[77]

したがって寛政五年には石地蔵菩薩は造られ安置されていたのではあるまいか。のち享和元年七月に丸亀藩家中の鈴木恒右衛門が、「碑殿村弥谷江登山口大地蔵尊」の献灯を建立している。[78] 現在善通寺市吉原町の吉原大池の西に所在する石地蔵菩薩は、この初地歓喜菩薩であるという。[79]

寛政四年三月に弥谷寺から、碑殿村上池尻で二間半の藁葺の接待所を設置して、「往来之四国辺路江茶施申度由願出」があり、その建設が多度津藩より許可された通達がある。[80] 弥谷寺より接待所の設置を願い出ていることは、弥谷寺の遍路への配慮を窺い知ることができる。敷地には年貢が課され弥谷寺から納めることになっている。この通達は多度津藩家老の河口久右衛門らから代官の奈良井藤右衛門・平尾彦蔵へ通知され、さらに碑殿村が属する三井組大庄屋須藤孫四郎へ伝えられている。遍路の通行が増えてきているという状況を背景にして、上池での石地蔵菩薩の建立、および接待所の設置が行われたといえよう。

幕末の安政四年になると石地蔵菩薩の世話が問題となっている。当寺の住職維那は、「碑殿大池辺」の「大仏地蔵尊」は先の住職菩提林が造立し、碑殿村の勘蔵に田地を譲って「香華」の世話をさせていたが、田地を売り払って年を経るにつれて世話が疎かになっているので、このたび弥谷寺で取り扱うことにする、就いては「仏賽物等」を管理させるので、「同所茶堂庵講中」に香華等の世話を頼みたいと、碑殿村と茶堂庵講中へ申し入れている。[81]安政四年ころには接待所は茶堂庵と呼ばれており、それを維持するために講中が組織されていたのがわかる。

碑殿村の石地蔵菩薩のところで触れた大日如来は、「銘曰、寛政三年辛亥起首願主先師菩堤林、文化八辛未年成就現住法印零苗代、鋳物師紀州住人蜂屋薩摩掾源政勝、右年号并時代、仏像之脇記之也」とあって、[82]住職菩堤林が寛政三年に建立に取りかかり、二〇年を経た住職霊苗の文化八年に完成している。

かつて弥谷寺の灌頂川の法雲橋の西の大岩の上に、一丈六尺の金銅の大日如来があったが、[83]それが消え果てていたのを住職菩提林が寛政三年に、「擬第十地ノ菩薩」としてその再建を試みたという。[84]この再建のために菩堤林と講中が勧進を行おうとした「灌頂仏募縁疏」の版木が残っているが、[85]これによると寛政元年正月となっており、大日如来の造立の動きは寛政元年に始まっていたといえる。

先に述べた碑殿村上池の石地蔵に関する史料が、寛政二年からうかがえることから、大日如来の造立は石地蔵の造立と関係を持っていたように思われる。大日如来が完成したのは寛政元年から二二年後の文化八年のことであるが、完成前年の七年には大日如来とあり、[86]文政二年の「四国巡拝日記」にも大日如来としているが、これからほぼ三〇年後の弘化三年には金剛拳菩薩とされている。文政二年以後のある時期に大日如来から金剛拳菩薩へと名を変えたのであろう。[87]

大日如来の完成から三年後の文化十一年二月に、弥谷寺と大見村庄屋大井助左衛門は上ノ組大庄屋宇野四郎右衛門へ、「去ル寛政三年御聞済之金仏漸々出来仕候ニ付、三月廿一日ゟ同廿七日迄、為諸人結縁法中打寄、供養仕度」と、藩へ「金仏」の「供養」を上申することを願い出ている。[88]大日如来が現在の地に建立され、最終的に完成したのは文化八年より少し経ってのことと思われる。

弥谷寺の聖教の中に、「灌頂仏再建三百人講」がある。これは文化七年八月に弥谷寺の維綱がまとめたもので、当寺の住職は霊明（霊苗）である。その序文によると、「丈六の金仏を再建せんと思へとも、衣鉢乏少しくして自力に及かたし、故に善男善女を勧進して、三百人講をいとなみ、此浄財を以て、大日尊を再建し奉んと希ふ」とあり、三〇〇人の寄附によって「丈六の金仏」を再建することを計画している。

そして「此尊に帰依して浄財を擲ち、早く再建の願を遂げ、万代不朽の巨益を成就せしめん輩ハ、現世にハ子孫繁盛し福徳豊穣にして、快楽自在ならん、当来にハ摂取不捨の光明に照されて、極楽都率（カ）任意往生せん、猶又施主家の姓名先祖の法名等大日尊の蓮座に彫り付、永代毎歳の灌頂に廻向する也」と、寄附者の現世の御利益を説くとともに、その名を大日如来の「蓮座」に記すとしている。この大日如来の再建には銀二五貫六〇〇目が必要であったという[89]。

この序文に続けて大見村から始まって、多度津藩・丸亀藩の村々からの寄進者の名が記されている。施主一人前で金一両とされており、一番多いのは大見村庄屋の大井助左衛門の七人前で、次いで四人前の大見村の三谷恒右衛門・同三谷甚之丞・同三谷源六・同辻市郎右衛門となっている。その他はほとんどが一人前であり、二人で一人前とされているものもある。これらを施主人前の多い郡ごとに整理したのが表4である。

一番多い村は地元の大見村の七七人前、次いで隣村の松崎村の四二人前となっており、郡ごとでは丸亀藩領の村数が圧倒的に多数を占めている三野郡が一九〇人前と多く、全体の二七一人前の七割となっている。多度郡・豊田郡等からも寄附されているが、丸亀・金毘羅・塩飽、讃岐以外では伊予・備前・備中、さらに大坂からも寄せられている。施主人前の合計は「三百人講」には達しなかったが、施主一人前金一両とされていたので、金二七一両の寄附があったことになる。大日如来の建立には大見村・松崎村をはじめとして、多度津藩・丸亀藩領内、またそれ以外の各地の人々の支援によって行われているのがわかる。

表４　「灌頂仏再建三百人講」の施主人前郡別等内訳。

（寺・講中は人名、名前が複数で村が違う場合は初出施主の村に入れた。）

三野郡大見村	77人前
松崎村	42.
比地大村	8.
竹田村	6.
笠岡村	9.
吉津村	6.
詫間村	1.
生里	3.
上高瀬村	5.
比地村	6.
比地中村	4.
箱浦	3.
上麻村	1.
粟島	1.
香田	1.
麻村（下麻村カ）	1.
大浜	5.
仁尾村	4.
財田荘	2.
本之大村	1.
下高野村	1.
下勝間村	3.
計	190人前
多度郡奥白方村	1人前
碑殿村	3.
多度津	1.
吉原村	11.
弘田村	2.
中村	2.
葛原村	2.
善通寺村	4.
計	26人前
豊田郡大野原	1人前
古川村	1.
粟井新田	1.
室之本	1.
中姫村	1.
木ノ郷村	2.
植田村	2.
花稲村	1.
計	10人前

鵜足郡宇足津村	8人前
那珂郡櫛梨村	1人前
丸亀	10人前
金毘羅	7人前
塩飽泊り浦	1人前
伊予川之江	2人前
宇摩郡津根村	2人前
宇摩郡妻取村	1人前
備前下津井	3人前
吹上村	1人前
備中下道郡尾崎村	2人前
大坂	7人前
合計	271人前

この「灌頂仏三百人講」にある村名・名前等は、文化七年までに寄進した人たちの名前を整理したものだと思われる。そして完成した大日如来の像や蓮弁等には、先に述べた序文にあったように寄進者の名前等が刻まれている。なお前掲の『調査報告書』（第3部第4章第1節「彫刻」）に金剛拳菩薩の銘にある村名が記されているが、表4は施主人前ごとに整理しているので、村数が一致していないところがある。

おわりに

以上、弥谷寺に残されている古文書によって、近世における弥谷寺に関する事柄とその周辺の地域の村々との関係について検討してきた。重要と思われる事柄についてはその都度指摘しておいた。重複するところもあるが、最後に近世の弥谷寺のありかたの主な特徴的な点について述べておきたい。

弥谷寺は一万石の小藩多度津藩に属しており、藩からの支援に多くを期待することはできず、寺院としての運営を維持していくためには、所在する大見村をはじめ、近隣の村落との関係を保持していかねばならなかった。寺院は藩の寺社奉行に直接的に管理されるのが通例であるが、弥谷寺の場合には多度津藩寺社奉行との関係は、弥谷寺の属する大見村庄屋とともに、大見村を管轄する上ノ村組大庄屋を通さねばならないことになっていた。

また弥谷寺の経済的基盤は、寺領たる「御免許地」のほかに近隣有力農民らからの寄進地があった。これは藩への年貢等を上納したのちの「徳米」が弥谷寺の収納となるのであり、寺領というものではなかった。しかしこれらの寄進地が弥谷寺の経済的側面の多くを支えていたといえるのではあるまいか。

戦国末に退廃していた弥谷寺は、その後生駒家、山崎家、京極家の保護のもとに再建を進め、十七世紀後半には境内の堂社の整備が行われたが、その担い手は多くが近辺村落の有力者たちであった。たとえば参詣者のために接待所が正徳四年に設けられていたが、その後享保一〇年には新たな接待所が建てられている。これは上ノ村組大庄屋宇野浄智によるものであった。参詣者の中には当然遍路も含まれていた。

東からの弥谷寺へ向かう参詣道がある碑殿村の上池の堤のそばに、寛政二年ころに建てられた思われる石造の地蔵菩薩がある。この地蔵菩薩の維持のために、弥谷寺の要望により常住寺から「地蔵田」が寄進されているし、また同四年には弥谷寺が四国遍路のために、上池に接待所を設置することを藩へ申し出て、これが許されている。このように寛政に入った頃に碑殿村の石地蔵の建立や接待所の設置など、弥谷寺で四国遍路への配慮がなされていることは注目されよう。

麓から上がってきた弥谷寺への参詣者は、旧中門で正面に「丈六」（ほぼ五メートル）の金剛拳菩薩（大日如来）に出会う。この金剛拳菩薩は先の碑殿村の石地蔵菩薩から一〇番目の菩薩として、寛政元年ころから建立の動きがあり、二〇年後の文化八年に完成したとされるが、その建立経費は「灌頂仏再建三百人講」にうかがえるように、多度津藩・丸亀藩領の村々のみならず、金毘羅、塩飽、伊予、それに対岸の備前や備中さらに大坂など、多くの人々からの寄附に拠っていた。ここに弥谷寺が多くの民衆に支えられて、寺の発展を維持していたのをうかがうことができよう。

ところで、大見村の寺地組の三平が弥谷寺での「店開」を許されていることが、嘉永六年十一月付の次ぎの史料からわかる。[90]

一此度御当山於御門前、店開仕度段奉願上候処、御聞届被為下、有難仕合奉存候、依茲為冥加銀、壱貫目献金可仕候間、御□納可被下候、然ル上ハ御山法大切ニ相守可申候、其為奉差上一札如件

「御当山御門前」での「店開」とあるように、弥谷寺への参詣者や遍路のための店であり、冥加銀一貫目を献金するというのである。「御山法大切ニ相守」るとあるように、「御山法」がどのような内容かわからないのではっき

りしたことはいえないが、「店開」のものが守るべき内容を含んでいたとすると、弥谷寺の門前にある程度の店が立ち並んでいたことを、この史料は物語っているのではあるまいか。

注

(1) 弥谷寺文書「剣御山弥谷寺故事譚ノ序」番号二―三九―一。番号は『四国八十八ヶ所霊場第七十一番札所　弥谷寺調査報告書』(香川県・香川県教育委員会、二〇一五年三月)による。以下『調査報告書』と記す。なお断らない限り出典史料は弥谷寺文書である。
(2) 嘉永七年〈安政元〉十一月「香川氏生駒氏両家石碑写」番号二―一〇六―一。
(3) 前掲『調査報告書』第3部第3章「石造物」。
(4) 以上、「讃州三野郡剣五山弥谷寺故事譚」(「多度津公御領分寺社縁起」所収、『新編香川叢書・史料篇(一)』〈香川県教育委員会、一九七九年〉)。以下「弥谷寺故事譚」と記す。
(5) 右同。
(6) 「備中成羽山崎家御代香□営等控」番号二―九六―一五。
(7) 前出「弥谷寺故事譚」。
(8) 右同。
(9) 「殿様参詣之節覚書」番号二―一〇六―一二。
(10) 「御免許田畑山林之事」番号二―一〇六―一九。
(11) 嘉永元年五月「弥谷寺古証文目録」番号一―一七―三八。
(12) 「奉願口上之覚」、番号一―一七―三七。
(13) 天保九年四月「山林御高札御改之控」番号二―一〇四―一。
(14) 前出「弥谷寺故事譚」。
(15) 『香川県史・年表』(香川県、一九九一年)

(16) 以上、明和七年五月「五穀成就民安全祈祷控」番号二―一〇六―九。
(17) 文化十二年一〇月「御紋幕御寄附之控」番号二―一〇六―八。
(18) 前出「弥谷寺古証文目録」。
(19) 天保十一年一〇月「続故事譚」番号二―三九―二。
(20) 「雨乞祈祷書状」番号一―一七―八―二―七・「諸願書控」番号二―一〇四―三。
(21) 「奉願口上之覚」番号二―一一六―一七。
(22) 「諸願書控」番号二―九六―一〇〇。
(23) 「小野勘左衛門書状」二―九六―一〇〇。
(24) 「奉願口上之覚」番号二―一一六―二。
(25) 「権現開帳日延願之控」番号二―一一六―四。
(26) 「弥谷寺由来書上」番号一―一七―八。
(27) 「御免許山林田畑之事」番号二―一〇六―一九、前出「弥谷寺由来書上」。
(28) 番号一―一七―九二―五。
(29) 前出「弥谷寺由来書上」。
(30) 番号二―一一六―一五。
(31) 「諸願書控」番号二―一〇四―三。
(32) 前掲『調査報告書』第3部第5章「古文書古記録」。
(33) 「願書等控」番号二―一〇四―二。
(34) 『新大見村史』二五一・二五二ページ。
(35) 「奉願口上之覚」番号二―一一六―四九。
(36) 「奉願口上覚」番号二―一一六―四六。
(37) 「公議願書控」番号二―一〇六―一三。
(38) 「諸願書控」番号二―一〇四―三。
(39) 「奉願口上之覚」番号二―一一六―一二。

(40) 天保九年四月「京極高賢様御逝去納経等之控」番号二―一〇六―一一。
(41) 番号二―三九―五。以下「年鑑」という。
(42) 「年鑑」。
(43) 前出「弥谷寺故事譚」。
(44) 前出「続故事譚」。
(45) 「年鑑」。
(46) 前出「弥谷寺故事譚」。
(47) 「年鑑」。
(48) 「奉願口上之覚」番号二―一一六―二。
(49) 「本堂建立願書」番号二―一一六―七。
(50) 前出「弥谷寺故事譚」。
(51) 「諸願書・第弐」番号二―一〇四―四。
(52) 「年鑑」。
(53) 右同。
(54) 前出「弥谷寺故事譚」。
(55) 右同、「年鑑」。
(56) 前出「弥谷寺故事譚」。
(57) 前出「弥谷寺由来書上」。
(58) 「造立石碑一基并施茶接待堂一宇建立願文」番号一―一七―九二―六―三。前掲『調査報告書』第5部「史料編」に全文翻刻がある。
(59) 「常接待料寄進証文　宇野浄智」番号一―一七―九二―七。
(60) 前掲『調査報告書』第3部第7章第2節「位牌」。
(61) 前出「五穀成就民安全祈祷控」。
(62) 詳細は前掲『調査報告書』第3部第3章「石造物」、同第6章「聖教」参照。

(63) 前掲『調査報告書』第3部第7章第2節「位牌」。
(64) 前掲『調査報告書』第3部第2章「建造物」。
(65) 「大師堂再建願書之控」番号二―一―一六―九。
(66) 「願書等控」番号二―一〇四―二。
(67) 右同。
(68) 「土岐権之丞・原田武右衛門書状」番号二―一―二―一。
(69) 番号二―三九―四。
(70) 前掲『調査報告書』第3部第7章第2節「位牌」。
(71) 番号二―九六―五八。
(72) 「御入院御祝帳」番号二―九六―六三。
(73) 「入室御祝帳」番号二―九六―六一。
(74) 前出「続故事譚」。
(75) 弘化三年「剣五山弥谷寺記」番号二―二〇―一。『詳細調査業務報告』第4章第2節第7項④「勧進」(二〇一三年二月)参照。
(76) 「片山半左衛門寄進状」番号一―一五―五五。
(77) 前出「続故事譚」。
(78) 「石大地蔵尊献灯銘彫付候控書」番号一―一七―三〇。
(79) 前掲『調査報告書』第3部第7章第一節「版木」。
(80) 前出「続故事譚」、同「諸願書控・第弐」。
(81) 「地蔵守《カ》之書付入」番号一―一七―四〇。
(82) 前出「続故事譚」。
(83) 「灌頂仏募縁疏・下書」版木二―一四一―三。
(84) 前出「続故事譚」。
(85) 版木二―一四一―三。
(86) 「灌頂仏再建三百人講」聖教二―六三―一七。

(87) 以上、大日如来の記述については、前掲『調査報告書』第3部第7章第1節「版木」を参照した。
(88)「奉願口上之覚」番号二—一一六—二五。
(89)「灌頂仏菩縁疏」版木二—一四一—三。
(90)「奉差上一札之事」番号二—一一六—二六。

〔本章の作成にあたり、弥谷寺にご配慮をいただいた。感謝を申し上げる。〕

附論

〔講演録〕近世中期高松藩の政治と文化—平賀源内を生んだ歴史状況—

はじめに

近世初期のほぼ半世紀の間、讃岐を支配した生駒家は御家騒動により、寛永十七年（一六四〇）に讃岐一七万石余を没収され、出羽国由利郡矢島一万石へ転封された。その後翌年に西讃岐五万石余の領主として山崎家治が入部し、東讃岐一二万石には寛永十九年に水戸徳川家の松平頼重が高松城に入って領主となった。

松平頼重は水戸藩主徳川頼房の長子で徳川家康の孫にあたり、水戸藩徳川家を継ぐべき立場にあったが、故あって水戸藩は弟の光圀が藩主となった。このように高松松平藩は、水戸藩との関係が深く、徳川幕府に近い立場の家門大名として成立した。

この高松松平藩の五代藩主松平頼恭の代に、志度の米蔵番と薬用方を一時勤めていたのが平賀源内であった。源内が長崎遊学後に蔵番を辞し、本草学に関心をもって江戸で活躍しはじめるのはよく知られているところであるが、源内が二〇代後半の年まで過ごした高松藩の、当時の政治的、文化的な状況について紹介してみたい。なお、表題にいう近世中期高松藩とは、五代藩主松平頼恭の時代（元文四・一七三九〜明和八・一七七一）のことを指している。

一　藩主松平頼恭の改革政治

松平頼恭の襲封と講堂の再興

初代藩主松平頼重は儒学に力を入れ、高松藩入部とともに幕府の儒者岡部拙斎を藩儒に迎えていたが（「松平家記」鎌田共済会郷土博物館蔵）、二代藩主松平頼常（実は徳川光圀の子）も儒学を重んじ、幕府の儒者林信篤の門人菊池武雅・岡部政之進を藩儒に召し抱え、元禄十五年（一七〇二）に講堂を城下の中野天満宮の南に建てて藩校とした（『増補高松藩記』九七・九八ページ。永年会、一九三二年）。元禄十五年に藩校が建てられたというのは、全国的に見て早い方である。ここでは「府中士庶」とあるように（「讃岐志」内閣文庫蔵）、藩士に限らず、城下の町人らも儒学を学ぶことができたのも特徴であった。

この講堂での講習は、三代藩主の松平頼豊の享保（一七一六〜一七三四）ころには中断したこともあったが（「翁嫗夜話」松浦文庫。瀬戸内海歴史民俗資料館蔵）、四代藩主松平頼桓が享保二〇年（一七三五）に藩主になってからは、講堂の再興に取り組んだ。しかし四年後の元文四年に頼桓が急死した。その跡継ぎとして松平頼重の弟頼元の孫にあたる、陸奥の守山藩主松平頼貞三男の頼恭を藩主に迎えた。

五代藩主となった松平頼恭は前藩主頼桓の方針を受け継いで、「高松の学校并江戸御邸内にも、学問所御取立、経史講習詩文の業をも修行被仰付」とあり、藩校や江戸藩邸での教育の充実に尽くしている。そして講堂の「其規模狭小に御座候て、穆公（頼恭の諱）御再建の思召有之候へ共、是又永永の御不勝手にて、御行届不相成」と、藩校の拡大を考えていたが財政難のために実現できなかったという（『増補高松藩記』一七二・二八〇ページ）。

明和八年（一七七一）に松平頼恭が没して九年後の六代藩主松平頼真の安永九年に、頼恭の意志を継いで藩校講道館が建設された（『増補高松藩記』二八〇・二八一ページ）。この講道館では町人や百姓の子も講習を受けることができた（『香川県史3・近世Ⅰ』六七四ページ。一九八九年）。これは講堂創設の時の「府中士庶」の精神を受け継いだものであった。

寛延騒動と「貸免」

松平頼恭が藩主になって八年後の延享四年（一七四七）に、高松藩では城下西通町の綿惣問屋柏野屋市兵衛の建言を入れて、綿の取引に対して綿一俵について銀一匁二分の運上銀を課すことにした。ところが翌寛延元年に当時綿の生産が盛んになっていた城下より西郡（阿野郡北・阿野郡南・鵜足郡・那珂郡）の農民数千人が高松城下の柏野屋宅へ押し寄せて、「綿の運上取申す上に、綿仕付の肥し代銀二千貫目計《（はカ）》り、借り可申由申立、退散不致」とあり、綿運上の代わりに綿植え付け肥料代銀二千貫目の借用を求めた。

この様子が「栗山文集」に書かれているが、柴野栗山の表現に少々誇張があるにしても、高松城下が騒然とし打ちこわし状態であったのがよみとれる。この城下騒動の結果、綿運上銀の賦課は中止された（以上、『増補高松藩記』二五六ページ）。農民の反対騒動によって藩の方針が撤回されたことは、高松藩の農民対策のありかたとして注目されよう。

翌寛延二年の秋には、不作の上に年貢の取り立てが厳しく領内農村の困窮がひどくなった。十二月に入ると藩領東部の大内・寒川・三木・山田各郡の農民約二千人が、高松城下の南新町の三倉屋久五郎をはじめ七軒の富商宅に押しかけ、「富家之町人共へ養ハれ度と申ニ依、何レも食事を調へてもてなす」という騒動になった。こうした困窮農民の動きを「袖乞」という。その後も不穏な動きが続いたため、藩では困窮農民に急ぎ救米三五〇〇石を支給することにした（「穆公外記」香川県史編纂収集史料。香川県立文書館蔵）。

翌三年春に藩では連年の凶作で農民が困窮し、とくに「高免」（高い年貢率）の土地をもっているものが難渋しているとして、この年だけ「高免」のものに、「免御貸被下、此米三千石余」、つまり三千石余に相当する年貢米を貸し下げることにした。これは前年の救米を受け継いだものであった。以後も継続され、これを「貸免」といった。そしてこのとき農民の藩からの拝借銀米の返済についても緩和の方針が採られた（『増補高松藩記』一九三ページ）。先の綿運上銀の中止といい、この貸免といい、藩が農民の負担の軽減に意を用いていることがわかる。

藩財政の悪化と藩札発行

元文四年に松平頼恭が藩主になったころ、実は高松藩の財政は深刻な状態になっていた。このため四年後の寛保二年に、年寄（家老）につぐ重職であった奉行の間宮武右衛門を、藩財政・農政の最高責任者として財政再建に着手した。その方針は二代藩主松平頼常によって行われた、元禄八年の徹底した支出削減であった「定法」に依拠していた。しかし間宮が責任者になって二か月後に急死したため、藩財政の再建は中断された（この時の財政再建方針は『増補高松藩記』一八〇～一八五ページに詳しい）。

間宮武右衛門の死から三年後の延享二年に徳川幕府では将軍が徳川吉宗から徳川家重へ交代した。この時藩主松平頼恭は幕府から京都への使者を命じられ、「右御入用方莫大の義に、不得止御領中へ大数の御用金をも被仰付候へ共、猶行届不申」とあるように、その経費として領内に御用金を課したが、それでも不足するという状態であった。このため翌三年から三年間、「格別重き御倹約」を実施することにしている（『増補高松藩記』一八九・一九〇ページ）。

なお、この京都使者に対して領内に課された御用金は、金三万八〇〇〇両で、町方へ一万三〇〇〇両、郷方へ二万両、浦方へ五〇〇〇両の割り当てであった。この外に京都から二万両、軍用金二万両を加えて、計七万八〇〇〇両が京都使者に要した費用であったという（「高松松平氏歴世年譜」松平公益会蔵、香川県立ミュージアム保管）。

その後も財政難が続いたため、高松藩は宝暦七年（一七五八）に藩札を発行した。藩札は領内でのみ通用するものであったが、藩財政の財源としてのみならず、藩札の流通を通して正貨（金・銀・銭）を藩へ吸収するという面をもっており、多くの諸藩で元禄・享保ころから採用されており、高松藩の場合は遅い方であった。

発行した藩札の価値が下がると、インフレ状態となって藩内の経済が混乱するようになる。それを防ぎ藩札の価値を維持するためには、藩札と正貨との交換をいつでも保証しておく必要があった。このため通用銀札の三分の一の正貨を常時藩札との交換に当てる方針を立てた。翌八年からは銀一〇〇匁札以下銀二分札の八種類の銀札が発行された（『増補高松藩記』二〇二ページ）。

藩札通用のため城下兵庫町に札会所を設置し、志度・仏生山・宇足津にも藩札と正銀を交換する「小引替所」が置かれた（「御用留」日下家文書、瀬戸内海歴史民俗資料館蔵）。この藩札の発行は、当時の藩財政難の克服という側面だけでなく、高松藩内の商品の領外売り払い代金と藩札との交換によって、藩が正貨を得ることができるという点で、このののち藩財政のありかたに重要な役割を果たすことになるのである。

屋島西潟元村「亥ノ浜」塩田の築造

藩財政の収入の増加として実施されたのが塩田の開発であった。藩では宝暦五年（一七五五）秋に屋島の西潟元村の沿岸に、西堤は南北四〇〇間、東堤は南北四二〇間、北堤は東西一四〇間、南堤は東西三五〇間で、総面積二八町余の、当時高松藩最大の塩田を築造した（「札会所願書之控」『香川県史９・近世史料Ⅰ』。一九八七年）。宝暦五年が亥年であったところから、「亥ノ浜」と名付けられた。亥ノ浜は釜屋二五軒前の藩営塩田で、「其後年を経候て、上品の塩産出致、御領中第一の良浜と相成申候」とあるように（『増補高松藩記』一九八・一九九ページ）、当時では高松藩の代表的な塩田であった。

築造の経緯は次節で述べるが、完成したこの塩田からどのようにして領外へ売り出されて、藩の財政収入の増加に関わっていたのかは明らかでない。完成から二年後の宝暦七年には製塩高は一万一二七俵余であり、塩一俵につき「口銀」として銀三分が賦課され、この年は三貫三八匁余の口銀が藩へ納められている。宝暦一〇年からは高松城下の富商梶原三平（景山）に払い下げられた。この藩営塩田から町人塩田となった宝暦一〇年の製塩高は二万二四八三俵余、口銀も六貫七四四匁余と、いずれも築造直後からの倍に増えている。（以上、「上書秘記」『香川県史9・近世史料Ⅰ』）。

藩の収入は米年貢とその他の雑税を主としていたのはいうまでもないが、これまでの米年貢等以外の新たな収入源の確保に注目して、藩自らが塩田の築造に乗り出しているところに、この亥ノ浜塩田の築造の意義があるといえよう。

緊縮財政の実施

藩札の発行、亥ノ浜の築造の財政難解決の試みにもかかわらず、宝暦八年には、「今年冬に至候ては必至の御逼迫と相成」るという状態であり、当時江戸・上方・藩地での借銀が五〇万両余となり、毎年の利息金の支払いも数万両に及んだという（『増補高松藩記』二〇四ページ）。

このため七月に年寄西尾縫殿を「御勝手方御用向引受」に任じ、翌九年になると奉行の山下太郎兵衛も「御勝手引受」とし、この二人を中心にして藩の財政再建に乗り出した（『増補高松藩記』二〇五ページ）。その方針は、「元禄中御定に相成候年中御収納米銀を以、御出方配り合せ候御定法を手本」にして、「当時の御定法相立」てようとした（『増補高松藩記』二一二ページ）。先述した寛保二年と同様に、二代藩主松平頼常が元禄八年（一六九五）に行った倹約政治である、「御定法御入用積」を基にして、「御収納銀米」によって藩財政を維持しうる、新たな徹底した支出の削減を図ろうとするものであった。

この新たな「御定法」に基づいて勘定奉行所において、「諸払明細帳」が作成された。宝暦十二年九月に藩主松平頼恭はこの「諸払明細帳」に自ら序文を書き、自身の質素倹約の実施を述べるとともに、役所の諸経費の徹底した削減を要請している（『増補高松藩記』二二二～二二四ページ）。削減の内容は「二割引の法」、つまり従来の経費の二割削減であった（「増補穆公遺事」『新編香川叢書・史料篇㈠』。香川県教育委員会、一九七九年）。このことは当時の藩財政の再建が、高松藩にとっていかに重要であったかを物語っている。

このようにして節約した経費については、経費として上げられている分で支出しなかった場合は「別物」、また臨時の支出での余り銀も「別物」にして勘定奉行が管轄しておいて、この「別物」によって、「第一に江戸上方御国とも、御借銀御返弁方」を行うという。借銀返済についても、「莫大の銀高故、中々容易に御返済可相成様無之候得共、夫々示談の上、年年元利御払方相違無之程の御規定相立」とあるように、借銀相手と「夫々示談の上」、つまり借銀の整理をして返済高を減少させる方針であった。そして借銀返済に充てて残った「別物」は「御軍用御手当相備」にしたという（『増補高松藩記』二二二・二二三ページ）。

また藩主に関する藩財政からの経費についても、省略による遣い残りは「御金蔵」へ納め、御側御用達が管轄していたが、今後は藩財政担当者の西尾縫殿へ預けることにしている（『増補高松藩記』二二三ページ）。つまり藩主に関する財政は従来は御側御用達が管理していたのが、藩財政の円滑な運営資金として、西尾縫殿による藩財政改革の中に組み込まれたのである。つまり藩主財政も藩財政の中に含められたといえる。

藩財政の立ち直り

その後の財政改革の経緯であるが、明和二年（一七六五）には「宝暦九年より今年に至り七ケ年の間、非常の御倹約御執行ひ、其間種々臨時不意の御出方も多く御座候へども、彼是御凌自他之御借銀、追々御返弁方の御配りも相立、今年より少々づゝ御有余金御貯置に相成申候」とあるように（『増補高松藩記』二三二ページ）、開始後七年間の「非常の御倹約」によって財政改革の成果も表れ、借銀返済も順調に進み「有余金」の貯えもできるようになったという。

そしてこれから五年後の、松平頼恭が亡くなる前年の明和七年には、「宝暦九年大御検約被仰出候節、故西尾縫殿へ被仰付候御軍用并御国民御撫育御手当御貯金、十分の積り今年迄十二ケ年目にて、半数相備り申候」とあり（『増補高松藩記』二三六ページ）、財政改革で予定していた軍用金、領民撫育金の半分を備えるようになったという。つまり高松藩の宝暦の財政改革が目指していたのは、経常的な藩財政の健全化だけではなく、藩財政とは別途会計の軍用金・撫育手当金をも備えることを目指したものだったのである。

二　殖産奨励の始まり

新規産物の取り立て

藩主松平頼恭は高松藩を襲封して八年後の延享四年（一七四七）に、砥石・雲母・新陶器・櫨・滑石・硯石などを「此後御用立御為にも相成候様」と、これらを藩内産物とするように達し、「右之外何ニ不寄、新規之産物其外是ニ準候物は同様相心得、遂吟味可申旨」と、「新規之産物」の積極的な奨励を命じた（「穆公外記」）。また「国益の事を常々御工面被成、紙漉焼物師なと被仰付、或いははせの木を植候様に被仰付、又は和人参を製法被仰付、其外様々の事御初め被成候」とあり（「増補穆公遺事」）、殖産奨励の方針を出している。

この領内の殖産を奨励した背景にあったのは、「物産の学問御好み被成、草木鳥獣・金銀玉石・骨格羽毛に至る迄種々御取集、唐土・朝鮮・琉球・紅毛に至る迄の産物御取揃へ被成御箱組に被成被置候」とあるように（「増補穆公遺事」）、松平頼恭自身が「物産の学問」、つまり博物学に強い関心を持っていたからであった。

屋島檀浦と牟礼海浜に塩田を築造

藩財政収入の増加を図るために、新規産物として注目されたのが塩であった。讃岐は瀬戸内海に面しており、古代以来塩の生産が盛んであった。近世初期の生駒家時代沿岸各地に塩田があったが、高松松平藩の成立四年後の正保三年（一六四六）に、高松藩が築造した塩田を幕府老中へ報告しており（「英公外記」香川県立ミュージアム蔵）、塩田に関心をもっていたのがわかる。以後も塩田の築造は続けられたと思われるが、積極的な塩田の築造に着手したのは松平頼恭の時代になってからであった。

その塩田築造が確認できるのは、先に述べた新規産物を奨励した年の延享四年に、高松城下の東にあり、源平合戦の古戦場である屋島の檀浦に、城下の商人柏野屋市兵衛（綿惣問屋として先述）に命じて塩田を築かせ、翌寛延元年に完成した。築造に要した費用のうち銀三六貫七〇〇匁余は藩が負担したという。さらに寛延三年（一七五〇）には屋島の対岸の牟礼村の海手に、小谷四郎右衛門に命じて塩田を築かせている（以上、「穆公外記」）。こうした屋島の東部での塩田開発が行われていくという中で、屋島東部とは反対に当たる屋島の西潟元村で、先述した宝暦期の藩財政改革の重要な一環としての、大規模な塩田の築造が行われた。

「亥ノ浜」の築造

牟礼村の塩田築造から五年後に亥ノ浜塩田が完成した。この亥ノ浜については次のようにある（『増補高松藩記』一九七ページ）。

宝暦五年乙亥秋、山田郡西潟元村西海手遠干潟へ、新塩浜御内証より御築立せ、釜家廿五軒前成功仕候処、地性汐付宜く、其後年を経候て上品の塩産出致、御領中第一の良浜と相成申候宝暦五年に西潟元村の海手に「御内証」より築かせ、釜家二五軒前で、その後上質の塩を生産し、領中第一の「良浜」になったという。「御内証」の意味がここだけでははっきりしないが、のちほど説明する。

実は亥ノ浜の築造は、「去々癸酉春、百姓共願に付、其通被仰付」とあり、二年前に百姓たちから願いが出ていた。農民が塩田の築造を藩へ願い出るといのは、それが当時の藩の塩田築造の方針に沿ったものであるとともに、農民にとって有益であり農業の経営を安定させる側面をもっていたからであろう。つまり農民の農業経営が、米作り中心ではなく商品の生産にも着目しはじめたことを示しているのである。

この願い出に対して藩役人は築造が可能であれば、「永々の御国益に可相成」くと、塩田築造の必要を感じながらも、難工事であり現在財政難の折であるとしてこれを採用しなかった。これに対して藩主松平頼恭は「永々の御国益疑無之候はば、只今の御入費は如何様にも指繰」として、御側御用達の木村亘を責任者にして築造工事に取りかからせた。三度目の工事で塩田が完成したが、その財源には「御内証より御手元金の御繰合せ」を充てることにしている（以上、『増補高松藩記』一九八ページ）。

この経過から塩田築造の財源は、藩の財政からは支出されず。別の財源から拠出されたのである。それが「御内証御手元金」であった。「御内証」とは藩の年貢収入等とは別途会計として、藩主直轄に管理され、軍事・非常用として貯えられているものである。したがって藩全体の財政という面から考えると、年貢収入等を中心とする毎年の藩財政と、非常軍事用として貯えられている「御内証」の二つがあった。

このように西潟元の塩田が「御内証金」によって築造されたということは、松平頼恭が将来を見越した財政収入の増加の財源として、塩田からの収入を重視していたことを物語るものであろう。先述のようにこの塩田が完成した宝暦五年が亥年であったことから、「亥ノ浜」と名付けられた。「当時江戸廻りは此塩にて其益不少候」といい（『増補穆公遺事』）、亥ノ浜の塩は江戸へ送られ相当に利益を上げたというが、これらは江戸藩邸の財源に充てられたのである。

そして亥ノ浜築造後も塩田が多く築造されたが、塩の品位は「此西潟元を以第一と仕候」と、亥ノ浜塩が一番品質がよかったという（『増補高松藩記』一九九ページ）。この塩田重視の政策が、のち文政九年（一八二六）の久米栄左衛門による、当時瀬戸内有数の坂出塩田の築造へと結びついていくのである。

砂糖作りへの関心

少し時代はもどるが、藩主松平頼恭は石清尾山の南麓に設けていた薬園を、延享三年（一七四六）に町医師の池田玄丈に預けたが、この時砂糖作りの研究を命じたという。そして明和四年（一七六七）に玄丈が薬園頭取を退いてのちは、砂糖作りの研究は玄丈の弟子で、大内郡三本松村の医師向山周慶に引き継がれたのではないかという（村上稔氏『東讃産業史』一七〇・一七一、一七三ページ。一九八三年）。

この藩地の動きとは別に明和五年に、当時幕府に命じられて砂糖製法の伝授をしていた池上太郎左衛門から、江戸藩邸で松平頼恭の近習の吉原半蔵へ砂糖製法の伝授が行われている（「和製砂糖一件御用相勤来候由緒書」池上家文書。川崎市立ミュージアム蔵）。この江戸藩邸での砂糖伝授のその後の経過は不明であり、また藩地の向山周慶らによる砂糖製法の研究と、どのように関わっていたのかも明らかでない。

このように藩主松平頼恭が砂糖作りに関心をもち、藩地および江戸で製法の研究をさせている。しかし頼恭の存命中に砂糖製造が具体化することはなかったが、その製造発展の基礎を築いたといえる。頼恭没後一八年後の寛政元年（一七八九）に、向山周慶が砂糖製造に成功し、以後順調に生産を伸ばし、文化はじめ（元年・一八〇四）には高松藩の特産となり、讃岐の白砂糖として江戸で評判となっていた（拙稿「高松藩の砂糖統制」『近世讃岐の藩財政と国産統制』所収。溪水社、二〇〇九年）。

三　歴史の編纂事業

「記録所」の設置

財政難や寛延騒動にみられる不安定な藩政運営を改革していくために、寛永末の高松藩成立以来の歴史的状況を理解しておくことは、改革の方向や内容を考えていく上において、不可欠のことであったといえる。

そのため藩初以来の歴史の編纂のために、藩主松平頼恭は延享四年（一七四七）に「記録所」を設置した（「増補穆公遺事」）。

延享四年正月廿八日青葉伝兵衛・中村彦三郎・脇又四郎養親へ御家之御記録被仰付、八月十八日岡平蔵・上田造酒右御用指加り被仰付、消暑漫筆に文筆ある者後藤弥兵衛世鈞を始数人御雇にて諸記録編輯あり、御代々之御実録を始藩臣諸家之家譜登仕録其外門類を分ち三十六ケ条之御記録被仰付、寛永以来之履歴事実明白に相成し事之由、

この記録所では青葉・中村・岡・上田を中心にして、当時高松藩を代表する儒学者後藤世鈞（芝山）らも加わって、歴代藩主実録、藩士家譜、登仕録、三六ケ条記録などの編纂を行った。

そしてこの記録所には年寄大森與總、奉行小笠原数馬・中條伝八、御側御用人木村亘らの藩の重臣が御用係を命じられており、重要視されていたのがわかる。この記録所の設置については、「公之尊慮を以御記録所と云う役所立て、結構なる其基を開給ひし事は、実に美政にて後代迄之美事鴻沢いはんかたなし」と高く評価されている（「穆公外記」）。

藩主実録・登仕録・諸家家譜の編纂

藩主実録の編纂は記録所の設置以後も続けられ、現在「英公実録」（初代藩主松平頼重）・恵公実録（三代藩主松平頼豊）・懐公実録（四代藩主松平頼桓）（以上香川県立ミュージアム蔵）・靖公実録三（一〇代藩主松平頼胤）（香川県立ミュージアム保管）が残っている。一〇代藩主松平頼胤は幕末の文久元年まで藩主だったので、松平頼胤の実録があるということは、それまでの藩主の実録も作成されていたと思われる。

登仕録の編纂理由は、寛永十九年に高松松平藩が成立からほぼ一世紀が過ぎており、家臣の系図が間違っていたりまた紛失して、「旧記」も不確かになっているとして、「諸役所帳面を集め類を以て一所に寄せ」て、家臣の経歴を作成して登仕録と名付けた。これによって藩初以来の家臣の履歴や「格録」が一覧して理解できるようになったという（「増補穆公遺事」）。登仕録は「後代までの宝といふべき尊き御記録なり」といわれている（「穆公外記」）。（現在、登仕録の所在は確認できない。）

なお、諸家家譜についての詳細は不明である。

「大日本史」続編の編纂計画

松平頼恭は「常々水戸義公の御人となりを御慕ひ被成、彰考館編輯の書大日本史・礼儀類典を始め書写被仰付」とあり、「水戸義公」つまり二代水戸藩主徳川光圀を尊敬し、光圀が「大日本史」編纂のために設けた史局彰考館の編纂書である、「大日本史」・「礼儀類典」等を書写させていたという。

「大日本史」が神武天皇から後小松天皇（在位永徳二年・一三八二～応永十九年・一四一二）までであり、その後の称光天皇から近世初期の後水尾天皇（慶長十六年・一六一一～寛永六年・一六二九）のころまでを、「大日本史に倣ひ御編輯続編と被成度思召にて、儒臣に命せられ本紀少々編立させ御覧被成」れたという。しかし経費がかかり、倹約財政の折であるとして以後の作業は中止し、「追て御時節も御座候は丶、御編輯被成度御志に御座候」ということで、「大日本史」の続編の編纂は行うことはできなかった（以上、「増補穆公遺事」）。

四　本草学と栗林荘梅木原薬園

領内の薬草採取

藩主松平頼恭が石清尾山の南麓に薬園を設けていたことは先に触れたが、高松藩領内の薬草の調査を行わせていたことを物語るのが次の史料からわかる（「増補穆公遺事」）。

採薬と号し秋冬春南は安原の奥東は阿波境西は金毘羅山限に、薬園方草木方其外御小姓共に五六人奥横目壱人指添、初は平賀源内後は池田玄丈・深見作兵衛頭取して、或は五日或は七日逗留にて罷越、薬は勿論珍草珍木数多堀取晩々に根認致高松へ差越夫々植付申候

南は安原、東は阿波境、西は金毘羅まで、領内全域にわたって調査をしており、薬草はもとより珍しい草木も多く高松へ送り植え付けたという。

この薬草調査の責任者「頭取」は引用史料にあるように、初めは平賀源内であった。この時期は宝暦一〇年九月のことであったという（城福勇氏『平賀源内』三二ページ。吉川弘文館、一九七一年）。源内の後は池田玄丈・深見作兵衛が頭取になっている。

梅木原薬園と池田玄丈

薬園に関しては「池田玄丈家由緒書」（『村上稔氏編『讃岐の糖業資料集』所収。一九七一年）に次のようにある。

一私義延享三寅年九月、岩《(石)》清尾塔山之南麓ニ有之候御薬園御預被成、手入被仰付候而、御中《(間)》原壱人御借渡被下候、寛延元辰年頃より、御薬園御林之内江引取候様被仰付、度々引《(ママ)》申候、宝暦三酉正月十一日、数年御役園御

用出精相勤、并ニ郷中より出候薬物之義も骨折取計候ニ付、三人扶持被下候（読点木原）

延享三年（一七四六）に石清尾塔山の南麓に置かれていた薬園を、池田玄丈が預かることになり、中間一人が付けられた。二年後の寛延元年頃から、薬園を藩主別邸の「御林」（栗林荘）の梅木原の地に移すことになり、玄丈がその薬園の頭取になった。その後宝暦三年（一七五三）には薬園勤務、郷中薬物の調査・採取によって三人扶持を与えられた。この時玄丈は薬園係として正式に藩へ召し抱えられた。

この梅木原薬園では、「御小姓薬園方番を作て日々参り手入致候、掛りの外も毎度人別に蒙仰手伝いに参候」とあるように（「増補穆公遺事」）、梅木原薬園の維持管理が池田玄丈だけに任されたのではなく、藩主松平頼恭の命により多くのものたちがここで作業に従事していた。梅木原薬園の場所は現在の栗林公園の梅林付近から日暮亭北側までの、南北四五間余、東西二四間余の地であるという（「旧高松藩栗林公園と薬用人参栽培地」『史蹟名勝天然記念物調査報告・第五』。一九三〇年）。この梅木原薬園に平賀源内が関係していたかどうかは明らかでない。

池田玄丈は栗林荘の梅木原薬園の頭取として、薬草などの管理に当たっていた。十年後の宝暦十三年には御薬坊主並となり、高松城西ノ丸と梅木原薬園の両方の勤務を命じられたが、四年後の明和四年には「御林御薬園殊外手張申ニ付」、つまり梅木原薬園での仕事に手が届かないとして、薬園頭取を辞して西ノ丸専任となっている。この年玄丈は表御医師並となり、一人扶持を増やされて四人扶持となっている（「池田玄丈家由緒書」）。

このように池田玄丈は松平頼恭のもとで、薬種の調査、採集などに取り組み、また梅木原薬園の頭取として、高松藩の本草学研究の中心的な人物であった。そして梅木原薬園に多くの者が作業にでかけていたように、玄丈の周囲には薬草に関心をもち、ある程度の本草学の知識をもったグループが、形成されていたことが推定できるのではなかろうか。

和人参の栽培と倉知弥次郎・池田文泰

先に「新規産物の取り立て」のところで引用した史料のなかに、松平頼恭が和人参の製法に関心をもっていたことを示す箇所があったが、この和人参に倉知弥次郎が関係していた。梅木原薬園が設けられた初めには和人参の製法に取り組んだ。しかしうまくいかなかったが、薬園掛りの倉知弥次郎は「一見識有之人物」で、藩主の意向をよく理解して本草学にも深い理解をもち、頭取の池田玄丈と一緒に和人参の製法を身につけた。また薬草の内で「御国益」になる品を選び、次々に大量に植えてその製法も行って、後には必ず「御国益」になる状況であったという。しかし弥次郎は病に倒れ、藩主松平頼恭も亡くなったため、松平頼恭の方針であった和人参をはじめとするその他の「御国益」の開発も、ひところの熱意は失われていったという。

ところで倉知弥次郎は先の「砂糖作り」のところで述べた、江戸で池上太郎左衛門から砂糖製法の伝授を、松平頼恭近習の吉原半蔵が受けた時に立ち会った人物である（前出池上家文書）。梅木原薬園掛りのときに病を得た後転役して、池上太郎左衛門から砂糖伝授を受けた明和五年（一七六八）には、江戸詰になっていたのであろう。弥次郎は「本草にも志深く踏込出情仕」、「頭取と示合」とあるように、和人参のみならず薬草についても相当の知識をもって、池田玄丈を助けて薬園の運営に参画していた。

また領内の薬草調査の頭取に深見作兵衛、栗林荘梅木原薬園の掛かりに長尾宗益・玉越玄閑らの名もあり、かれらは池田玄丈とともに本草学に詳しい人物たちであったと思われる。（以上、「増補穆公遺事」）

薬草開発の中で注目された和人参の栽培は、松平頼恭の次の時代には「種子計り不絶様仕」り製法して藩へ差し出した。藩では医師の希望する者に与えたが、医師たちは、「製法も手に入殊の外見事に有之迚誉め申」という評価であった（「増補穆公遺事」）。梅木原薬園での和人参の栽培は、池田玄丈の子池田文泰に引き継がれ、寛政九年（一七九七）まで続けられた。文泰は天明元年（一七八一）に薬園預となっている（竹内乕夫氏「旧高松藩の栗林

薬園」三浦三郎氏編『日本薬園史の研究・改訂増補』。一九七二年）。

五　「博物図譜」の作成

「博物図譜」の内容

松平頼恭が各種物産に興味を持ちそれらを収集していたことは、先に指摘しておいたが、それらの「草木鳥（中略）魚は画工に命ぜられ真物を以て正写し被仰付、漢名和名御正し被成候て附札に被仰付候」、「魚鱗水鳥草木の生写夥敷出来手鑑数帖に相成」るとあるように（「増補穆公遺事」）、画家に命じて魚・鳥・草・木などを書き写し、名を付けた「手鑑」が作られていた。

これらの「手鑑」は「衆鱗図」（四帖・魚類）、「衆禽画譜」（二帖・鳥類）、「衆芳画譜」（四帖・植物）、「写生画帖」（三帖・植物）の四種一三帖として現存しており（香川県立ミュージアム蔵）、「髙松松平家博物図譜」と呼ばれている。

この「博物図譜」は精緻で美麗な図譜として知られ多くの転写図が存在しており、江戸時代を代表する博物図譜の一つといわれている。これを描いた作者については讃岐の絵師三木文柳とする説などがあるが、すべてで二千点を超す図は複数の人物によって描かれているのは確かである（松岡明子氏「『髙松松平家図譜』の成立―一八世紀博物図譜の模索―」笠谷和比古氏編『徳川社会と日本の近代化』。二〇一五年）。

「衆鱗図」と将軍家献上の「衆鱗手鑑」

この四種の図譜のうちとくに「衆鱗図」は、魚の細部までを描いて鮮やかな彩色で立体感が表されている。それは下紙に金・銀箔を貼り、その上に線を描いて彩色して完成した図を、輪郭に沿って切り抜いて雲母引きの台紙に貼って仕上げられているからであるという。「衆鱗図」一に描かれた図は一九四種、二が一八九種、三が二九七種、四が四三種で、計七二三種となっている（前掲松岡明子氏「『高松松平家図譜』の成立」）。

この「衆鱗図」は、「魚図は別て精密にして世上に無之物故、宝暦十二年壬午正月廿九日御内々にて公方様へ御上け被成候」とあるように（「増補穆公遺事」）、「精密」であるということで、宝暦十二年（一七六二）に時の将軍徳川家治へ献上された。この献上された魚類図譜は「衆鱗手鑑」といわれ二帖から成っていた。「衆鱗手鑑目録」（香川県立ミュージアム蔵）によれば、「衆鱗手鑑」に収められた図の数は「衆鱗図」の約七割である。どちらが原本か、あるいは控なのかはっきりしないが、両者には一致しない図も含まれていたようである。「衆鱗手鑑」はその後幕府の手を離れて散逸したが、近年原本の一部または転写図と考えられる魚図の存在が報告されている（前掲松岡明子氏「『高松松平家図譜』の成立」）。

これらの図譜の成立の時期であるが、宝暦五年（一七五五）の熊本藩主細川家に伝来する鳥類図譜「游禽図」に、「讃州侯図本」を写したとあり、この頃鳥類図譜ができていたことがわかる。そして先述のように宝暦十二年に「衆鱗手鑑」を将軍徳川家治に献上していることから、おそらく宝暦年間（一七五一～一七六三）頃が図譜制作の中心的な時期といえる。最終的に現在の図譜に調えられたのは、「衆鱗図」第二帖の表紙台紙に明和四年（一七六七）とあり、松平頼恭の亡くなる四年前の頃であったと考えられる（松岡明子「高松松平家伝来博物図譜と平賀源内」『静電気学会誌』三六―四。二〇一二年）。

平賀源内とのかかわり

ところで、高松藩の志度蔵番であった平賀源内は、宝暦四年に藩へ辞職願いを出して許可され、同七年に源内の発案で田村藍水が江戸の湯島で物産会を開催し、二年後の九年には自ら物産会を主催してその名を高め、その年九月に再び高松藩へ召し抱えられた。

博物学に強い関心をもつ藩主松平頼恭の命により、翌一〇年には頼恭の京都上洛に随行、京都からの帰路には紀伊の浦々で貝を採集している。さらに松平頼恭の帰藩に随行して貝などの調査を行い、貝譜の写本を入手して松平頼恭へ献上している。そして先に触れたように、同年九月の高松領内の薬草の採取に「頭取」として取り組んでいた。しかし翌十一年二月に再び辞職願いを出し、他家への仕官を禁止されて九月に辞職が認められた（以上、前掲城福勇氏『平賀源内』三二ページ）。

平賀源内が再び高松藩に召し抱えられていた宝暦一〇年前後は、高松藩での図譜の制作が積極的に行われていた時期と思われ、源内が図譜の制作に関わったことも十分考えられる。直接にそれを示す史料はないが、源内没後の幕末高松藩家老の木村亘（黙老）は、源内は博識であり、藩の薬用方を勤め、松平頼恭の図譜の作成に際しては、「すべてこれにあづかり助」けたと記している（「聞ままの記」『増補高松藩記』二六三ページ）。

「聞ままの記」の作者木村黙老の祖父木村季明は松平頼恭に仕えた家老で、平賀源内とも交流があり、木村黙老が直接に祖父から聞くことができたであろうことを考えると、ある程度の信頼性をもつものとみてよいのではないかといわれている。そして源内は作品の金唐革紙、エレキテルの復元、源内櫛などに金属箔を用いており、これは「衆鱗図」の表現技法によく似た方法であるという。また「衆鱗図」に近似した作品を残し、図譜の作者ともいわれる三木文柳とも源内は交流があった。こうした点から源内が「衆鱗図」の表現技法の橋渡しをした可能性が高いという（前掲松岡明子氏「高松松平家伝来博物図譜と平賀源内」）。

源内が図譜の作成に直接関係したとすれば、それは高松藩に再度召し抱えられて松平頼恭の帰藩に随い、高松藩内にいた宝暦十年九月から再び退役する翌年九月前までのほぼ一年間であり、源内が「すべてこれにあづかり助」けたといえるかどうかは、検討する余地があるのではあるまいか。

おわりに

以上、平賀源内が一時期仕えていた高松藩五代藩主松平頼恭の三二年間の、藩財政の再建を中心とする藩政の運営、および藩校をはじめとする文化的な事業の内容について説明してきた。こうした松平頼恭の治政は、高松藩の「中興の名君と呼ぶにふさわしい藩主」として評価されている（胡光氏「松平頼恭と宝暦の改革」『香川歴史紀行―古から未来へ架ける橋―』。二〇一三年）。

この松平頼恭と同じ時代に、上杉治憲による出羽の米沢藩や細川重賢の肥後の熊本藩などでも、高松藩と類似した藩政改革が行われており、その藩政史上の功績は高く評価されている。しかし高松藩の松平頼恭についてはほとんど触れられることがない。藩政の改革のみならず、記録所設置による歴史編纂事業の実施、本草学への取り組みや博物図譜の作成などの文化的な面も含めて、高松藩における松平頼恭の藩政史上の治績は、もっと評価されるべきだと思われる。

あとがき

本書は、「讃岐三白」の中の高松藩の砂糖と塩の生産、近世讃岐に見られる遍路の様相や札所のありかたなどについて、史料の紹介を兼ねながら不十分な論述をまとめたものです。まだ検討すべき多くの課題が残されていることを痛感しますが、これからの史料の発掘によって研究が進展することを期待しています。

そして今後、讃岐の近世地域史の研究が一層盛んになり、豊かな讃岐近世史像が描かれていくことを心から願っております。

本書を構成する各章の収載誌等は次のとおりです。

Ⅰ部　高松藩の砂糖と坂出塩田

第一章　寛政・文化期高松藩の砂糖生産と流通

（原題「高松藩における寛政・文化期の砂糖生産と流通」『徳島文理大学文学論叢』第三十一号。二〇一四年三月）

第二章　幕末期高松藩の砂糖生産統制　（新稿）

第三章　高松藩坂出塩田築造の経済事情―久米栄左衛門宛書状からみた―

（『香川史学』第四二号。香川歴史学会、二〇一五年六月）

第四章　高松藩坂出塩田の収益と新開塩の江戸送り　（新稿）

Ⅱ部　遍路と札所寺院

第五章　近世讃岐の遍路と城下町・村方・村送り　（新稿）

第六章　近世讃岐の病死・煩い遍路と村落　（新稿）

第七章　讃岐白峯寺にみる高松藩と地域社会
（原題「近世の白峯寺と地域社会」『四国八十八ケ所霊場第八十一番札所　白峯寺調査報告書第2分冊』。香川県・香川県教育委員会、二〇一三年三月。のち『香川大学教育学部研究報告』第Ⅰ部第一四一号〈二〇一四年三月〉に転載）

第八章　近世の讃岐弥谷寺と地域社会
（原題「近世の弥谷寺と地域社会」『四国八十八ケ所霊場第七十一番札所　弥谷寺調査報告書』。香川県・香川県教育委員会、二〇一五年三月）

既に発表した論文の中には、本書で節名や内容に一部ですが、変更を加えた箇所があります。

本書をまとめるに当たり、大変お世話になりました、香川県立文書館、香川県立ミュージアム、瀬戸内海歴史民俗資料館、鎌田共済会郷土博物館、白峯寺、弥谷寺、徳島文理大学文学部、香川歴史学会、香川大学教育学部、香川県、香川県教育委員会に深く感謝を申し上げます。

なお附論として、「日本近世文学会」の平成二七年度秋季大会が、徳島文理大学文学部（香川校）で開催された際の講演録「近世中期高松藩の政治と文化―平賀源内を生んだ歴史状況―」（『日本近世文藝』一〇四。二〇一六年七月）を収載しました。講演録ですので、概論的にまとめたものですが、高松藩五代藩主であった松平頼恭時代の研究に、少しでも役に立つことができれば幸いです。

本書の出版に当たり、いつものように美巧社にお世話になりました。池上晴英社長に厚くお礼を申し上げます。

平成二九年九月

木原溥幸

〈著者紹介〉
木原《きはら》　溥幸《ひろゆき》
1939年４月　福岡県生まれ。
1967年３月　九州大学大学院文学研究科（国史学専攻）
　　　　　　博士課程中途退学。
1967年４月　九州大学助手（文学部）。
1968年４月　香川大学助手（教育学部）。
1980年４月　香川大学教授。
1998年２月　九州大学より博士（文学）授与。
2003年３月　香川大学（教育学部）定年退職。
同　年４月　徳島文理大学教授（文学部・香川校）。
2010年３月　徳島文理大学定年退職。

著書
『幕末期佐賀藩の藩政史研究』（九州大学出版会　1997年）。
『地域にみる讃岐の近世』（美巧社　2003年）。
『藩政にみる讃岐の近世』（美巧社　2007年）。
『讃岐・江戸時代の町、村、島』（文芸社　2008年）。
『近世讃岐の藩財政と国産統制』（溪水社　2009年）。
『佐賀藩と明治維新』（九州大学出版会　2009年）。
『史料にみる讃岐の近世』（美巧社　2010年）。
『近世後期讃岐の地域と社会』（美巧社　2012年）。
『近世讃岐地域の歴史点描』（美巧社　2016年）。
他

現住所　〒761-8082　高松市鹿角町27番地15-608

近世讃岐の高松藩国産と四国遍路　定価3,500円（税別）

2017年11月３日初版発行

著　者　木原　溥幸
発行者　池上　晴英
発行所　㈱美巧社
高松市多賀町１丁目８－10　〒760-0063
電話　087（833）5811

印刷・製本㈱美巧社
ISBN 978-4-86387-092-5 C1021